リチャード・B・フランク
ブライアン・ウォルシュ 監訳／ウォルシュあゆみ 訳

マッカーサー

20世紀アメリカ最高の軍司令官なのか

中公選書

まえがき——ダグラス・マッカーサーとは誰だったのか？

ブライアン・ウォルシュ

七八年前、アメリカ合衆国陸軍元帥ダグラス・マッカーサーが日本にやって来た時の様子は、人類史上もっとも激烈で苛酷な戦争を制した勝利国の代表としてかくあらん、といった自信が溢れたものだった。それから遡ること約三年と八か月の間、日本とアメリカは西太平洋の覇権をめぐって死闘を繰り広げていた。戦いは欺瞞から始まり、燃えさかる戦火と、さらに原子爆弾の業火とともに終わった。その間、アメリカは日本の長い歴史のなかで、それまで対峙したどんな敵国よりも多くの日本人の命を奪った。日本もまた、対ドイツ戦と南北戦争時のみを除き、アメリカがそれまで対峙したどんな敵よりも多くのアメリカ人の命を奪った。

マッカーサーが日本の地に第一歩を記したその瞬間は、元帥自身の、意識的にドラマティックに演出された出来事が彩る人生のなかでも、もっともドラマティックな瞬間の一つだったが、日本の歴史においてもまた、もっとも人々の記憶に残る瞬間だった。以来、その瞬間は数え切れないほど——歴史教科書のなかの写真に始まり、歴史ドラマや銅像、本の表紙、果ては宝塚歌劇のミュージカルなどで――再現あるいは再演されている。その瞬間そのものは、日本国民の意識のなかに焼き付けられているが、その重要性の解釈は曖昧でかつ種々異論の余地がある。敗北と惨禍の象徴と見る人もいれば、再生と平和、または民主主義の到来、かと思えばアメリカ帝国主義の始まり、近代日本史における奈落の象徴、あるいは日本の驚異的な復興力、不屈さの証明と見る向きもある。しかし、たとえその瞬間の意味がそれぞれの日本人にとって何であろうと、そのイメージの中心には、手を腰に当て、トレードマークであるコーンパイプを自信ありげにくゆらせ、我が物顔に振る舞うダグラス・マッカーサーが常にいるのである。

かくしてマッカーサーは、戦後の占領期を体現する存在となったが、それはアメリカ史において行われた他のいかなる軍事占領下の行政官にもまったく見られない様相である。ドイツ人のなかでルシアス・クレイやジョン・マックロイのことを思い出す人はほとんどいないだろう。フィリピン人のなかでも一八九八年から一九〇一年にかけてフィリピンを統治した軍司令官たち（マッカーサーの父親であるアーサーも含め）を一人でも覚えている人は非常に少ないはずだ。イラク人が自国の占領期を思い出す時、ジョージ・ブッシュよりもポール・ブレマーを思い浮かべることはほとんどない。さらに言うなら、マッカーサーの後を継いで連合国軍最高司令官（SCAP）となったマシュー・リッジウェイのことを覚えている日本人もほとんどいないだろう。マッカーサーだけがひときわ目立った存在として傑出している。その関係が良きにつけ悪しきにつけ、マッカーサーは占領期だけでなく、戦後の日米関係の礎石をも象徴するようになった。

これらの原因の一端は日本の降伏時の事情に拠る。マッカーサーがその後、何度もワシントンの政策立案者たちに繰り返し思い出させたように、諸条件により彼の地位は「占領における唯一の最高位行政官」となった。[*1]連合国軍最高司令官としての彼はアメリカ政府に従属する立場になく、厳密にいえば、彼が従属しなければならなかったのは、連合国の各代表が内部で小競り合いを繰り広げていた委員会〔極東委員会〕のみであり、その委員会は事実上、箔付けされた討論グループのようなものだった。ゆえに、アメリカ政府がマッカーサーの仕事振りに不服であった場合、彼を解任するしか手立てはなかった。

その他の原因としては、彼の人となりそのものが挙げられる。上からの命令に服従しなかったことで悪名が高いマッカーサーだが、彼はこの並外れた権力を慎重に行使した。使う時には通常、重大で永続的な効果を狙った。マッカーサーといえばすぐにアメリカと同一視する考えが根強くあることを思えば皮肉だが、マッカーサーはその権力を、アメリカの意図から逸れる、もしくはワシントンで決定されたアメリカ政府の方針と真反対のことを行うといった結果をもたらすかたちで使った。しかし、このような内状は日本人にとって想像しがたいものだろう。その時代に生きた日本人の多くにとって、マッカーサーとは単にアメリカの権力の典型やその権力の行使者でさえなく、その権力の権化そのものだった。現代に生きる我々が当時の日本の人々がマッカーサーに向けた真摯な称賛を理解するのは難しいが、マッカーサーはその行動やそれをどう見せるかを通して、敗戦に打ちのめされた人々に希望を取り戻させることに成功した。

彼は重要な政策事項を実行していっただけでなく、新憲法という例外を除いては、人々が必ずその事項と彼個人とを結び付けて考えるように仕向けた。その結果、マッカーサーは人々の崇拝の対象となっていった。彼が日本を発つ時、朝日新聞はマッカーサーがいかに飢えに苦しむ日本に食料を与え、平和と民主主義を授けたかを熱狂的に書き綴っている。

歴史家の半藤一利はその著書のなかで、一九五一年当時、マッカーサーが命令の不履行により更迭されたことを知り、大きな衝撃を受けたことを述べている。「それは大仰にいえば、腰が抜けるほどの驚きであった。〝神さま〟がクビになるなんてことがあるのかいなあと」。[*2] それ以後、もちろん半藤はマッカーサーが「神さま」などではなく、マッカーサーが罷免される事態は十分にあり得ると理解するようになった。それでもやはり彼は、「あのときマッカーサーが連合国軍最高司令官でなかったなら、今日の日本の様相は、よほど違ったものになっていたことであろう」と信じる。[*3] そしてその彼の判断は疑いなく正しい。

日本史にこれほど深遠な影響を与え、日本人の記憶のなかにこれほど際立った地位を占めている男とは一体どんな人物なのだろう?

奇妙なことに、この問題に答える日本語で書かれた本は非常に数少ない。確かにマッカーサーについて書かれた本は多いが、その多くはセンセーショナルな戯言《たわごと》や突飛な陰謀論に満ちている。しかし、作品としての質のより高いものや、マッカーサー自身の行動や性格に対して意義深い洞察を行っているものもなかには数冊ある。半藤一利の『マッカーサーと日本占領』は、マッカーサーの占領中の功罪の長期的な重要性とともに、その時代を生きた半藤自身のそれらに対する個人的な心情も吐露されていて興味深い。袖井林二郎の『マッカーサーの二千日』も占領期についての優れた著作である。しかし、半藤の作品も袖井の作品も他の多くのマッカーサーに関する日本語の書物と同じように、マッカーサーが連合国軍最高司令官として日本に君臨した時期を中心に扱っている。読者は、ともすれば、まるでギリシャ神話のアテナ神が成熟し武装した姿でゼウスの頭から出現したように、マッカーサーの人生が突如として、彼が愛機バターン号から現れ出たところから始まるような印象を持ってしまう。断っておくが、決してこれらの作品を中傷しているわけではない。人間としてのマッカーサーがこれらの作品の題材ではないのだから。だが、これはこの分野に重大な空白があることを示している。

この空白を部分的に補足しているのが、増田弘の『マッカーサー――フィリピン統治から日本占領へ』である。増田は、マッカーサーの生涯のなかのフィリピン時代から朝鮮戦争中に罷免されるまでの時期を網羅し、日本占領の前後の状況を説明している。また、いわゆる「バターン・ギャング」と呼ばれ、大戦中はマッカーサーを補佐し、またその後、戦後の日本統治において重要な役割を果たすことになったマッカーサーの取り巻きの主な面々を紹介している。

マイケル・シャラーの『マッカーサーの時代（原題：*Douglas MacArthur: The Far Eastern General*）』は、軍事政治家としてのマッカーサーを知るための、また、アメリカがその介入により極東での存在感を増していく過程を観察するレンズとしても貴重な書である。そしてマッカーサーの行動や性格について、非常に興味深い、いくつかの洞察も含んでいる。だが、軍事的な詳細が省かれていることから、これらの軍事的史実に精通する、アメリカの第一線の軍事史家たちの見解、視点が抜け落ちていることが惜しまれる。さらに、このようにマッカーサーに対する軍事面での的確な評価が欠けていることから、フランクが本書『マッカーサー』で描いてみせたように、ほぼ全生涯を軍人として全うしたこの一人の男の根本的な長所と短所、さらにその両方がいかに複雑に組み合わさってこの人物を作り上げていたかが浮かび上がってこない。

右に加え、二つの特記すべきマッカーサーの伝記が日本語に翻訳されている。ウィリアム・マンチェスターの『ダグラス・マッカーサー（原題：*American Caesar*）』とジェフリー・ペレットの『老兵は死なず――ダグラス・マッカーサーの生涯。（原題：*Old Soldiers Never Die*）』である。マンチェスターの作品は非常に良質の翻訳がなされており、マンチェスターの文調の素晴らしさを忠実に伝えている。しかし、そのなかに散在する重大な誤りや明らかな作り話もそのまま保持されている。ペレットの作品はそれよりも、さらに正確さを備えた研究となっているが、訳文中、統一感に欠ける箇所も見られ、また、一〇〇〇頁以上に上《のぼ》る長編である。さらに、マッカーサー自身による回想録を翻訳した『マッカーサー回想記（原題：*Reminiscences*）』もあるが、その内容は大目に見ても、「実話を基に創作された」と評するしかない。

このように、その名声と歴史的重要性にも拘わらず、この卓抜した人物の生涯を扱った日本語の簡潔な入門書は今のところ見当たらない。今回、このリチャード・B・フランクの『マッカーサー』の日本語訳が出版されるにあたり、その空隙がついに埋められた。フランクは著名な軍事史家であり、これまでに執筆したガダルカナル戦やアジア・太平洋戦争の終結時についての複数の著書は多くの歴史家により、もっとも信頼できる書と評価されている。それらに続き、近年アメリカで出版されたアジア・太平洋戦史についての三部作の第一作目も批評家から絶賛されており、今後のこの分野における著作の基準を改める、また、新たな秀作であると多方面で高評価を得ている。

マッカーサーの生涯をテンポ良く簡潔に描いた本書において、フランクは当然のことながら、周囲から称賛されているその才能を十分に生かし、結果的にその行間からは天才的な軍人というカリカチュアでもなく、その反対の中身のない大法螺吹きでもない、生身の人間としてのマッカーサーが立ち上がってくる。読者は、一見、矛盾に満ち、敵だけでなく友人や崇拝者さえも戸惑わせた、この極めて複雑な男を知るようになるだろう。本書を読み進めていくうち、我々は第一次世界大戦の西部戦線の塹壕で、若き将校として恐れ知らずともいえるような無謀な勇猛さを見せるマッカーサーを目撃する。そして、自分の傲慢さが招いた失策のために絶望的な状況に陥った兵士たちを見るに忍びず、また、批判の目が自分に注がれることを恐れ、すぐそばのバターン半島内の前線をたった一度しか訪れようとせず、コレヒドール島の地下司令壕に隠れ続けるマッカーサーにも出会うだろう。さらに我々は、中年になったマッカーサーが一〇代の女優にうつつを抜かし、彼女を愛人にして住まいをあてがうという、眉をひそめるような光景にも遭遇する。同時に二度目の妻で非凡な女性であったジーンとの間に、真に愛情深い関係を築いていたことも教えられるのである。

新しい日本語版のために特別に加筆された箇所では、マッカーサーとその配下の「独裁的で融通がきかず、また、極めて精力的で上に超がつくほど有能な」クロフォード・F・サムス大佐が率いる公衆衛生福祉局（PHW）の献身的な働きに、彼らの雅量、真の高潔さが見て取れる。[*4] また読者は、戦場でのかつての敵であった本間雅晴中将と山下奉文《ともゆき》大将を戦犯容疑で起訴するマッカーサーの卑小な復讐心も目の当たりにする。

それらすべてのエピソードを通じ、フランクは、これまで常に彼の著作の顕著な特徴でもあったバランスの取れた視点と優れた歴史的判断力を保っている。この作品は主人公をやたらと理想化した伝記でも、売らんがための嘘で固めた話でもなく、その両方の要素を合わせたような中途半端な作品でもない。フランクによる本書『マッカーサー』は、マッカーサーの致命的な欠点も驚くべき才能も漏らさず、その両方に対して必要に応じて賛辞と非難を公平に述べつつ、一人の人間としてのマッカーサーの全体像を描き切っている。

さらに、彼はそれをこのように非常に短い作品のなかでやってみせている。本書はおよそ三五〇頁〔原書は約二〇〇頁〕という限られた頁数のなかで、マッカーサーの伝説的な生涯のなかの主要な出来事をすべて網羅し、同時にマッカーサーの性格を鮮やかでかつ陰影のある筆致で描写しているという簡潔さの手本のような作品である。読み終える頃には、読者は戦後日本の形成に大いに寄与したこの人物についての理解を随分と深めていることだろう。本書は、その主人公である重要で興味の尽きない人物——マッカーサーその人に劣らぬ面白さを読者に提供してくれる伝記である。

註

＊1　"From: CINCAFPAC Command Tokyo, Japan sgn MacArthur; To War Department for Joint Chiefs of Staff; Nr: C 61591," June 1, 1946 in US National Records and Archives Administration (Archives II) RG 218 HM 1994 Box 08 Chairman's File (Admiral Leahy, 1942-1948), Folder 43: "Japan 1946 Communications with MacArthur."

＊2　半藤一利『マッカーサーと日本占領』ＰＨＰ研究所、二〇一六年、三七頁。

＊3　同三六頁。

＊4　「独裁的で融通がきかず〜」の引用、本書、二〇六〜二〇七頁。

◎目　次

五〇年間、看護師として勤続した母
リリアン・フランクに本書を捧げる。

謝辞

最初に感謝の言葉を述べなければならないのは、ニューオーリンズ〔ルイジアナ州〕にある、以前は国立Dーデイ博物館と呼ばれていた現在の国立第二次世界大戦博物館に対してだろう。博物館は二〇〇五年一〇月に第二次世界大戦についての国際学会の開催を予定していた。私はダグラス・マッカーサーが指揮を執った一連の戦役について講演をしてほしいと頼まれていた。マッカーサーについてはすでによく知っていたが、この依頼がさらなる情報を収集し、綿密な批評的論考を重ねる契機となり、それがこの作品の土台となった。ハリケーン・カトリーナのためにこの学会の開催は中止となったが、私の手元には大量の資料と新たな見識が残され、この伝記にそのまま活用することができた。

ダグラス・マッカーサーの伝記を書こうとする者は、誰もがみなD・クレイトン・ジェイムズの足跡を辿ることになる。彼が執筆した不屈の三部作は、今後数十年にわたり、この並外れた人物のもっとも優れた研究であり続けるだろう。私とジェイムズ氏との間の事実や解釈についての意見の違いは、私の氏の作品への深い敬意をいささかも減じるものではないことを断っておきたい。

私は今までの経験から、どんな作品も、他の歴史家の意見から大いに得るところがあることを学んだ。私は今回、多くの著名な歴史家が忙しいスケジュールの合間を縫ってこの作品の全部、あるいはその一部に目を通してくれるという幸甚に恵まれた。エドワード・ドレア、ジョン・ランドストローム、リチャード・マイクセル、バレット・ティルマン、そしてジェイムズ・ソーラックに感謝する。彼らはすこぶる貴重な励まし、批評、提案、また重要な原資料についての助言を提供してくれ、多くの間違いから私を救ってくれた。同じように、デイヴィッド・ホーナーとウィリアム・ステュークも、私が方向を見失いそうになった時に、いくつかの重要な事柄について正しい選択をする助けとなってくれた。ヴァージニア州ノーフォークのマッカーサー記念館のスタッフ、特に本書の原稿を閲読してくれたジェイムズ・ゾベルには負うところが大いにある。ゾベルをはじめ、同記念館のスタッフの専門的な知識と優れた能力が本書の助けとなった。私はまた経験から、本書のような作品は、歴史に精通し、鋭い文芸評論家ではあるが専門家ではない人々の意見からも大いに得るところがあると学んだ。そういうわけで、私の尊敬すべき友人たち、グレゴリー・エンブリー、デニス・フォンタナ、ジェリー・ゴフ、そしてロバート・サリヴァンにも原稿を読み、この作品を方向付けていくにあたって導いてくれたことに深い感謝を捧げたい。彼らは私よりもずっと優れた編集者であることが証明され、彼らのお陰でいくつもの語句や文章が凡庸さや矛盾から救われた。私の以前の上司、チャールズ・クレイギンが、非常に有益なマッカーサーに対する洞察を提供してくれたことも記しておかねばならない。作品中にまだ誤りが残るとするなら、それは私一人の責任に帰する。

私のエージェントの面々、トライデント・メディア・グループのロバート・ゴットリーブ、アレックス・グラス、そしてパルグレイヴ社の編集者、アレッサンドラ・バスターリにも敬意を表したい。彼らは企画から出版まで、この本の制作に忍耐強く携わってくれた。

本書を私の母、リリアン・フランクに捧げる。彼女は一九四三年に公認看護師としての研修期間を終了した。四人の家族の世話をし、子供たちの成長を待ってのちに復職した母は、二〇〇五年には看護師としての勤続年数が五〇年を数え、ミズーリ州から表彰された。

最後に、これまでずっと、そして今回また新たな本の出版にこぎつけるまで私を支え続けてくれた妻のジャネットに対し、充分な感謝の気持ちを表す言葉が見つからない。複数の仕事を掛け持ち、さらには娘のレイチェルと息子のミッチェルが学業と、一方はバレエ、もう一方はテニスに勤しむのを手助けするなどの多くの責任を果たすことは、彼女なしには決してできなかった。

1884年、〔ニューメキシコ州〕フォート・セルデンでのマッカーサー家。
（左から）ダグラス、父アーサー、兄アーサー3世、母メアリー・ピンクニー・ハーディー（愛称ピンキー）。

マッカーサーに勲章を授与するパーシング将軍。マッカーサーの軍帽が正式なものでないことに注目されたい。彼の代名詞となった独特の装いの一部だったが、パーシングはそれをひどく嫌っていた。

第二次世界大戦前のマニラでのマッカーサー（中央）。彼の主要な参謀将校だったT・J・デイヴィス（左）とドワイト・アイゼンハワー（右）とともに。

1943年のマッカーサー。（左から）海軍少将ダニエル・バーベイ、陸軍航空軍中将ジョージ・ケニー、陸軍中将ウォルター・クルーガーと。

マッカーサーとオーストラリア軍陸軍大将トーマス・A・ブレーミー。

1944年2月21日、息子アーサー4世の6歳の誕生日を祝うマッカーサーと2度目の妻ジーン。

上の写真の8日後に撮られた写真。ロスネグロス島の日本兵の遺体の傍に立つマッカーサー。この島での彼の立ち居振る舞いは「ダッグアウト・ダグ」の汚名を濯いだ。

1944年7月、真珠湾会議に臨む。ローズヴェルト大統領のやつれた様子にマッカーサーは衝撃を受けた。マッカーサーの右は太平洋戦域でのライバルだった海軍大将チェスター・ニミッツ。

マッカーサーの写真のなかでは、アメリカでもっとも有名なものだろう。1944年10月20日、フィリピンへの「帰還」を果たし、レイテ島に上陸するマッカーサー。

1945年8月30日、連合国軍最高司令官（SCAP）として神奈川県厚木飛行場に到着したダグラス・マッカーサー。

マッカーサーの人生最高の瞬間の一つとなった1945年9月2日、戦艦ミズーリ号艦上での降伏式典。マッカーサーのすぐ後ろに並ぶのは陸軍中将ジョナサン・ウェインライト（手前）、陸軍中将（イギリス軍）アーサー・パーシヴァル。彼らの出席が、マッカーサーの象徴の使い方、その演出の巧みさを証明している。

日本におけるもっとも有名なマッカーサーの写真。写真は、彼が裕仁天皇に初めて会った時に撮られた。日本側の関係者はこのマッカーサーの圧倒的な優越性を象徴する写真の公表を妨げようとした。

朝鮮半島でのマッカーサー。マッカーサーの真後ろに座るのはアメリカ軍の奇跡的な起死回生の立役者、陸軍中将マシュー・リッジウェイ。

アメリカ上下院合同会議にて、有名な「老兵はただ消えるのみ」のスピーチを行うマッカーサー。1951年4月19日。

1951年4月20日、ニューヨーク市での凱旋パレードで。このパレードで消費された紙テープは記録的な量だった。

マッカーサー

20世紀アメリカ最高の軍司令官なのか

凡例

〔　〕は、訳者による補足である。

第1章　始まり

ダグラス・マッカーサーは、自分の人生最初の記憶は「軍隊ラッパの音」だと言う。伝説的な人生を作り上げるのに芸術的なアプローチを好む彼のような人間が考え付きそうなことで、果たしてそれが事実かどうかを確かめる術はない。彼自身の回想や発言には、つい引用してしまいたくなる誇張が溢れているが、ダグラス・マッカーサーについての著作の執筆にあたっては、事実を突き止めるには他をあたるべきだ、というのが第一の鉄則だ。[1]

ダグラスは一八八〇年一月二六日、アーカンソー州リトルロックの兵舎で生まれた。彼は誕生の時点で、すべての面ですでに勝ち札を引き当てていたと言っていい。評伝の多くはその優れた知性、驚異的な記憶力、人目を引くハンサムな容貌、周りを圧するような存在感やカリスマ性、そしてヴィクトリア朝後期の修辞学に裏打ちされた類稀な表現力などをこぞって強調しているが、おそらく、もっとも特筆すべき天賦の資質は、その非常に恵まれた体質だろう。彼は長年にわたって、自分の同輩たちよりも、はるかに若々しい容貌と思考力を保ち続けた。だからこそ、通常の勤続年数を超え、二度も現役に返り咲くことになったのである。

彼の人生のなかでもっとも重要な人々は、紛れもなく彼の両親だった。彼らがダグラスの人格を作り上げ、まるで体内にはめ込まれたジャイロスコープのように人生の舵取りとなる考えを吹き込んだ。父親のアーサー・マッカーサーは南北戦争で名誉勲章を授与された経歴を持ち、その後も南北戦争後の停滞期の陸軍に留まった。一八七五年、アーサーは、ヴァージニア州ノーフォークの、もとは南軍に属する家系出身のメアリー・ピンクニー・ハーディー（愛称は「ピンキー」）と結婚する。夫婦は三人の男の子に恵まれた。長男のアーサー三世は海軍兵学校を卒業し輝かしい軍歴を辿っていたが、一九二三年、虫垂炎で早世する。次男のマルコムは幼少期に亡くなっていた。末っ子がダグラスである。

ダグラスが少年だった頃のマッカーサー家は、西部の最果ての人里離れた駐屯地を転々とした。そこでダグラスは、三世紀に及んだアメリカの開拓時代の終焉を目撃することになる。少年にとって、裸足で探検に繰り出すような牧歌的な日常と隣り合わせにあった、日々繰り返される軍隊の式典や訓練、金ボタンの制服をまとった兵隊たちの姿は心躍るものだっただろう。大抵の場合、父であるアーサーは配属先の幹部将校だった。そのためダグラスから見れば、自分の知る全世界を支配するのは、自分の父親であった。こうしてアーサーは、ダグラスに兵隊とはどうあるべきか、どう行動すべきかを教える大きな模範的存在となっていった。アーサーはまた、アメリカの運命はヨーロッパではなく極東の動向にかかっているという、当時の通説とはまったく反対の考えをダグラスに教え込んでいった。当時、このような見方はほとんどのアメリカ人にとって奇異に映っただろうが、今振り返ってみれば先見性のある考察である。その一方で、ある意味では、アーサーよりも大きな影響をダグラスに与えたともいえるのが、母親のピンキーであった。ダグラスに、彼が運命の申し子であるという考えを吹き込んだのは、彼女だった。ピンキーは彼の人生の最初の五七年間というもの、絶えずダグラスのそばを離れず、多くの場合同じ屋根の下に暮らし、この言葉を繰り返し彼に思い出させるのである。[2]

最初は学業に無関心な生徒だったダグラスは、一〇代に入ってその能力を開花させる。一八九九年、ダグラスがウェスト・ポイントの陸軍士官学校に入学すると、ピンキーはその近隣のホテルに居住するようになった。このような母親の執拗な干渉は、当時の常識を鑑みれば常軌を逸したものではなかった。同じように、フランクリン・ローズヴェルトもアドレー・スティーヴンソンも、成人したずっと後まで母親の軛《くびき》から逃れられなかった。現役の高級将校の息子であったことが、ウェスト・ポイントでのダグラスに有利に働くことはなかった。反対に、上級生による苛酷な虐めの対象となったのである。このような仕打ちに対しての彼の身の処し方は同級生の尊敬を集めた。ダグラスはその後も揺るぎない愛校心を持ち続けたが、自分に対する虐めを憎み、また、のちにそれを撲滅する機会が訪れるやいなや、素早い行動に出た。ダグラスがウェスト・ポイントの学科において収めた優秀な成績は記録的で、未だ破られたことがないとは度々言われているが、それは正しい指摘ではない。まず、学内の成績評価の基準は幾多の変換を経ており、先述の判断を下すのは不可能である。ただ、確かに彼は他の同級生を圧倒し、学年首位の学科成績で卒業した。また、同じく重要なことには、その軍人らしい態度と人格が認められ、誰もが羨む士官候補生のトップの座、ファースト・キャプテンに任命された。この栄冠は、彼が人並外れた人生を歩むことを運命づけられていることを示す、最初の記念碑とも言える。[3]

両親は、士官学校を辞めて米西戦争に参加するというダグラスを説得し、思いとどまらせた。しかし、その戦争が彼の父親を中佐から中将へと昇進させ、また、現地の統治のためにフィリピンに派遣されるきっかけとなった。のちにアーサーは、ウィリアム・ハワード・タフトがフィリピン統治の全権を担うべく到着した際、不貞腐れた態度で彼を迎えた。この実質上の降格によりアーサーが味わった失望は、自分のフィリピンに関する状況判断が的確であったことで少しは和らいだかもしれない。というのは、タフトは就任後すぐ、フィリピンの暴動は沈静化しつつあると発表したのだが、アーサーは反対に、暴動は活発化していると主張しており、果たして、正しかったのはアーサーだった。彼はフィリピン人と敵対していたにも拘わらず、というより敵であった彼らを深く観察することにより、フィリピン人への深い理解と尊敬を持つようになり、それはダグラスに引き継がれた。しかし、アーサーがこのフィリピンでの経験から得て、のちにダグラスに引き継がれたことがもう一つある。タフトはセオドア・ローズヴェルトの政権下で陸軍長官となるのだが、アーサーは彼により陸軍参謀総長への昇進を見送られることになった。このことに激しい遺恨を持っていたアーサーは、死後、軍服で埋葬されることを拒んでいる。一家に伝わるこの鬱憤は、自分より能力の劣る者によって本来自分に約束された運命から突き落とされるのではないかという、過剰な疑心暗鬼をダグラスに生じさせ、それがその後の彼の足枷となった。[4]

一九〇三年度の卒業生の首席であったダグラスは、当時の慣習通り、工兵隊に配属された。その後に続く軍務生活の最初の一〇年間は、結婚したいと望んでいたが、結果的に失恋に終わった女性に夢中になっていた一時期を除き、数々の殊勲で彩られている。一九〇三年一一月、フィリピンでの最初の任期中、彼は武装した二名の反乱分子もしくは盗人と遭遇し、一人が撃った弾がマッカーサーの帽子を貫通した。これもまた彼に、自分が運命の申し子だと確信させるエピソードの一つとなった。彼は近距離でこの二人をピストルで撃ち倒した。彼が後に語ったところによると、この時期の彼のもっとも重要な任務は、一九〇五年から一九〇六年にかけて、父親の副官として極東へ派遣されたことだったという。一九〇八年、彼は工兵科の上級課程を終了し軍における正規の学校教育を終えたが、その後も軍事だけでなく、あらゆる事項に関する膨大な量の書物を読み漁った。[5]

＊

一九一三年、マッカーサーは精力的な参謀総長レナード・ウッドのもとで若き急進派の参謀として勤務していた。その後五〇年間、彼にとってウッドは父アーサーの次に影響力を持つ、軍人とはいかに考え行動すべきかを示す鋳型ともいうべき存在となった。ウッドの一風変わった軍歴はウェスト・ポイントの卒業生どころか野戦任官としてでもなく、嘱託の外科医として始まっていた。この事実から鑑みても、マッカーサーの尊敬はその出自や経歴より、同じ考えに共鳴するところから派生しているのであろう。マッカーサーはウッドの、陸軍は近代戦に備えて改造されるべきだという考えだけでなく、その性格や仕事のやり方にも共感を深めていく。そして、マスコミを巧みに利用したり、公然と政治に関与するウッドの手法も吸収していくのである。[6]

一九一四年、新しい大統領、ウッドロー・ウィルソンはメキシコの内紛戦争に直面していた。ウィルソンはメキシコ軍のある一派のリーダーであるビクトリアーノ・ウエルタ将軍を蛇蝎のように嫌い、アメリカ軍をベラクルスに送り、ドイツから送られた武器がウエルタ側に渡らないようにする措置に出た。その結果、事態は全面戦争へと急転する様相を見せ、ウッドはマッカーサー大尉を、その後予想される作戦のための偵察へと送り出した。この向こう見ずな冒険に乗り出したマッカーサーは、地元の鉄道労働者に賄賂を使ってメキシコ軍の前線を突破し、その後の作戦の遂行に肝要とされた三台の機関車を伴って帰還した。彼の報告書に拠れば、途中、メキシコ軍の兵士もしくはメキシコ人の盗賊と、三度も近距離での銃撃戦を繰り広げ、少なくとも四回、服に銃弾を受けたが、重傷を負うに至らなかったという。ウッドを含む何人かの将校は、これが本当ならマッカーサーの働きは名誉勲章に値すると意見が一致した。そしてマッカーサー自身も、父親に認めてもらいたいという気持ちから、また、自身がやはり運命の申し子であることを確信するためにも、明らかに受章を渇望していた。しかし、その受章が実現することはなかった。一つには、唯一の目撃者がマッカーサーの賄賂を受け取ったメキシコ人たちであり信用度に欠けるということと、もう一つには、マッカーサーが事前に正式な許可を取っていなかったという、些細な理由があった。このエピソードも、マッカーサー家の宿怨が詰まった大きなトランクに加えられ、そこにしまい込まれた。[7]

*

一九一七年四月、ウィルソン大統領は、ドイツに対する宣戦布告の議会承認を得た。政治家はともかく、陸軍当局はアメリカが第一次世界大戦に参戦するならば、それには巨大な軍隊が必要であると認識していた。それは徴兵制の導入を意味した。マッカーサー少佐はアメリカ陸軍史において事実上、初の広報官として、その宣伝活動のため華々しい活躍をした。マッカーサーは従来の小規模な軍隊を、徴集兵と州兵を加えたより大きな集団から成る軍隊に編成し直すことを提唱するにあたり、鋭い考察をしている。陸軍の州兵の役割を目立たせることを意図し、また、ある州や地域だけを贔屓するという政治的危険を回避するため、「全米全土にまたがる虹のように」州兵が混成された部隊を組織することを提案するのである。こうして、第四二師団（レインボー師団）が生まれた。六三歳であったウィリアム・マン少将が指揮を執った。マッカーサー自身は即座に大佐へと昇進し、参謀長となった。マッカーサーの所属部署は工兵から歩兵へと変わり、その異動は、戦時に大幅な昇進が見込まれる可能性が広がったことを意味していた。こうして、三七歳にしてレインボー師団へ配属されることにより、端役の役回りには別れを告げ、強者の地位への軌道に乗ったのだった。[8]

レインボー師団は、一九一七年に最初にフランスに着いたアメリカ外征軍の四つの師団のうちの一つであった。また、州兵部隊のなかでは二番目であった。（最初に着いたのは、ニューイングランド地方の州兵で編成された第二六歩兵師団だった。）アメリカ外征軍の司令官であったジョン・J・パーシング将軍は、一個師団の兵力を二万八〇〇〇人とするのは、理想定員を一万人も超過していて大き過ぎ、扱いにくく、兵器も必要量を甚だしく下回っているという、もっともな進言を同盟側からされていたにも拘わらず、それを無視した。しかし、それほどまでに師団の大きさに固執していたパーシングが、まず直面した問題は、送られてきた師団がどれも規定の定員数をまったく満たしていないことだった。皮肉にも、マッカーサーがその軍人としての経歴のなかで勝利を収めた最初の重要な戦いは、官僚的なものだった。パーシングが他の三つの師団の穴埋めに、レインボー師団を解散させてその兵を充てがおうとした計画を阻止したのである。マッカーサーはパーシングを飛び越して陸軍長官に直談判し、その結果、彼の言い分が通ったのだ。この策略はうまくいったが、パーシングの部下との関係に亀裂が入ることは避けられなかった。[9]

パーシングは、第四二師団がその訓練を完了させるのを待たず、戦況が活発でない前線の一区域に配置した。ここでマッカーサーは、フランスの部隊とともに敵側の塹壕に急襲をかけるという、大胆な大勝負に二度も臨んだ。このような耳目を集める勇敢な行動の結果、最初の銀星章（シルバースター）を授与される。この勲章とそれに続いてフランスでマッカーサーが授与された数々の勲章の重要性はかなり誤解されている。昨今のアメリカ人が熟知しているアメリカ陸軍の勲章の序列は第二次世界大戦の開戦後に固定化したものである。そのなかで銀星章は、名誉勲章、殊勲十字章に次いで第三位に位置付けされている。しかしながら、第一次世界大戦中の銀星章は従軍記章のリボンにつけられた、文字通り小さな銀の星を意味し、独立した勲章ではなかった。今よりも、もっと下位に位置付けされており、さながらイギリス軍の定めるところの「殊勲者公式報告書に名前が載る」のと同程度のものだったのである。マッカーサーはのちに参謀長として銀星章の制度を変えるよう働きかけ、その結果、新しい銀星章が議会の承認以前の受章者にも遡及的に授与されるに至った。この戦争の間のマッカーサーの行いが後々に認識されるようになった銀星章には値しないというわけではないが、勲章に対する評価や基準は、第一次世界大戦中はまったく違っていたのである。[10]

　マッカーサーは、このフランス部隊とともに行った敵の塹壕への奇襲の後も、今度はレインボー師団のなかのアイオワ州の出身者で構成された第一六八歩兵部隊による敵塹壕への襲撃にも参加している。マッカーサーは、示し合わせた時間に自軍の塹壕から出て中間地帯に飛び出し、前に進み始めた。「最初の恐怖の十数秒間の間」と彼は回想する。「私は彼らが付いて来ていないのではないかと思った。しかし、振り返るまでもなく、すぐに自分が一瞬でも疑ったことがどんなに間違ったことだったか気付いた。見回すと、私は彼らに囲まれて進んでいた。あの時のことを忘れることは決してないだろう」。このマッカーサーのドラマティックなリーダーシップは彼に殊勲十字章をもたらした。[11]

通常、師団に配属された参謀長は、行政管理的な業務の量が非常に多く、えてして後方の司令部に拘束されがちである。両世界大戦において、ほとんどの師団では、一般兵が師団の参謀長の名前を知っていることさえ稀であった。マッカーサーは従来の参謀としての働きも素晴らしかった上に、いつも前線に姿を現していた。レインボー師団の主任従軍神父であった有名なフランシス・P・ダフィー神父は一九一七年五月にマッカーサーについてこう記している。「(彼は)戦うのではなく命令を出すという自分の役割に苛立っている。奇襲や急襲に自分を駆り立てて押しかけているが、何人かの古参の軍人たちはそれが出過ぎた真似だと思っていた」。さらに、マッカーサーの勇猛な行動は、のちに有名になった同じ師団の他の将校たち(とりわけ名誉勲章の受章者で第二次世界大戦時の戦略諜報局の長であったウィリアム・J・ドノヴァン)には、兵の士気を高めるのに役立つと思われていた、と続ける。しかし、ダフィーは、マッカーサーを含めこのような将校たちは皆、「異教徒のケルト人のようで、私のような正気を持った人間は彼らの意見を支持しない」と付け加えている。[12]

フランスでの戦闘中、戦場において異彩を放つマッカーサーの独特の装いはますます強調されていった。ベラクルスでもその試作のような装いは見られたが、彼の特徴として後々まで人々の記憶に残る服装が確立されたのは、フランスにおいてだった。鉄のヘルメットよりも、形の潰れたような軍帽を好んで被り(彼によると、ヘルメットは雨をしのぐのには役立つが、弾丸を避《よ》ける効果はないのだという)、それに加えて、タートルネックのセーターの上に、二メートルを超える長い紫のマフラーを巻くといった出で立ちであった。めったに武器を携帯せず、軍人用の、鞭のついた短いステッキに膝丈のブーツを愛用した彼には、塹壕がめぐらされた戦場にいるという現実を無視したふてぶてしさが感じられた。マッカーサーが上品で折り目正しく保守的な服装を遵守しないことで、典型的な気取りのないアメリカ人らしさを見事に表現していることは、彼を見下していた人々の目にも明らかだった。（彼を見下していた人々こそ、真っ先にそのような演出に気付くべきだっただろうが。）このような彼の服装は、軍隊内での完璧な身だしなみ、ネクタイなど形式ばった身なりにこだわったパーシング（そしてパーシングの弟子とも言えるパットン）に代表されるヨーロッパのスタイルとはまさしく正反対であった。

客観的に見て、彼の行いは確かに勇敢だった。彼は「全ドイツをもってしても、自分を倒す砲弾は製造できない」と豪語していたと言われる。しかし、この発言は、ある哲学的な疑問を生じさせる。その疑問とは、「彼は単に怖いもの知らずであるだけなのか、それとも勇敢なのか？」というものだ。勇敢さの定義が恐怖を克服することであるとすれば、マッカーサーの行動には決定的な何かが抜けている。彼は自分が運命の申し子であり、それゆえに天から与えられた大きな使命を成就させるまで、自分は神の力に守られていると本気で信じていた。だが彼も、神から与えられた守護の天蓋にも限界があると理解していたらしい。あるドイツ軍の俘虜が、マッカーサーが司令部として使っていた城を大型の榴弾砲で攻撃する計画があると漏らすと、マッカーサーはドイツ軍に粉砕される前に密かにその場所を引き払った。彼はまた、二度も毒ガス攻撃に晒され、何日も入院することにもなった。普通の人間ならこのような経験をすれば、「自分は絶対に大丈夫だ」という現実を無視した考えをやめるはずだが、マッカーサーの戦火をくぐる時の沈着さには変わりがなかった。

マッカーサーは、参謀長としての働き、また、前線での際立った活躍により、新しく着任した師団長、チャールズ・メノアー少将によって准将への昇進を推挙された。また、新しく陸軍参謀総長となったペイトン・マーチは、父アーサーが可愛がっていた部下であった。パーシングが上級将校への昇進を推薦する者のリストにマッカーサーの名前を載せなかった際、マーチはマッカーサーの名前を加え、何名かのパーシングの部下の名前をそのリストから削除した。マッカーサーが昇進の知らせを聞いたのは、一九一八年の六月二六日だった。この時、彼は弱冠三八歳で、軍歴一六年目に入ったところだった。[13]

一九一八年七月一四日のパリ祭の日、レインボー師団はドイツ軍からの苛烈な攻撃をしのいでいた。マッカーサーはまた、新たな銀星章の授与を推挙され、さらにフランス軍の司令官は、マッカーサーにレジオンドヌール勲章を授与すべきだと主張した。しかし、この時のマッカーサーは、身近で繰り返し起きる悲惨な死に打ちのめされており、のちに、この経験以降の戦争は自分にとってまったく違うものになった、と語っている。[14]

七月二八日、ドイツ軍が退却し始めたと思ったフランス軍の将軍は、レインボー師団の歩兵を、大砲などの兵器を携行させることなく攻撃に投入した。ドイツ軍の四師団の一部を相手にした激しい戦いの最中、メノアーは師団下の第八四旅団の指揮官を解任し、マッカーサーをその後釜に据えた。ドイツ軍が実際に撤退を始めると、マッカーサーはそれを反撃のチャンスだと捉えた。彼は疲れ切ったレインボー師団の歩兵たちを必死で説得し前進させた。その先頭に立ったのが、アイルランド系の兵で構成された第一六五歩兵連隊だった。その後、七日間で七マイル〔約一一キロメートル〕進む間に、師団は六五〇〇人もの死傷者を出した。この戦いによりマッカーサーは、さらに二つの銀星章を獲得し、メノアーからは最高級の賛辞を受けた。そして、ついにここで参謀長の職から退く。師団の司令部の将校たちからは、「勇者のなかの勇者」と刻まれた金のライターが彼に送られた。[15]

サン・ミエルにおけるアメリカ軍による最初の単独攻撃は、一九一八年九月一二日に始まった。パーシングは、ドイツの前線の突端部に攻勢をかけるのに、五〇万人のアメリカ兵と一〇万人のフランス兵を集結させた。[16] その突端部にいたドイツ軍はわずかに二万三〇〇〇人で、自軍への攻撃が始まった時には、すでに撤退を開始していた。マッカーサーはここでも自ら師団を率いて攻撃に参加し、彼にとっては五番目となる銀星章を獲得している。マッカーサーは戦略地点となる都市、メスの攻略を熱望しており、パーシングが彼の前進を許可しなかったのは致命的なミスだと思っていた。しかし、現実にそれが許可されていれば、確かにマッカーサーと部下たちはメスの街を陥落させたかもしれないが、そうなればその後、ドイツ軍の反撃にあって全滅は避けられなかっただろう。[17]

九月一六日にパーシングがサン・ミエルでの攻撃作戦を終わらせた後、他の旅団が休憩を取る間、マッカーサーの率いる旅団がレインボー師団の管轄の前線区域の守備にあたった。彼らの壕は頻繁に砲撃に晒されていた。その月の終わり、そんなドイツ軍からの集中砲火を浴びている最中に、マッカーサーは当時戦車団を指揮していたジョージ・S・パットンに出くわした。パットンは（非公式にではあるにせよ、恐怖を感じたことがあると認めている彼は紛れもなく勇敢な人間だった）、集中砲火の音がどんどんと近づいてくる間、「二人ともそこにはいたくなかったが、お互いにそれを口に出して認めたくはないのでそこに留まっていた。立ち話を続けたが、両方とも相手の話に大した興味もなかった」と記している。近くで砲弾が炸裂した瞬間、思わずたじろいだパットンに向かい、マッカーサーは「心配しないでいいよ、大佐。あたった時には、音は聞こえないからね」と言ったそうである。自らも武人として玄人であったパットンは、マッカーサーを「生涯出会ったなかでもっとも勇気ある男だ」と讃えている。[18]

サン・ミエルの後、パーシングは、第一軍の五〇万人を約九七キロメートル先のムーズ・アルゴンヌ地方に進ませた。パーシングはドイツ軍の前線の半分を繋いでいる鉄道を遮断しようと一〇〇万人の兵力（その八五パーセントはアメリカ兵だった）を投入する。ドイツ軍を六対一と兵力では圧倒していたが、彼らが対峙するドイツ軍の前線は、迷路のように入り組んだ機関銃陣地、何重もの有刺鉄条網、その上の高地に設置された迫撃砲で強固に守られており、西部戦線でもっとも難攻不落を誇った区域の一つだった。攻撃は九月二六日に始まり、たちまち消耗戦へと移行した。マッカーサーの第四二師団は束の間の休息から駆り出され、のちにパーシングが、アメリカ軍の総攻撃における要所となったと述べている大混乱のなかに引きずり出される。その舞台となったのが、ロマーニュ・ハイツのヒル二八八と呼ばれていた地域とコート・ド・シャティヨンと呼ばれる低く広大な丘であった。もしもマッカーサーのその後の出世にもっとも影響的であった出来事はどれかと聞かれれば、まさしくこの時の出来事であると言えるだろう。

第五軍団の司令官であるチャールズ・サマーオール（それ以前には、レインボー砲兵団の指揮を執り、その後は第一師団を率いた）はマッカーサーに、着任早々情け容赦のない命令を出した。彼は一〇月一四日にこう言った。「君にはシャティヨンを攻略するか、五〇〇〇名の死傷者リストを私に提出するかしか、道はないぞ」。マッカーサーの返答はこうだった。「もしこの旅団がシャティヨンを攻略できなければ、旅団全員の名前に加え、旅団長の名前がその最初に書かれた死傷者リストを公表していただいて結構です」。このマッカーサーの言葉にサマーオールは涙を浮かべたという。[19]

毒ガスに悩まされながらも、マッカーサーは自分の旅団を率いて何度も攻撃をかけたが、それは徒労に終わった。サマーオールが作戦の失敗を頑として認めないことから、事はレインボー師団のなかの第八三旅団の司令官の解任にまで発展する。そしてサマーオールはもう一度、何が何でも作戦を成功させるようマッカーサーを叱責した。これ以上の失敗は、マッカーサー自身の解任と、ひいては彼の経歴に消えない汚点を残すかもしれないことを意味していた。かくして、一〇月一六日、運命の日が来た。以下のマッカーサーの行動は、彼のリーダーシップがどんなものであるかをよく表している。自分自身の軍歴が危うくなっているこの時に、マッカーサーには、第一六七歩兵連隊の指揮官であるウォルター・E・ベアー中佐によって起草された大胆な作戦に対しての躊躇《ちゅうちょ》はまったくなかった。その計画とは、ドイツ軍の前線上の脆弱な地点に大隊を投入、突破させ、その後、混乱に乗じて正面から大々的な攻撃を仕掛ける、というものだった。マッカーサーは自ら旅団を率いて突撃し、彼らを勝利に導いた。第四二師団はこれらの戦いにおいて四〇〇〇人の犠牲者を出した。サマーオールはマッカーサーの少将への昇進と名誉勲章の授与を推挙した。そしてこの一二年後には、マッカーサーが参謀総長に選抜される際に彼を擁護するのである。パーシングも昇進の提案には同意し、マッカーサーに殊勲十字章を授与する。しかし、その後、昇進の件は実現せず、結果的には、名誉勲章ではなく殊勲十字章を授与されるに留まった。[20]

シャティヨンの攻略の後、待ちに待った休養を終えたレインボー師団が、ドイツ軍を追って移動していくアメリカ軍の前線に復帰したのは一一月五日だった。（この時のレインボー師団は一二〇名の将校とおよそ七五〇〇名の兵士という、本来の兵力の四分の一に匹敵する人員が不足していた。なかでも歩兵の不足率は極めて高かった。）ここで、マッカーサーは一つ間違えば悲劇に終わっていたかもしれない奇妙な事件に巻き込まれている。同盟軍のフランス軍部隊を出し抜いてセダンの街に先着したいと熱望していたパーシングは、第一軍の将校たちに、従来の部隊の規則を無視し、セダンの街に誰が一番乗りをするかという競争を部下たちに仕掛けるよう焚き付けた。その結果、派手な格好をしたマッカーサーが巡察中の第一歩兵師団の兵士たちにより捕らえられ、自分はドイツ兵でないことを釈明しなければならない事態になったのである。一一月一一日に休戦を迎えるまでに、マッカーサーは自分が立てた数々の戦功に新しく七番目の銀星章を加えた。また、メノアーが第六軍を指揮するために不在となったため、一時的に第四二師団の指揮官になった。(戦闘での指揮は執っていない。)[21]

マッカーサーの人生のほとんどすべての局面は、長年にわたり厳しい批評の対象となってきたが、唯一の主な例外がフランスでの彼の戦功記録である。彼は六つの銀星章と二つの殊勲十字章を授与されている。コート・ド・シャティヨンでの活躍は名誉勲章に値すると言ってもいいだろうが、結局それは授与されなかった。すべての統計的な尺度から判断しても、アメリカ外征軍のなかで、レインボー師団がもっとも優秀な師団の一つと位置付けされている事実は、マッカーサーのその活力溢れる個性が疑いなく中心的な役割を果たしていることに拠る。死傷者の数も三位であり(第一師団と第三師団に次ぐ)、前線にいた一六二日の間に一万四六八三人を失っている。これらの机上の数字を裏付ける、公平で博識な採点者たちがいる。敵から入手した諜報関係の書類を読むと、カイザー〔皇帝《ドイツ》〕の将校たちは一様に、レインボー師団をもっとも優れたイギリスやフランスのエリート編隊と肩を並べる三つあるいは四つのアメリカの師団のうちの一つと見なしていることが分かる。一九九二年の研究では、第四二師団の戦闘効率はその半数が海兵隊員で構成されていた第二師団に次いで二位であることが明らかになっている。[22]

皮肉にも、優秀がゆえに、レインボー師団は、ドイツ占領軍としてコブレンツ付近のライン川以西の地域に駐留する九つの師団の一つに選ばれた。戦争中にそれほど困難な任務に就いていなかった多くのアメリカ兵はその頃、彼らを帰国の途に就かせる船へと向かっていた。アメリカの偉大なジャーナリスト、ウィリアム・アレン・ホワイトがこの時のレインボー師団を訪れ、マッカーサーのことをこう評している。「こんなに溌剌として魅力的で、人を惹きつけるような男には、今まで会ったことがない。部下からは慕われ、直属の兵からは崇拝されているが、それを鼻にかけている様子はまったくなかった」。このホワイトとのインタビューでは、マッカーサーのその後の勝利と失敗が前兆のように浮き彫りになっている。マッカーサーはドイツ女性の投票者としての才知を誉めそやしていたが、それは後年の日本女性が参政権を持つことを支持する未来を連想させる。また、アメリカの左派による急進的な活動にも興味を示しているが、そこで見せたこだわりは、その後、参謀総長として犯した大失敗を不吉にも予想させるものだった。[23]

*

一九一九年四月一八日、マッカーサーはついに、彼の旅団とともにフランスのブレストの港から帰途に就いた。叩きつけるような激しい雨は、「オーヴァー・ゼア」〔両大戦でアメリカ兵によく歌われた軍歌で、「向こう側」、いわゆる国外の戦地を意味する〕での冒険からの訣別を意味する、陰鬱な見送りだった。マッカーサーと部下がニューヨークに上陸した時、彼が後に語ったところに拠れば、彼らは、自分たちがきっと割れるような拍手喝采で迎えられるに違いないと思っていたらしい。ところが現実には、居合わせた一人の子供に、おじさんたちは誰なのかと尋ねられる始末だった。マッカーサーが自分たちは有名な第四二師団だと答えると、子供はさらに、フランスに行ったことがあるかと聞いてきた。この港での出来事はアメリカの国民感情が大幅に逆転していることを予想させた。平和の理念やそれを守る十字軍といった発想が人気を博していたのは、過去の話だった。時の共和党の大統領候補、ウォレン・G・ハーディングは「日常への復帰」と掲げた旗印の下を行進していった[24]。

帰国するとすぐに、参謀総長のペイトン・マーチがマッカーサーをウェスト・ポイントの校長に推挙した。これはマッカーサーの経歴にとって、非常に重大な局面であった。また、戦争中に新しく任命された将校たちが軒並みに（実際に、彼の同輩の一人を除く全員が）降格されていたなかでマッカーサーは一つ星の階級に留まることを許された。

その時マッカーサーは三九歳だった。一八一二年戦争の後、陸軍士官学校をアメリカでも最高の教育機関に育て上げ、崇められているシルヴェイナス・セイヤー以来、もっとも若い士官学校長となった。マーチはマッカーサーに、教職員を相手にする時は外交的にうまく立ち回るようアドバイスした。（その教職員の一部は、マッカーサーが士官候補生だった時に教えを受けた教官たちだった。）しかし、同時に、学校自体は直ちに再活性化する必要があると強調した。戦争の間に、マーチはウェスト・ポイントを四年制の軍隊学校から、エリート将官を育成するための、たった一年の訓練プログラムへと変貌させていた。要するにマーチがマッカーサーに課した任務とは、マーチ自身が陸軍士官学校に負わせたひどい痛手を修復することだった。

民間人は、どこの軍隊でも行われているように、士官学校でも上に立つ校長が自分の思い通りに物事を行う強大な権限があると想像するかもしれないが、それは事実ではない。中心で権力を握っているのは、民主主義的な教育委員会であった。委員会は校長、士官候補生の指揮官と教務部の部長数名で構成されていた。投票権は公平に一人に一票である。教職員たちは自らを、神聖な伝統によって体現されている士官学校の真髄の擁護者だと見なしていた。そんな彼らの目に、マッカーサーの独特のスタイルは伝統を破壊しようとしていると映った。彼の軍帽に針金が入っておらず、形が崩れているのも気に入らなかった。マッカーサーの、自分の目下の者への気さくな態度、部下のタバコに火を点けてやるような気安さにも彼らは眉をひそめた。（しかし、マッカーサーは士官候補生に対しては、一定の距離を置いていた。[25]）

マッカーサーと委員会との真っ向からの衝突は、その意見の基本的な相違が原因だった。マッカーサーは自らの戦争での体験から、ウェスト・ポイントはこれまでとは違う種類の士官を育てなければならないと思っていた。従来、ウェスト・ポイントの卒業生が配属されるのは、通常の小規模の軍隊であり、そこには、特に恵まれた素質を持たず、実戦に通用する兵になるための厳しい訓練が必要な入隊者たちが集められていた。しかし、マッカーサーは、自分が今回の戦争で経験した軍隊の姿こそが未来の軍隊の姿だと確信していた。それは、州兵、志願兵、徴兵が混ざり合った大規模な軍隊だった。そんな種々雑多な兵を指揮するのは、より高度な任務となる。その指揮は恐怖による支配では無理であり、部下の尊敬を勝ち取ることのできる将官でないと、実質的な指揮を執ることはできない。さらにドイツ占領中の経験から、これからの将官には、軍事的な問題以外にも対応できる能力が必要だと思っていた。

マッカーサーの改革計画には、大々的な自由化が含まれていた。彼は学科内容の範囲を広げ、社会学や最近の軍事史まで含まれるようにしようとしていた。士官候補生に実際のアメリカ社会を学ばせ、より大きな責任感を植え付けようとしていた。自分自身が苛酷な虐めの被害者だった苦い経験から、第一次世界大戦の間にますます手が付けられなくなっていた下級生への虐めを根絶しようと動いた。だが、学内の虐めがまったくなくなったわけではなかった。(多くの卒業生と少なくない数の士官候補生が、虐めを効果的な淘汰の過程だと見なしていたのが主な原因だった。)それでもマッカーサーは、士官学校に根本的な変化をもたらした。

マッカーサーは、ウェスト・ポイントにおいて、いくつかの意味深い勝利を収めている。その一つが、長い間存在していたが、萌芽的な段階にあった倫理規程の制定である。それは今では何世代にもわたって引き継がれ、士官学校が誇る伝統となっている。また彼は、閉鎖的で近視眼的なことで知られる士官学校の教員たちが他の高等教育機関を訪れるべきだと主張した。さらに外部からも教員を雇い入れ、政治家、軍人、その他あらゆる専門家を客員教員として学校に招いた。このような措置は保守派からの抵抗に遭ったが、若手の教員たちには、好意を持って受け入れられた。マッカーサーのもう一つの偉大で、かつ不朽の遺産は学内の総合運動競技の体制である。士官学校の体育館には、マッカーサー自身の言葉がこう刻まれている。「友との競争の地に撒かれた種は、いつか違う土地で勝利の実を結ぶ」。

マッカーサーのアメリカン・フットボールに賭ける熱意には限度がなかった。練習には必ず顔を出し、彼の任期中、海軍士官学校に勝つことができなかった時には身をよじるようにして悔しがった。しかし、彼が優秀なフットボール選手をスカウトするプログラムを始めたおかげで、一〇年後には陸軍士官学校が圧倒的な強さを誇るようになった。彼が学校を去るや否や、彼の敵だった人々はマッカーサーの改革の一部を直ちに反故にした。だが最終的に、陸軍士官学校はマッカーサーの構想と改革を取り入れた。彼が陸軍士官学校の学業課程と運動競技、そして士官候補生の生活を徹底的に見直したという功績が評価され、マッカーサーは二〇世紀においてもっとも大きな影響力を持った校長に選ばれている。[26]

その後のマッカーサーが出世していく数年間は、その幼少期を除いて、彼の人生において、仕事よりも私生活の方に焦点が当てられる唯一の数年間だった。一九二一年九月、マッカーサーはルイーズ・クロムウェル・ブルックスと出会う。甘やかされて育った彼女は魅惑的で裕福で離婚経験があり、マッカーサーより一〇歳年下で、前の結婚でもうけた二人の子供がいた。ルイーズの抵抗しがたい官能的なオーラはマッカーサーを虜にした。彼女はパーシングや、イギリスの海軍大将で颯爽とした魅力が溢れるデイヴィッド・ビーティーなどとの情事を自慢気に触れ回っていたが、マッカーサーと出会い、惹きつけられるように恋に落ちた。二人は一九二二年のバレンタイン・デイに結婚した。さぞかし、選ばれた者同士の運命的な結婚に映ったに違いない。マッカーサーのルイーズとの関係は肉体的な欲望により焚き付けられたものだったが、マッカーサーは彼女の子供たちに対しては、惜しみなく心からの愛情を注いだ。

この時、ルイーズはマッカーサーの経歴を傷つける噂の原因を作っており、それは後世に、歴史家の笑いを誘うエピソードとなった。パーシングはルイーズとの関係を絶ったのち、ルイーズが今度は、自分がまるで父親であるかのようにその面倒を見ていた副官のジョン・クィッカマイヤーと交際をしていることを知って喜んだ。非公式ではあったが、クィッカマイヤーと婚約をしていたルイーズだったが、マッカーサーのプロポーズを受けるため、それを破棄したのだ。その数日後、マッカーサーはパーシングが書いた手紙を受け取る。その手紙には、陸軍士官学校の校長の任期は通常四年であるが、マッカーサーはその任期満了を待たずに海外へ配属される旨が通達されていた。陸軍内では、パーシングがマッカーサーの経歴と結婚を妨害するためにそんな行為をわざとやったのだと噂された。しかし、実際には、パーシングの手紙はマッカーサーがルイーズと結婚することを公表する前に書かれていた。マッカーサーがウェスト・ポイントを去るよう命令されたのは、パーシングが学内の保守派に同情していたからだ、というのがもっともな理由だろう。

一九二二年一〇月にフィリピンに戻ったマッカーサーは、その国の多くが変わっていることに気付いた。フィリピンは総じて平和だった。一九一六年以降、フィリピン国民議会が権力の執行機関になっていた。そのリーダーであったマニュエル・ケソンはフィリピン政界の希望の星であり、フィリピンの独立のために熱心に運動していた。若き日のマッカーサーの憧れであったレナード・ウッドがフィリピン方面軍を指揮していた。

フィリピンでのマッカーサーは、マニラ軍管区司令官という肩書きを持っていた。しかし、実際にこれといった仕事はなく、持て余した時間のなかでフィリピンのエリートたちと親交を深めていく。やがてフィリピンのエリートたちも植民地のエリート白人たちも、マッカーサーが上流階級のフィリピン人たちを社会的にも知性面でも同等の人間として扱うということがよく分かってきた。このことからフィリピン人からは慕われるようになったが、多くの白人からは敬遠されることとなった。ルイーズも社交に忙しかったが、付き合うのはほとんど白人だけだった。[27]

一九二三年二月、母のピンキーが大病を患い、マッカーサーはワシントンに戻った。母親は回復したが、これがこの年に虫垂炎で亡くなった兄に会った最後となった。一九二四年七月、フィリピン・スカウト部隊のエリート兵士たちは、白人の兵士に比べ、自分たちの給料、手当、扶助金などが不公平であるとして反乱を起こした。マッカーサーが両者の対等な待遇を支援していることはよく知られており、おそらくそのために、今度はフィリピン師団の司令官に新しく任命された[28]。

一九二四年九月、パーシングは参謀総長として退役した。その一〇日後、マッカーサーの少将への昇進が発表された。彼は一九二五年初めにアトランタの第四軍団管区司令官に就任し、秋にはより重要な地位である、ボルチモアの第三軍団管区司令官となった。そして彼が、「今まで受けたなかで一番不愉快な命令」と言う任務が下りる。その任務とは、ウィリアム・「ビリー」・ミッチェル准将の軍法会議での陪審員になることだった。裁判では、特に大きな法的な問題はなかった。ミッチェルが陸海軍の首脳陣を公然と批判したことは疑いなく有罪に値する。しかし、ミッチェルとその支持者たちはこの裁判を空軍力、特に独立した空軍の必要性を世に広めるために利用しようとした。裁判中、マッカーサーはスフィンクスのような沈黙を守り、彼とルイーズは愛情のこもった視線を交わして時間を過ごした。のちに彼も他の人々もマッカーサーが無罪に票を投じたと主張している（真実は未だ分からない）ようだが、それはあり得ない話だと思われる。しかし、マッカーサーはおそらく、ミッチェルの除隊を阻止するために努力はしたのだろう[29]。

マッカーサーの結婚はボルチモアで破綻した。一九二九年の離婚の際の公式な理由は「扶養不履行」という、明らかに滑稽なものだ。両者とも後になって離婚は「性格の不一致」によるとしているが、それはまさしく事実である。もしもジャズ・エイジが、蠟燭を両端から燃やすように目まぐるしく享楽的な日々を送る人々のいた時代だと譬えるなら、ルイーズ・クロムウェルの蠟燭はひときわ熱く、眩く光る蠟燭だったと言えよう。甘やかされ強情で、途轍もなく裕福な、半分子供のような女性、それも歳を重ねた女性にとって、旧弊な軍隊は相応しい場所ではない。明らかにこの関係が行き着くところが分かっていたらしく、ルイーズは軍隊を辞めてビジネスマン（それもとびきり裕福な）になるようマッカーサーを説得しようとした。だが、マッカーサーはそれを拒否した。彼の人生と運命は軍隊とともにあったのだ。マッカーサーは最初の結婚を過去に追いやり、それについて二度と口にすることはなかった。おそらく、彼にとって一番の痛みは、本物の愛情を注ぐようになったルイーズの子供たちとの別れだっただろう。[30]

その頃、全米オリンピック委員会という大きな傘の下には、何百というスポーツ団体が乱雑に寄せ集められていた。ウェスト・ポイント時代から、マッカーサーの運動競技への傾倒はよく知られていた。そのため、オリンピック委員会の会長が急死した時、マッカーサーがその後任に推薦された。新しい参謀総長、チャールズ・P・サマーオール（マッカーサーにシャティヨンを落とすよう要求した）もスポーツ愛好家だったが、当時の、平和が長続きしないかもしれないなどとは思いたくもない人が多い時代の陸軍にとって、マッカーサーの会長就任は「渡りに船」の広報宣伝になるとして、このマッカーサーへの依頼を承認した。マッカーサーはクリスマスツリーの下におもちゃの汽車を見つけた幼い男の子のような純粋な熱意でこの大役をやり遂げた。彼は各スポーツ競技選手のそれぞれのエゴをなだめつつ、一方で、選手たちを力強く勝利へと導いていった。こんな派手なエピソードがある。負けていたアメリカのボート・チームを応援するため、マッカーサーは自分のリムジンの運転手に命じて競技中のボートに沿って運転させ、自分は必死に声援を送った。その結果、ボート競技でアメリカは金メダルを獲得した。このオリンピックでアメリカ・チームは最多の金メダルを獲得した。それは離婚で傷ついたマッカーサーの心の癒しとなり、また、陸軍将校としての経歴の最高位を手にする機会に近づいているその時に、彼の評判を高める助けともなった。[31]

第2章　参謀総長

一九二七年、アメリカ国内に壊滅的な被害を与えた大洪水が起こり、大統領ハーバート・フーヴァー（彼はアメリカの「偉大な技術者」と呼ばれている）は、洪水対策の壮大な計画の陣頭指揮を執る精力的な技術者のトップが必要だと感じていた。フーヴァーはマッカーサーにそのポストを打診してきた。マッカーサーは、賢明にもその誘いを丁重に断った。その任務は彼を袋小路に追い込み、宿願であった参謀総長への道を阻むことになると理解していたからである。参謀総長の座は、父アーサーが手に入れることのできなかった宝物であった。

一九三〇年のサマーオールの退官以降、陸軍内でのマッカーサーは、支配力はあるが、絶対的に有利とは言えない地位にあった。参謀総長の任期は慣例的には四年であった。マッカーサーより軍歴の長い六人の少将は、退役まで四年を切っていた。退役までに四年以上の任務期間を残す一一人の少将のうち、マッカーサーは最年少で知名度は一番あり、授与された武勲章の多さもひときわ目立っていた。さらに、近年のオリンピックでの見事な活躍振りが彼の名声をより高めていた。世評に拠ればパーシングはフォックス・コナーを推していたらしいが、先の大戦の戦場碑の建立のためヨーロッパに滞在しており、自分のお気に入りを推す運動を展開できなかった。最終的に、マッカーサーはサマーオールと、当時の陸軍長官で洗練された魅力を持つ石油王、パトリック・ハーリーの積極的な支援を受けることに成功した。フーヴァーがマッカーサーを高く評価していたことも決め手となった。こうしてマッカーサーは、一九三〇年一一月二一日、参謀総長就任の宣誓を行った。ワシントン近郊のフォート・マイヤーの営舎に引っ越し、母親も同行した。[1]

父親の手をすり抜けた軍の最高位を手に入れたことは、マッカーサーを誇りで満たした。しかし、それは現実には紛れもない荊《いばら》の冠であった。その後、この混迷を極めた任期の間に彼が犯した失敗が、彼の成功に影を投げ掛けるのである。マッカーサーが直面した敵は大恐慌だった。軍隊用語で譬えれば、マッカーサーは勝利に向けて前進、疾走する潑剌とした騎士ではなく、砂を嚙むような後衛戦を戦う、窮地に立つ指揮官の役を振り分けられたのだ。

参謀総長としての重大な職務のなかでも、おそらくもっとも重大なものは、陸軍の今後の展望を提示することだった。マッカーサーの構想は非常に従来的なものだった。彼は、すべての兵器類と軍務の、バランスの取れた全面的な改善を確実にすることを目指した。軍事予算の小委員会の委員長だったロス・A・コリンズ議員がマッカーサーの最大の敵として挑んできた。コリンズは機械化と空軍力が支配する、まったく異なる軍隊の未来構想を提案し、対するマッカーサーは機械化と空軍力の優越権を認めることを拒否していた。

しかしながらこの衝突を、マッカーサーをただの時代遅れの世捨て人のように描写した諷刺画で表すのは、公平ではない。経済の切迫は陸軍の予算を劇的に縮小させた。予算がないということは、費用のかかる新しい設備を導入しようとすれば人員と訓練（もしくはどちらか）の大幅な削減を強いられる。第一次世界大戦の後、議会は陸軍の最低限の規模を、一万八〇〇〇人の将校と二八万五〇〇〇人の兵だと算出していた。マッカーサーが参謀総長になった時、彼は一万八〇〇〇人の将校と一二万五〇〇〇人の兵という規模の軍隊を引き継いだ。マッカーサーは陸軍の規模、特に、将校の兵団の規模の縮小に関しては、これ以上の妥協は受け入れられないと信じていた。議会宛の手紙のなかで、彼は次のように簡潔に述べている。「訓練された将校は近代戦のこの上なく本質的な要素であり、それはどんな状況でも即興やその場しのぎでは補えない、たった一つの要素である」。

マッカーサーは、兵器よりも陸軍将校の教育システムの維持、実際にはその大々的な改良のために必死に戦った。確かに、マッカーサーの燦然たる偉業、第二次世界大戦以前に徹底的な改革がなされた唯一の領域は軍隊内の教育だった。やがてついに予算が下り陸軍がその方針を改善し、巨大な規模の動員を早急に行うことと近代的な装備を備えることは同時に可能だと証明してみせた暁に、マッカーサーの選択が正しいことは証明された。(最大兵力を誇った一九四五年には、陸軍はマッカーサーの参謀総長時代の六〇倍もの規模になっていた。)これらの成功はすべて、高度な訓練を受けた、緊急事態において「即興やその場しのぎでは補えない」一握りの専門将校たちの肩にかかっていたのである。[2]

マッカーサーは注目すべき二つの改革を行った。一つは、参謀の再編成であり、それは結果的に作戦の調整を容易にし、飛躍的に効率を向上させた。地域別に分かれた九軍の区分を四軍編成に統合させた計画は、より大きな影響力を与えたことがのちに証明された。これらの軍団はそれぞれ順に、動員、訓練、作戦への投入においての基本単位となった。軍事史の専門家たちはこれを「陸軍の戦術上の構成を、その後に起こる地球規模の紛争に対応するという、大きな任務に耐えるものにする下準備となった歴史的価値のある一歩である」と絶賛し、ジョージ・マーシャルが後日、第二次世界大戦時の陸軍の大拡張計画を遂行するための初期段階となった、としている。[3]

故意に行われたわけではまったくなかったが、マッカーサーは空軍力を高めるのにも中心的役割を果たした。一九三一年、マッカーサーは陸海両軍のそれぞれの航空部隊の役割について、海軍から、ある同意を取り付けた。それにより、航空機による沿岸の防衛は、陸軍が司ることになった。この任務は陸軍の航空隊が、長距離の「沿岸警備」を可能にする航空機を持つことを意味した。一九三三年、これが、ある航空機の設計競技の発端となり、その結果、「フライング・フォートレス」〔空飛ぶ要塞の意〕、B－17が誕生した。この航空機の誕生が陸軍の航空隊が望んでいた戦略爆撃をついに実現するのである。[4]

機械化については、マッカーサーは、自分が引き継いだ従来から続く根強い問題を改善すると同時に、それを悪化させてしまった。歴史家のジョージ・ホフマンが指摘するように、厳しい予算上の制約は軍隊の大規模な機械化を阻んだが、「陸軍首脳部の思考の近代化を阻むことはなかった」。一九二〇年の国防法の制定は、先進的な作戦構想となりつつあった独立した戦車部隊を廃止することにより、アメリカの戦車戦法の発展を妨げる根本的な障壁となった。戦車の采配は、軍の機械化を武装した歩兵の直接的な補助として捉える将校たちがその大部分を支配する歩兵部隊に任されることとなった。一九三一年、マッカーサーは実験的に新しく創設された、機械化を導入した旅団を解散させた。この一歩の後退は重大な意味を持つ二歩の前進となった。彼は限られた予算をこれから起こるであろう展開の速い戦闘にそぐわない古ぼけた装甲車の維持に使うより、より新しく速く、頑強な戦車の原型となる戦車の製造に使った方が良いという正しい判断を下したからである。実際に、それらの戦車がその後第二次世界大戦で使われる戦車へと改良されていった。さらに重大なのは、彼が全部隊に機械化の促進を命令したことである。第二次世界大戦で用いられたもっとも先進的な戦術の多くは機甲隊から生まれているということから見ても、これは極めて重要な意味を持つ。しかし、マッカーサーが行った軍隊の機械化が部隊単位で行われたこと、いわゆるバルカン化〔小分裂させること〕は、異なった武器を組み合わせた戦術の発達を遅らせた。マッカーサー自身もその後継者たちも、ドイツやソヴィエトの戦車戦に見られる、敵に深く切り込む機動作戦の出現を予見できなかった。[5]

このほかにも労苦を要した仕事の合間に、マッカーサーはある宗教雑誌の発行者に、アメリカの聖職者を対象に行われた意識調査の結果に対するコメントを求められたことがあった。その意識調査の結果には、国中に蔓延する平和主義的なイデオロギーが顕著であった。マッカーサーはそのような聖職者たちを、本来付随する義務を果たさずに特権のみを享受しようとする輩《やから》だ、として激しく攻撃した。そのため、ある匿名の平和主義者はマッカーサーに殺害予告を送ってきた。その平和主義者は、マッカーサーを脅迫することは自らの主義に反するが、その行為には免罪符を与えられるに違いないと思っていたのであろう。[6]

マッカーサーは、フーヴァー大統領と友人と言っていいほど近しかったが、その関係にはフーヴァーが気質的に持つ冷たさと距離感があった。彼らはお互いをそれぞれの領域、一人は軍事において、一人は工学においての完璧なまでの専門家として見ていた。フーヴァーが根っからの政治家ではないということがマッカーサーの彼に対する評価を高めていた。マッカーサーが軍事以外についての哲学を口にしたことはあまりないが、マッカーサーの哲学とフーヴァーの著書、「アメリカ個人主義論」に書かれている「断固たる個人主義」との間には著しい類似が見られる。フーヴァーが唱えたのは、ヨーロッパに見られるような出自による階級制度や社会主義を否定した、理想主義的な体制だった。政府の正当な使命とは各個人が、それぞれの「知性、人格、能力と野心」に見合った最高の地位に到達することを可能にすることだとした。また、ある政治的もしくは経済的なグループの独占により各個人の機会が妨害されることを防ぐため、政府が審判員として機能すべきだと考えた。その見返りとして、個人は社会に対して、自分より恵まれない人々を彼らの自助性と自発性を損なわない範囲で援助する、などの社会的責任を負っている。このような哲学観はアダム・スミスの自由放任主義を否定するものだが、同時に社会的、経済的な事象における政府の干渉はできるだけ控えめにし、多大な警戒と懐疑主義を持ってなされるべきだ、ともしている。このようにフーヴァーの哲学にそっくり倣う姿は、独自の考えを開拓するのではなく、他人の考えを摂取していくという、マッカーサー自身の強い傾向を示す、もう一つの良い例である。さらには、このような信義を持っていたからこそ、マッカーサーはファシズムや軍事クーデター、また、むやみに大企業を崇拝することなどに対してまったく共感を欠いていた。[7]

＊

参謀総長に就任後、マッカーサーは、その頃まだ無名であったドワイト・D・アイゼンハワー少佐に目を留めた。このマッカーサーより年少の将校は、小さな点も見逃さず、責任感が強く人好きのする性格で、民間人との付き合いもうまかった。しかし、マッカーサーがとりわけ注目したのは、アイゼンハワーの文才だった。マッカーサーはこの向上心の強い少佐を、通常業務以外の特別な任務に繰り返し登用した。そして一九三三年二月には、アイゼンハワーを自分のオフィスに配属させた。マッカーサーの副官として、アイゼンハワーは羽板のドア一枚で隔てられたマッカーサーと同じオフィスで働くようになった。それからおよそ七年間にわたり、アイゼンハワーはこの仕事に従事した。[8]

両者の関係の複雑さと、マッカーサーにまつわる一切に対してのアイゼンハワーの態度には、非常に興味をそそられる。アイゼンハワーの、その当時と、また、後から当時を振り返っての様々なコメントは、マッカーサーに対する尊敬と嫌悪が入り交じった彼の感情を露呈している。マッカーサーの知性はアイゼンハワーを圧倒した。(「まったく驚くよ、彼の頭の良さには」とアイゼンハワーは言った。)マッカーサーから親しみを込めた褒め言葉を受けるにつれ、アイゼンハワーの自我はまるで太陽の下の新芽のように育ち始めた。(ある時、マッカーサーはアイゼンハワーの書いた論文を見て、「私が自分で書くよりも、数段よく書けている」とコメントした。才気煥発な参謀総長からそんな言葉をもらって舞い上がってしまわない人間がいるだろうか。)マッカーサーにとってのアイゼンハワーは、非の打ちどころのない文章を書き、それに加えて、参謀総長の見解を的確に予想、推定するという稀有の能力を持った部下だった。[9]

その反面、アイゼンハワーは、マッカーサーの強烈な自我と自惚れに大いに反感を持っていた。さらに、マッカーサーが無分別に陸軍の規範に背き、政治の党派性に関しては公平さを欠くことを警戒していた。両者が心底相容れなかったもう一つの亀裂は、アイゼンハワーが表面上、一見して気取りのないプロフェッショナルな将官であり続けたのに対して、マッカーサーはその観客の多さに違いがあっても、堂々と、そして嬉々として、舞台上の熟練した演劇俳優のように振る舞うのが常であったという違いから生じていた。演説の際、マッカーサーは意気揚々と、大袈裟な身振りやミサの間の祈りのような荘厳さで、ただでさえ装飾過剰な文体を一層煽り立てた。あるカンザス州の農夫の息子は、マッカーサーが自分自身のことを三人称で語ることを非常に面白がったという。

　アイゼンハワーがマッカーサーのもとで働いていた時の経験と、のちにマーシャル将軍の下で働いた経験とを比べてみると、いくつかの顕著な対比が見られる。マーシャルとは違って、マッカーサーは自分の弟子に何かを教えようとはしなかった。彼はアイゼンハワーに観察する機会を与えたに過ぎない。一方で、マッカーサーはアイゼンハワーに冗談を言ってからかったり、アイゼンハワー夫妻と出掛けたりした。マーシャルはそんなことはしなかった。マッカーサーはアイゼンハワーの勤務評定報告書の一つに、「陸軍でもっとも優秀な軍人である。もし次の戦争が起こった場合、トップになるべき人材だ」と書いている。しかし、マッカーサーはアイゼンハワーを、たとえ彼が「トップになる」人材だとしても、自分と肩を並べる存在だとはまったく思いもしなかった。アイゼンハワーは、マッカーサーのもとで働いた数年の間に、文書業務に秀でることより、もっと大きなものを学んだ。アイゼンハワーは、人を指揮するとはどんなものかをマッカーサーから学び取っていった。まず、主題の内容の詳細を自分のものにし（しかし、アイゼンハワーは時にはそれに固執していないように見せることを学んだが）、辛抱強く、徹底して論理的に事実を提示する。それを威厳はあるが、仰々しくない声で言うのである。マッカーサーのヒンデンブルク号級〔ヒンデンブルク号はドイツの大型硬式飛行船で一九三七年の爆発・炎上事故で墜落〕の自我と付き合ってきたアイゼンハワーには、イギリスのチャーチルやバーナード・モンゴメリー将軍と対峙する素養ができていた。言い換えるなら、アイゼンハワーは生徒として自分の教師の美徳と欠点の両方から貴重な教訓を学んだのだった。[10]

世界の他の国々と同じようにアメリカでも、大恐慌という経済的惨事が政治的不安定を助長していた。マッカーサーは、予備隊を公共事業に使役するようにという議会の提案を受けても、陸軍を救済活動に直接あたらせることを断固として拒んだ。マッカーサーはまた、自分の次席にあたるジョージ・ヴァン・ホーン・モーズリー少将と親しい友人関係を築いていた。辛辣な移民排斥主義者で反ユダヤ主義者でもあり、また、共産主義者の大敵であったモーズリーは、マッカーサーに急進主義の台頭を幾度となく警告し、暴動の後ろには必ずこのような勢力が動いていると見ていた。[11]

*

一九二四年議会は、およそ三五〇万人の第一次世界大戦の退役軍人に「調整補償証書」を支給することを決定した。議会が承認した通り一九四五年に換金できた場合、証書は平均、一枚約一〇〇〇ドルに相当するはずであった。不況の最中《さなか》、これはかなりの金額になった。失業中の退役軍人たちはこの「ボーナス」の即時の償還を求めた。一九三二年、議会がフーヴァーの反対を押し切って、その半分の償還を承認したのち、ライト・パットマン議員が残りの半分の「ボーナス」も支払うよう求めた法案を提出した。大勢の退役軍人がその家族とともに、法案の成立を求めてワシントンに押し寄せた。後日、マッカーサーとフーヴァー政権の幹部たちは、その大部分が実は退役軍人ではなかったと主張したが、調査に拠れば九四パーセントは退役軍人だったことが明らかになっている。フーヴァーと陸軍長官のハーリー、そしてマッカーサーはこれらのボーナス・マーチの参加者たちを陰謀の産物だと思っていた。ワシントンで行われるデモ行進や暴動が何度もあったが、フーヴァーもその部下たちも、それらは共産主義者の仕業だと思っていたのである。[12]

その年の六月には二万二〇〇〇人に膨れ上がっていた。ボーナス外征軍（BEF）を率いていたのは、アメリカ外征軍（AEF）の元三等軍曹であったウォルター・W・ウィリアムズだった。弁舌に優れたカリスマ的な人物であったウィリアムズは自分の軍に規律と秩序を布いた。彼は、自分たちが急進主義を体現していると認めることを公然と拒否した。そのBEFを取り締まる任務にあったのが、警察本部長、ペラム・D・グラスフォードであった。この件にまつわる逸話のなかの彼は、時として英雄的な行為を見せている。第一次世界大戦時は准将であったグラスフォードは、デモの参加者が必要としているのは、抑圧ではなく支援であることを正確に見抜いていた。彼は自分の権限と自分の私費の一〇〇〇ドル〔現在（二〇二三年）の貨幣価値に換算して約一万七〇〇〇ドル〕を使い、彼らに食物やその他の援助を差し伸べた。そして、その人間的な魅力と話術で、彼らに対し、家に帰るように説得しようとした。[13]

六月中旬、上院はパットマンの法案を通過させなかった。議会はデモ参加者のうち、家に帰る者には援助金を支給した。この措置の後、彼らの間には絶望感が漂い始め、参加者の数は七月の半ばには約一万人にまで減っていった。上はフーヴァーから下はコロンビア特別地区の役人に至るまで、行政側の忍耐は七月末には限界に来ていた。グラスフォードは、七月二一日までにデモ行進者が占拠するペンシルヴェニア通りに面した建物から彼らを退去させること、八月四日までに彼らをワシントンから引き上げさせることを命じられる。グラスフォードは期限の引き伸ばしを嘆願し、それは一時的には聞き入れられたが、結局、フーヴァーは七月二七日、BEFに立ち去るよう厳命を下した。[14]

七月二八日、グラスフォードが、ペンシルヴェニア通りからデモ行進者たちを追い立て始めると、それは暴動に発展した。グラスフォードは煉瓦で頭に重傷を負ったが、その場から離れようとしなかった。その次に起こった出来事は、後に物議を醸す一連の出来事の始まりに過ぎなかった。後日グラスフォードは、その時点において警察隊は事態を掌握できてはいたが、立ち退きは明日まで延期するつもりである、と報告したと書き残している。しかし、コロンビア特別地区の行政官たちは、グラスフォードが連邦軍の派遣を要請してきたと主張した。彼らは軍隊の派遣要請をフーヴァーに伝えた。さらに、その日の午後二時一五分、事態は警察が二人のデモ行進者を射殺するに至り、収拾がつかなくなった。[15]

これによりフーヴァーは、軍隊の応援を求めることを決意した。午後二時五五分、ハーリーは民間の政府の力では、法と秩序を維持できないとして、マッカーサーに「問題の場所を包囲し、直ちに人々を退去させよ」と、現場に部隊を送るよう命令する。ハーリーはさらに、拘束者はすべて民間当局に引き渡すこと、また、婦女子の「扱いにはできる限りの思いやりと親切を示すこと、命令の適切な遂行にあたっては可能な限りの慈悲を持って行う」ことを命令する。

午後四時には、騎兵隊と歩兵大隊、戦車小隊から成る連隊（大隊）、そして機動輸送中隊がホワイトハウスの南側のザ・エリプス〔ホワイトハウスの南に位置する公園〕で待機していた。アイゼンハワー少佐の理に適った進言を退け、マッカーサーは部隊とともに現場に赴いた。それはペリー・L・マイルズ准将麾下の部隊であった。マッカーサーは自らが赴いた理由を、マイルズの権限を越える「必要な決定」をするために自分が現場にいるべきだ、とハーリーに説明した。一方アイゼンハワーに対しては、「初期の革命の予兆〔があったからだ〕」と、直感的なことを理由として述べている。[16]

午後五時までに、部隊はペンシルヴェニア通りの問題の区域のデモ行進者を一掃した。被害は最小だったが、いくつかの小屋には火が放たれた。日が暮れると、ほとんどのデモ行進者は一一番街の橋を渡ってアナコスティア川の向こうへと撤退した。部隊はこの最終段階において、多量の催涙ガスを使用した。一人の幼児がその煙のために死亡した。

もしも、この時点で事態が収まっていたら、後に続く論争もやや軽いもので済んでいただろう。しかし、事態は収まらず、収まらなかったことがその後の台風の目になるのである。ハーリーは、デモ行進者の後を追って一一番街の橋の向こう側に渡らないように、というフーヴァーからの命令を含んだメッセージを二度マッカーサーに送った。アイゼンハワーは後日、マッカーサーはその命令を二度とも「聞いて」いないと主張した。マイルズも同様に、そのような指令はマッカーサーに届いていないと請け合った。マッカーサーが故意に大統領の命令に背いたという話はマッカーサーを批判する人々が信奉する福音書のようになってしまったが、その話の源はヴァン・ホーン・モーズリーである。しかし、航空担当の陸軍次官補であるF・トゥルビー・デイヴィソンの話はモーズリーの証言と矛盾する。おそらく、一番考えられるのは、モーズリーが最初のメッセージを伝えなかったということであろう。その後、クラレンス・ライト大佐が二度目のメッセージを届けようとした。アイゼンハワーは以下のように記憶している。「私は将軍のところに行き、こう言った。『今回の件についての命令を持って男が来ました』。すると将軍は言った。『そんな命令は聞きたくも見たくもない。追い返せ』。彼は最初から命令を聞こうともしていなかったが、私が知る限り、彼が実際に命令を聞く機会はなかった」。このようにアイゼンハワーに拠れば、マッカーサーは厳密に言うと大統領からの直接の命令に背いたわけではなかった。だがこのマッカーサーにとってより都合の良い解釈においても、マッカーサーが、ライトの持ってきた命令がデモ行進者を追い散らすという、自分自身が決めた目標を挫くか手間取らせることになると気付いていたと分かる。だからこそ、マッカーサーはライトの報告に聞く耳を持たなかったのだ。これは事実上、文官統制への不服従に等しい[17]。

マッカーサーはのちに、自分はグラスフォードに、退役軍人たちにその場を立ち去るように指導するように伝え、軍隊はゆっくり事を進めるだろう、また、兵士たちの食事が終わるまでは何も起こらないだろう、と言い渡したと主張している。この遅延は確かに生じた。マイルズは彼の部下を連れて午後一一時一五分頃に橋へと向かった。彼らは途中で立ち止まり、デモ行進者たちに撤退する余裕を与えながら進んだ。ところが、デモ行進者たちの怒りに満ちた抗議運動なのか、それとも催涙ガス弾からの引火か、野営地は炎に包まれた。煙に巻かれ、怯えた退役軍人たちとその家族は夜の闇のなかを逃げ惑った。その多くは貧窮した人々であった。マッカーサーはまたしてもアイゼンハワーの進言を退けて、記者たちに向かって論争の火種となるような発言を行う。彼はデモ行進者が退役軍人であることを疑い、彼らは政府側が示した思いやりを弱さと受け取ったのだと公言し、革命が起こる危険があったと主張し、政府が対処をしなければ事態は悪化の一途を辿っただろうという見解を述べた。

一連の出来事は、陸軍のイメージにとっては破壊的な打撃であり、マッカーサーにとってはそれ以上の痛手であった。マスコミの多くや、そのあとまもなく彼を中傷した大勢の人々は、フーヴァーが取った断固とした措置をマッカーサーが熱烈に支持したのは、自分自身が率先してその夜の惨事をもたらしたことを隠すためだった、と受け取った。真実の核心は、マッカーサーが（そしてハーリーとフーヴァーも）、ボーナス・マーチの参加者は共産主義者の手先だと心の底から信じていたことにある。そしてそれはまったく事実とは異なっていた。彼らはこのように、この出来事を、実際のところよりも格段と悪影響のあるものと解釈していた。グラスフォードが見せた寛大な扱いに比べ、マッカーサーがデモ行進者とその家族たちを撤収させたやり方は許しがたいほど冷酷に映った。この出来事に関してのマッカーサーにとってのせめてもの救いは、一人の幼児の事故死を除き、その他の死亡者はすべて軍隊でなく、警察の介入によりもたらされたものだったことである。[18]

このボーナス・アーミー・マーチにより、フランクリン・ローズヴェルトのようなリベラル派の間にマッカーサーの評判として残ったもう一つのライトモチーフは、この出来事が、マッカーサーがそれまでかろうじて隠していた独裁者になる野心を露呈させたというものだろう。有名な話だが、ローズヴェルトは側近の一人に、アメリカでもっとも危険な二人の人物の一人はヒューイ・ロングだと述べたという。側近がもう一人は誰かと聞くと、ローズヴェルトはこう答えた。「ダグラス・マッカーサーだよ」。（この繰り返し語られるエピソードでは、マッカーサーの脅威は潜在的に過ぎないが、というそれに続くローズヴェルトのコメントは判で押したように省略されている。）もしも、アメリカ国内の共産主義者の影響についてのマッカーサーの反応がヒステリックであるとするのが正しいとすれば――そして、それは正しい見方ではあるが――、マッカーサーを批判する人々が、それを証明する記述も発言も存在しないのにも拘わらず、マッカーサーが独裁者になりたがっていたと非難するのも、同じようにヒステリックだと言えるだろう。[19]

＊

次期大統領となったフランクリン・ローズヴェルトの当選には、ほとんど疑問の余地はなかったが、もしあったとすれば、ボーナス・アーミーの撤退が、彼の当選を確実にしたと言える。就任パレードの先頭を雄馬に乗って進むマッカーサーには、新しい大統領がどんな大統領になるか予知できるはずもなかった。コラムニストのウォルター・リップマンがローズヴェルトを評して言った有名な言葉がある。ローズヴェルトは「大統領職に必要な重要な適性は何も持ち合わせないが、非常に大統領になりたがっている感じのいい男」であるというのだ。マッカーサーとローズヴェルトの関係は第一次世界大戦以前に遡る。それに言及して、マッカーサーは「我々の間にどのような意見の相違が起ころうとも、私が彼に対して感じる個人的な友情の温かみは、少しも、そして決して冷めることはなかった」と述べている。奇妙なことだが、ローズヴェルトの方もマッカーサーに対して非常に大きな尊敬の念を抱いていた。彼らはまるで華々しい大舞台を共有する二人の偉大で貴族的な俳優のようだった。しかし、彼らは絶えずお互いを出し抜こうと競い合い、だいたいはローズヴェルトの方が勝利を収めた。

二人の間には二つの障害があった。マッカーサーの職業は、ローズヴェルトが好んでいない軍隊組織を代表していた。大統領は海軍を深く愛し、時には陸軍の航空隊に好意を向けることもあったが、陸軍に対する好意はそれほどでもなかった。また、イデオロギー的に見れば、二人はまったく別個の星に住むも同然だった。しかしながら、ほとんどすぐに、二人がそのような相違を超えてともに仕事をすることができることが明らかになった。ローズヴェルトの豊かな想像力は国中の大勢の失業者を自然保護区の健康的、生産的な野外労働に充てることを考え付いた。議会は一九三三年三月末、自然保護青年団（ＣＣＣ）を承認した。ローズヴェルトはその年の七月一日までに二五万人が配備されることを望んだ。マッカーサーは法令が議会を通過するのを待たずに、参謀たちにその実施を企図させた。さらに、準備を進めるため青年団の指揮官を内密に変えた。当初、ローズヴェルトは陸軍の関与を、他の機関の監視下のもとで人員の徴集と調整、勤務地への配備を行うことに限定していた。しかし、他の連邦機関がこの難題に著しく手を焼いている間に、五月一〇日、陸軍がすべての仕事を担うこととなった。

　目覚ましい努力を払い、参謀たちはたったの二日で、それまでの二か月にわたる混乱を払拭する基本計画を考案した。マッカーサーは実際の計画の実施は部隊の指揮官たちに委任した。これが事業の進捗を加速させ、官僚主義がもたらす組織の硬直化を最小限に抑えることに寄与した。五月一七日から七月一日までの間に陸軍は二七万五〇〇〇人のＣＣＣの新入隊員の動員を完了した。これは大統領が目標とした動員数を超えただけでなく、第一次世界大戦の最初の六か月間の動員記録数をも上回った。ＦＤＲ〔フランクリン・デラノ・ローズヴェルト〕は喜んだ。マッカーサーはこのエピソードを、参謀本部の立案力の優秀さと彼らが有能な将校たちに率いられた大部隊であることを例証する良い例として挙げている。[20]

　この勝利はマッカーサーに有利に働いた。ちょうどこの頃、マッカーサーは予算獲得のための激しい対立のなかに立たされていた。一九三三年三月、一九三四年度の陸軍の予算として議会に承認されたのは、たったの二億七七〇〇万ドルだった。しかし政府は、それよりさらに八〇〇〇万ドルの減額を提示してきた。この状況を打開しようと、マッカーサーと、新しく陸軍長官に就任したジョージ・Ｈ・ダーンはローズヴェルトに面会を申し込んだ。ここでの議論は白熱したものになった。ローズヴェルトは軽蔑をあらわにして彼らの提案を却下し、その勢いに押されてダーンは引き下がった。そこでマッカーサーが間に入った。彼の回想によると、経緯は以下のようなものだったらしい。

（省略）私は無謀にも次のような趣旨のことを言った。次に起こる戦争で我々が敗北し、アメリカの青年兵士が敵の銃剣で腹を刺されて泥のなかに倒れ、死にかけた彼の喉元を敵に踏まれた時、その時に発する最後の呪いの言葉はマッカーサーではなくローズヴェルトの名前であって欲しい、と。大統領は激昂して、「大統領に向かって何という口の聞き方だ！」と怒鳴った。彼の言う通りだった。私にはその発言をする前から、そんなことを口にするのは、間違っていると分かっていた。私は、申し訳ありませんと謝罪した。これで私の陸軍での経歴もおしまいだと思ったので、参謀総長を辞任することを伝えた。踵を返してドアに向かった私の背中に向かって、彼はその人並みはずれた自制心が窺われる冷静沈着な声で、「馬鹿なことを言うんじゃない、ダグラス。君が留任するなら予算は承認しよう」と言った。

ダーンが後ろからやって来て私に追いつき、上機嫌で言った。「君は陸軍を救ってくれたよ」。だが、私はホワイトハウスの階段で嘔吐してしまった。[21]

マッカーサーは、陸軍が一九二〇年の国防法に定められた規定の半分の兵力しか有せず、その設備も大部分は前大戦の遺物に過ぎない、と繰り返し警鐘を鳴らした。だが、一九三五年度の予算歳出額は二億八〇〇〇万ドルに留まった。さらに、陸軍の設備や施設の建設に要する膨大な経費の支出は公共事業促進局の裁量に任されており、彼はただその恩恵に頼るしかなかった。これはおそらく、彼にとっては苦々しいものだったに違いない。[22]

マッカーサーの苦境は、一九三四年に新しい戦局を迎える。マッカーサーを目の敵にしていた多くのリベラル派の記者たちのなかでも、もっとも彼を憎んでいた記者の一人だったのが、ドリュー・ピアソンだった。ピアソンがよくやることだったが、彼はルイーズ・クロムウェル・ブルックスが、前の夫だったマッカーサーについて辛辣な文句を並べるのを鵜呑みにし、それを記事にした。そのなかで、ピアソンはマッカーサーが見栄っ張り（事実）で無能（事実ではない）で、ローズヴェルトに忠誠を尽くしていない（政治的にはその通りだったので事実だが、職務上は忠実だったので事実ではない）と非難した。さらに、記事にはしなかったが、彼が性的に不能であるという噂を広めた。（マッカーサーがルイーズと交わした手紙を読めば、それが事実とはかけ離れていることは歴然としている。）

これらの告発記事のため、マッカーサーは、ピアソンを名誉毀損で訴えるという、ひどい間違いを犯すことになった。ピアソンは当初、ことは簡単に済むと思っていた。ルイーズを証言台に立たせ、彼女が語ったマッカーサーに関する「真実」の話を繰り返させれば良いと思ったのである。しかし、アルコール依存症に苦しみ、非常に不幸せな三度目の結婚に縛られていたルイーズは二の足を踏んだ。おそらく、追及されれば自分の話はすぐに綻びが出てしまう、と分かっていたのだろう。ピアソンが破滅に直面しかかっていたその時、マッカーサーのキャピトル・ヒル〔議会を指す〕における強敵、ロス・コリンズ下院議員がピアソンに最強の武器を提供してくれた。

一九三〇年の四月、まだマニラにいたマッカーサーは、イザベル・ロザリオ・クーパーを見初め、恋に落ちた。スコットランド人の父とフィリピン人の母を持ち、歌とダンスもそこそこうまかった彼女は、コーラス・ガールとして生計を立てていた。当時五〇歳だったマッカーサーは一六歳の愛人を彼の「ベイビー・ガール」と呼んだ。マッカーサーは、自分が参謀総長に任命されマニラを離れる際にイザベルを同行させ、ワシントンのしかるべき場所に住まわせた。そこは忙しい仕事の合間にピンキーの目をかいくぐり、マッカーサーが好んで訪れる場所となった。離れている間、マッカーサーは頻繁に彼女に手紙を寄こした。それを読めば、二人の関係は明白だった。彼はイザベルに、彼らの関係は愛情に基づいていると言って聞かせたが、二人は一緒にいた時間のほとんどをベッドの上で過ごした。

若く、あまり構ってもらえず、やがては飽きられることになるイザベルは、だんだん間遠になっていくマッカーサーの訪問を待って過ごす孤独な時間を持て余し、ある学校の課程を受講し始める。予想に難《かた》くない筋書きだが、ここで彼女は自分と同年代の学生と出会い、恋に落ちた。マッカーサーはこの壊れ始めた関係を清算し、彼女がフィリピンへ帰る船便の金を払った。しかし、ドリュー・ピアソンが帰国する前の彼女を探し当てたのだ。彼女はマッカーサーとの関係の証拠となる手紙を持っていただけでなく、マッカーサーが寝室で語った自慢話や、おそらく彼の評判を貶めることになる、他の有力者を中傷した話など、その多くを証言できると請け合った。これで法的な決着がついた。マッカーサーは一ドルと引き換えに自らの訴えを取り下げ、ピアソンの弁護士からイザベルの宣誓供述書を手に入れた。イザベルは二度と再び金を無心しないという誓約の代償として一万五〇〇〇ドルを受け取った。彼女はハリウッドで成功するという夢を果たせず、一九六〇年、自死した。[23]

＊

公式に厳しく限定されているわけではないが、参謀総長の任期は従来、四年と見なされていた。とすれば、マッカーサーは名目上、一九三四年一一月に任期満了となるはずであった。公式な仕事関係を円滑にするためのワシントンの社交の渦のなかでは、ニュー・ディール政策が台頭するこの時代、マッカーサーは部外者でしかなかった。一人のジャーナリストがマッカーサーを評してこう証言している。「孤独な存在だ。誰も彼を理解せず、理解しようとも思わない」。ジェラルド・ナイ上院議員は、軍需企業がわざとアメリカを第一次世界大戦に参戦するよう仕向けたという陰謀を、証明するための議会の調査の先頭に立っていた。彼はマッカーサーを、主戦論者であり武器商人のいいカモだ、と描写している。一方ローズヴェルトも、マッカーサーが、陸軍が前例のない役割を果たした政府の社会救援活動〔自然保護青年団に関わる活動などを指す〕などに見られる一連のニュー・ディール政策とはまったく正反対のイデオロギーを支持していることに関しては、まったく疑問を持っていなかった。またマッカーサーが、ウェスト・ポイントの士官候補生時代からの古い友人で、当時シアーズ・ローバック社にいたロバート・ウッドと親密な関係を保っていることも見逃さなかった。ウッドはニュー・ディール政策に反対する大きな業界団体を率いていた。そんな時にボーナス・マーチが起こり、ローズヴェルトのもっとも熱心な信奉者たちにとっては、それが、マッカーサーがずる賢いファシストだという証拠だと映ったのだった。これらのことが重なり、ローズヴェルトが参謀総長の後任者を早々に見つけるのは、確実だと見られていた。[24]

マッカーサーの支持者たちは数少なかったが、いずれも影響力があった。支持基盤としてはまず、陸軍の支持を維持し続けたことが挙げられる。二つめに、有力な民主党の議員たち（そのなかには聴聞会でマッカーサーと派手に論戦を繰り広げていた議員も含まれていたという）が彼の再任を主張した。後任者選びが難航した経緯には、マッカーサーの後任として有望視されていたスチュワート・ハインツェルマンが進行性の病気で衰弱し、一九三五年に亡くなったことも大いに影響した。ハインツェルマンはグロットン・スクール以来のローズヴェルトの個人的な友人であった。彼以外の候補者のニュー・ディール政策に対する支持度はマッカーサーと似たり寄ったりだった。ローズヴェルトが敵対する意見をなだめるのによく用いたやり方だったが、彼は、後任者が任命されるまでマッカーサーは参謀総長の座に留まると発表した。だが同時に、次期の参謀総長にマッカーサーが任命されることがないことは明白だった。この留任をマッカーサーに対する信任の証と解釈したり、マッカーサーの崇拝者たちが度々主張するように、彼が参謀総長に再任された、と解釈するのは大きな間違いである。[25]

この参謀総長としての残りの任期の間に、マッカーサーは就任以来押され気味だった形勢を少し逆転することができた。雲行きが怪しくなっていた国際情勢を背景に、日本の満州への侵攻とドイツのヒトラーの台頭がマッカーサーのもっとも強力な味方となり、反戦主義の潮流を変えたのである。一九三六年度の陸軍の予算は三億五五五〇万ドルに跳ね上がった。マッカーサーは将校部隊を増やすことには失敗したが、一般兵を一六万五〇〇〇名に増強することには成功した。彼はさらに、迅速な昇進を可能にする、それも将来有望な将校には、特に有利となる、自らの念願であった士官昇進制度の改定を率先して指導した。[26]

マッカーサーの任期中の出来事として、もう一つ付け加えるべきことがある。ジョージ・マーシャルの優れた伝記の著者、フォレスト・ポーグは、マッカーサーが故意にマーシャルの出世を妨害したという悪意のある告発について調査を行い、それは根拠がないものだと結論付けた。マッカーサーが多くの上級将校を差し置いてマーシャルを昇進させることに躊躇したのは、害心とはまったく無関係の理由からである。実際のところ、マッカーサーは一九三五年、マーシャルの准将への昇進と、また、マーシャルを通常は少将の地位の者が務める歩兵科部長へと引き上げることを提案している。この話は実現しなかったが、これはローズヴェルトがマッカーサーの後任者の任命日について操作工作したせいであり、結局、マーシャルが一つ星の階級に登ったのは、マッカーサーの参謀総長としての任期が終わった後のことだった。[27]

第3章　中心から外辺へ

フィリピン諸島の地理は、おおよそ次のように説明できる。そこには七一〇〇の島々があり、そこはアメリカ大陸から七〇〇〇マイル（約一万一二六五キロメートル）離れている。そのうちもっとも大きな一一の島がフィリピンの総面積、およそ一八万五〇七五平方キロメートルの九四パーセントを占めている。一番大きな二つの島はルソン島（約六万五〇五〇平方キロメートル）とミンダナオ島（約五万八七八五平方キロメートル）である。これらの人口の集中した島々は、台湾島からボルネオ島へと伸びる約一八五一キロメートルの南北の軸の中心となっている。フィリピン諸島はアジア大陸からは八〇五キロメートルの距離である。日本、中国、インドシナ半島、オランダ領東インドをそれぞれ跨ぐ線が交差するところに位置している。[1]

アメリカ合衆国は一八九八年に米西戦争にてスペインを破った後にフィリピンを手に入れたが、フィリピン人による反乱に対する激しい鎮圧行動の後にやっと実際上の支配を確立した。（それが称賛すべきなのか嘆かわしいかは判断する者に依るが、アメリカの支配が弱かったために、最初はドイツ、次に日本による征服に甘んじた。）一九三四年、タイディングス・マクダフィー法が、フィリピンが一九四六年に独立するのを認可した。次の年、自由選挙でマニュエル・ケソンがフィリピン・コモンウェルスの大統領に選ばれた。[2]

日本の一九三一年の満州支配と一九三二年の上海の一時的な占領は、慎重派のアメリカ人やフィリピン人の間に、フィリピンの独立は短期に終わるかもしれないという不安を掻き立てた。フィリピン人が自分たちでそれに向き合うことになる前でさえ、この国の防衛という義務には、アメリカは長い間悩まされてきた。当時、アメリカの軍事の最高権力機関は陸海軍合同会議であった。彼らは仮想敵国にそれぞれ違う色を振り分けた。日本はオレンジであった。ゆえに日本との戦争を想定して練られた計画は「オレンジ戦略案」と呼ばれた。この青写真は陸軍をマニラ湾に配置し、海軍が救援に駆け付けるまで、およそ六か月間そこを死守するというものであった。しかしながら何十年もの間、上級将校たちは、この計画を遂行できる軍力をフィリピン内の陸軍も太平洋艦隊も保有していないことを認識していた。実際、防衛の可能性を諦めたある陸軍の将校は、すべての軍隊をフィリピンから撤退させることを検討したほどであった。海軍は、いつかアメリカ本国が防衛を可能にする軍事力を配置することを期待して軍の駐留を主張し続けた。日本の攻撃的な態度が増すにつれても、国務省は、ただ強硬的な外交政策を提唱し、それを支えるべき軍事力を持とうとしなかった。[3]

＊

「自由フィリピンにおける選帝侯」のように振る舞っていたマニュエル・ケソンだが、実際はフィリピンの完全な独立よりも、自治領のような状態を望んでいた。さらに、この風雲の最中において、その保護が保証されている合衆国の傘の下に留まることにより、自国民の安全を維持しようとしていた。彼の交渉の切り札は、フィリピンが地理的に空軍と海軍の基地として戦略的な要所となるという、自然の恩恵に与《あずか》っていることだった。彼は二番目の切り札として、フィリピン諸島の防衛だけでなくアメリカの基地を守るという、二重の役割を果たすフィリピン軍を創設し、アメリカの保護領で居続けるための説得力のある理由付けにしようとしていた。彼は、自分のこのような目論見に気付いた者たち、フィリピンを「軍事化」している、そしてその資金を社会福祉のための予算から流用している、と自分を攻撃する者たちを非難したが、同時に、アメリカの海軍基地の存続の可能性を公然と否定しようとはしなかった。また、マッカーサーの私的なコメントを読んでも、マッカーサー自身も同じように二重の目的を認めていたのは、明らかであった。

このように、ケソンはアメリカから軍事顧問を雇うことを決意した際、新しい共和国軍の創設を指揮するというだけではなく、自分が望むアメリカとの防衛関係の存続を推し進める軍人を獲得しようとしていたのである。ケソンの考え方を共有するマッカーサーはこの役にもっとも適した存在に思われた。というのも、関係者それぞれにとって利を得るところが十分にあったからである。マッカーサーにとっては、参謀総長という座から降りた後、その下の地位に甘んじたまま退役までの時間を過ごさなくて良いことになる。ケソンにとって、マッカーサーは、その輝かしい軍歴、フィリピンへの紛うことなき思い入れの深さ、ケソンの隠された計略への理解など、理想的な条件を満たしていた。ローズヴェルトにとって、この動きは幅広い意味でアメリカの利益を促すものであったが、同時に自身の政敵をアメリカ政界から追い出すという、自らの政治的利点もあった。狡猾な大統領はマッカーサーを一九三五年の一〇月まで公式に参謀総長の座に留めておいた。おそらく、

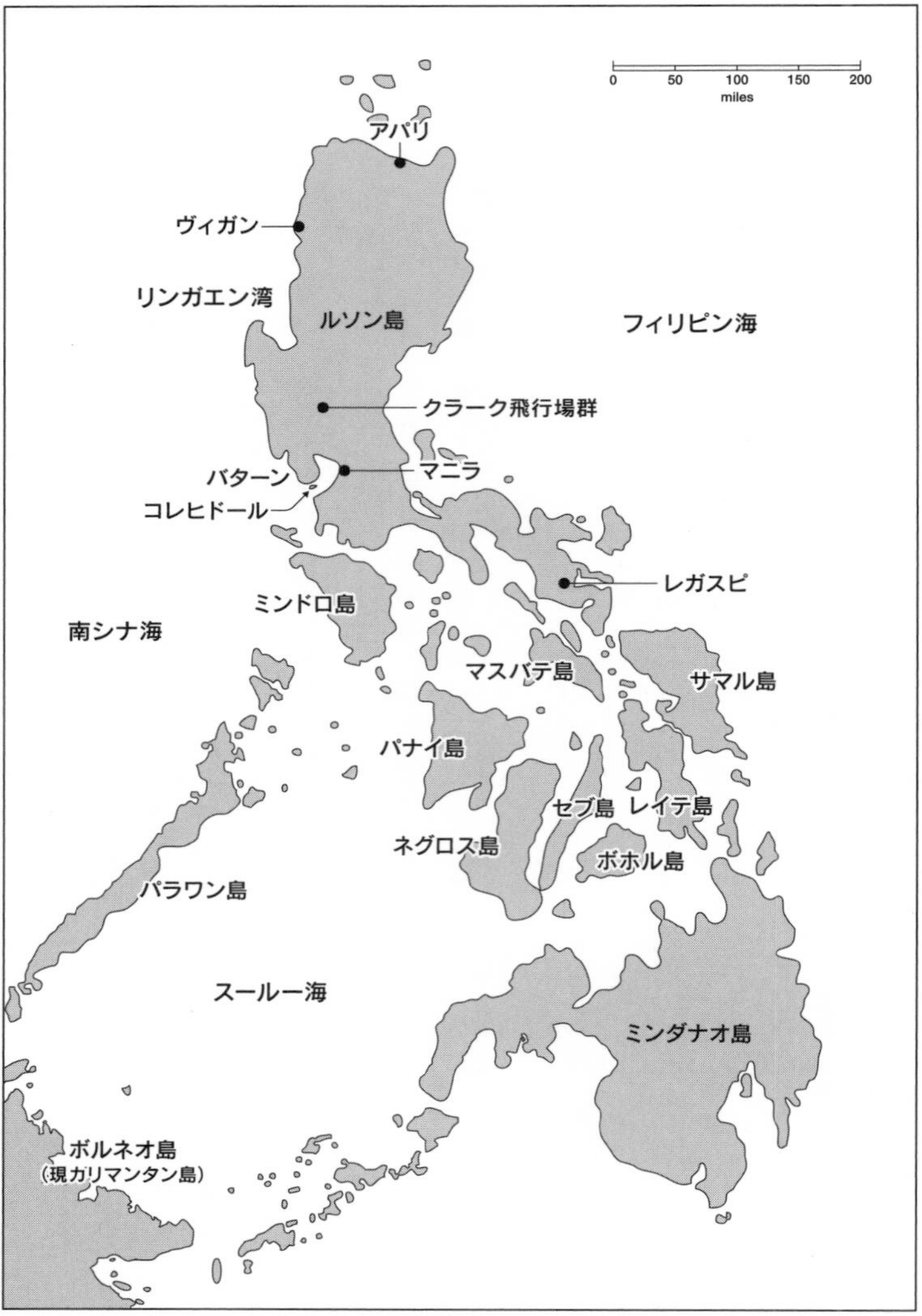
0 50 100 150 200
miles
アパリ
ヴィガン
リンガエン湾
ルソン島
フィリピン海
クラーク飛行場群
バターン
マニラ
コレヒドール
レガスピ
ミンドロ島
南シナ海
マスバテ島
サマル島
パナイ島
セブ島
レイテ島
ネグロス島
ボホル島
パラワン島
スールー海
ミンダナオ島
ボルネオ島
(現カリマンタン島)

地図 1：フィリピン諸島

マッカーサーのお気に入りであったジョージ・S・シモンズが、次期参謀総長に就任するのに必要であった退役までの四年の猶予がなくなることを見越しての措置だったと考えられる。ローズヴェルトはマッカーサーの後継者にメイリン・クレイグを選んだ。[4]

マッカーサーがフィリピンと結んだ契約は、年棒およそ一万八〇〇〇ドルに加え、一万五〇〇〇ドルの諸経費が支払われるという内容であった。マッカーサーはまだ現役であったので、それにアメリカ陸軍少将としての給料がそのまま加わった。その結果、マッカーサーは世界最高の報酬を得る軍人となった。大元帥（フィールド・マーシャル）という称号は、傑出した世界的な戦士としての彼に相応しいもう一つの碑銘としてマッカーサーの目には好ましく映った。国際的には軍で与えられる最高位ではあるが、民主主義国のアメリカでは、この称号はあからさまに避けられていた。このような給与と称号も相まって、あるジャーナリストは、マッカーサーの派手な好みに合わせた新しい制服が作られた、という今も根強く残る神話の種を蒔いた。実際には、そのジャーナリストが、新しいアメリカ陸軍の制服を「フィリピン軍の大元帥」の衣装だと勘違いしたに過ぎない。しかし、新しく作られた規則により、当時とそれ以前の参謀総長には、独自の制服のアイテムを作り出す権限が与えられた。マッカーサーは早速そのユニークな特権を使い、贅沢な金の縁取りで飾られた特別な軍帽を考案した。その軍帽は彼のその後の人生において、常に彼の公式イメージの特徴的な一部となる。[5]

マッカーサーの正式な称号は、コモンウェルス政府の軍事顧問というものであった。マッカーサーは小規模の参謀チームを編成した。その中心的な将校はアイゼンハワーであった。アメリカ戦略陸軍大学のアドバイスを得て、マッカーサーと参謀たちは、一九四六年までにフィリピン・コモンウェルスの国家安全保障を構築するための構想をまとめた。それはケソンとの交渉を有利にする材料になるはずであった。その計画の主な特性としては、小規模な正規軍（一万人）、徴兵制、予備役を育成する（目標は四〇万人）ための年に二万人規模のクラス二つ（五か月半のトレーニング期間）を含む兵士養成コースを一〇年間設定すること、小規模の空軍（一〇〇機の高速爆撃機）、三六隻の小型水雷艇から成る艦隊、などが挙げられる。組織としては、フィリピン側の財政とその地形に見合った軍備を備えた約七五〇〇人の部隊による陸軍が構成されるはずであった。この計画案はマッカーサーの適応性を表すもう一つの良い例である。というのは、もともとはレナード・ウッドのスイス式の市民軍の構想が原案となっており、国の著しい負担となることなく、敵からの攻撃を阻むことができる強さを期待していた。[6]

山岳地帯であるスイスと比べ、フィリピン諸島は本質的に、日本のような空軍力と海軍力のある敵に対して、より無防備であると心配する批評家はたくさんいた。フィリピン人兵士に対し、低い評価、おそらくは、人種差別的な評価を下す懐疑的な人々もいたかもしれない。しかしながら記録に照らしてみると、適切に訓練され、軍備を持ったフィリピン人たちが優秀な戦士であったことは明白であり、マッカーサー自身も、その事実に疑いを持ったことはなかった。だからと言って、マッカーサーの全体的な構想が穏当で効果的であったと断定的に結論付けることはできない。だが、その結果を公平に判断する機会はなかった。というのは、その構想は、結局支持されず、また特には、期待されたような資金が得られなかったからである。彼の計画が頓挫する原因の多くは、マッカーサーの力の及ばないところにあった。そうではあっても、自分の影響下における顕著な不備について、また、その広範な理想と現実との違いを理解できなかったという、決定的な間違いを犯したことについて、マッカーサーは責任を負わなければならない。

軍備を進めるにあたり、もっとも根本的な問題が協調性にあることがやがて明らかになった。四〇年のアメリカによる支配を経て、人口の約二七パーセントは英語を話し、三パーセントはスペイン語を話していた。タガログ語はルソン島の中心部の影響力のある住民が話す言語であった。タガログ語は一九三七年に公用語になった。しかし、その他の地域では、六五以上の方言がフィリピン人を分断していた。マッカーサーとその参謀たちは、この言語の障壁を考慮に入れることをしなかった。他の島から来た新兵は大多数のフィリピン人将校の母国語であるタガログ語も英語も理解できず、この障壁が国民軍の創設の大きな妨げになっていた。

さらに、訓練された幹部将校が十分にいないということが、計画全体を危うくしていた。マッカーサーはおそらく、訓練の行き届いたフィリピン人兵士で構成され、アメリカ陸軍に所属する将校の直属エリート部隊であるフィリピン・スカウト部隊がこれから育成されるコモンウェルスの陸軍に配属され、彼らがこれから必要とされる適任の幹部指導官としての任務にあたるだろうと予想していた。しかし、現実は違っていた。五か月半の訓練期間が、まったくの素人である新兵に徹底した訓練を施すには不十分であるということがやがて分かったが、それだけでなく、訓練の内容も「軍事主義」に対する批判を受けて以降、基礎的な教育や職業訓練のようなものになってしまった。このような深刻な不備についてアイゼンハワーから警告を受けていたにも拘わらず、マッカーサーは綿密な指示を与えようとも、是正しようともしなかった。マッカーサー自身が、有能な兵士を育成するには効果的ではない、新兵向けの大人数のクラスを最初に主張したことも原因であったかもしれない。彼がそう主張した理由は、大きな軍隊を素早く立ち上げることが、アメリカとの安全保障上の関係を継続しようとするケソンを助けると信じていたからである。[7]

まもなく、この新任の軍事顧問は、自分たちが十分な資金を得られないことに気付いた。当初アイゼンハワーは、これから独立しようとしている共和国が十分な防衛力を備えるには、年に二五〇〇万ドルはかかると見ていた。だが、フィリピン側は年に八〇〇万ドルしか捻出することはできなかったし、アメリカ側が差額を出すこともなかった。非常に限られた予算であったにも拘わらず、アメリカ陸軍は州兵一名あたりおよそ二二〇ドル支払っていた。しかし、フィリピン軍に対しては同じような待遇をしなかったのみならず、フィリピン兵一人につき五〇ドル払って欲しいというマッカーサーの頼みさえも聞かなかった。予備兵のための各クラスの基礎トレーニング以上に、宿泊、設備、管理を賄うことはとうてい不可能だった。アメリカ軍が低コストの武器や軍需品を供給することさえ極度に渋ったことも、マッカーサーの苦悩を募らせた。[8] コモンウェルス軍の他の構成要素の状況は、むしろ一層悪かった。フィリピン空軍は不要になったアメリカ軍の軍用機をごく少数、手に入れただけだった。活発な働きかけにも拘わらず、魚雷艇の船団を編成しようとする努力はまったく実を結ばなかった。[9]

状況に追い撃ちをかけるように、ケソンとマッカーサーの間に亀裂が見え始めた。その時代の他の多くの小国の指導者のように、ケソンはいかに自国民の安全を期すかという、苦しい選択に直面していた。枢軸国の勝利、それらに対しての民主主義国の微弱な抵抗、フィリピン諸島の守備のためにアメリカが提供する出資が目に見えて不十分であること、アメリカが安全保障の協定を続けることに明らかに無関心であること、これらすべてがケソンを抵抗ではなく宥和政策を検討する方向に向かわせていった。彼はフィリピンの中立と引き換えに、日本からの安全の保証を得る可能性も考えていた。一九四〇年のヨーロッパにおけるドイツの勝利とともに国際情勢が間違いなく不吉な局面を迎えても、ケソンはまだためらっていた。[10]

＊

その間、マッカーサーの個人的な生活は大きな変化を迎えていた。最初の、また、もっとも悲惨な出来事は、一九三五年一二月の、八四歳の母親の死で、フィリピンに到着してからわずか五週間後のことであった。それは彼にとっては破壊的な衝撃だった。アイゼンハワーはその母親の死が「何か月も将軍の気分に影響した」と記している。さらに、その前にはルイーズとの離婚とイザベル・ロザリオ・クーパーとの惨憺たるいざこざがあった。異性にまつわる苦労はもうこりごりだ、といったところだったろう。

その時、まるで守護天使の摂理が働いたような意外な展開によってマッカーサーの人生に入ってきたのが、彼のその後の人生を安定させる家庭的幸福の源となった女性であった。マッカーサーは、極東に向かう船上でテネシー州マーフリーズボロ出身のジーン・マリー・フェアクロスと出会った。彼女は三七歳、結婚したことはなく、魅力的で、その性格と会話、堂々とした物腰が人を惹きつけた。それに加え、独立した資産（二〇〇万ドル以上）を持ち、すぐさまマッカーサーに心を奪われたのである。マッカーサーの方も彼女に夢中になった。一九三七年四月、母親の亡骸をアーリントン国立墓地の父親のそばに埋葬するため休みを取ってアメリカに帰国した際に、彼はニューヨークでジーンと民事婚を挙げた。彼女は一九三八年二月、マッカーサーに息子、アーサー四世を与えた。マッカーサーの新しい妻と息子に対する溢れるような限りのない真の愛情は、自身のヴィクトリア朝的な育てられ方により長い間抑えられていた感情が、まるでダムが放水されたように解き放たれたかのようだった。[11]

しかし、彼が軍事顧問であったこの間に由々しい変化が現れてきた。第一次世界大戦中のマッカーサーは積極的に現場に出て、自分の判断のもとに、部下を自ら指揮していく典型的なタイプそのものであった。一九三〇年代までに、彼は参謀総長として、大きな組織を動かすこと、また、情報収集などを他人にやらせることに慣れていった。このようなリーダーシップの執り方においては、その実効性は部下の将校たちの采配と見識に頼ることになるが、マッカーサーの部下の多くは彼の恵まれた知性と実行力を欠いていた。[12]

多くの権力者に見られることだが、長い間、マッカーサーの虚栄心と自我は、彼に自分の業績を強調させてきた。だが、甚だしく誤解を招くような、もしくはまったく真実性を欠いた表明を行うなどのパターンが目につくことは、ここに至るまでなかった。しかし、早いものでは一九三六年四月のフィリピン軍創設の経過についての報告書のなかで、マッカーサーは繰り返し虚偽を述べ始めるのである。彼は、最終的にフィリピンの人々のためになると心から信じていたものへの支援を確立しようとしていただけだったかもしれない。またおそらくは、アメリカとの同盟を得ようとしていたケソンを助けるために、計画の体裁を繕う必要を感じていたのであろう。だが、アイゼンハワーはすでに明らかになっていた、この計画の未達分をはっきりとマッカーサーに報告していた。それでもマッカーサーは実際に物事がどうなっているかよりも、自分が望んでいるような状態にあるように発表し始めるのである。この道を辿り始めた彼がその道を引き返すことはなかったが、たとえ引き返したかったとしてもそれは不可能だっただろう。[13]

この人生後半期の変化がなぜ起こったのかという理由は、彼の称賛者たちが後に続く彼の勝利の陰の部分と見なしているもの、また、彼に批判的な人々が彼の基本的特性だと決めつけているものを理解するのに極めて重要である。理由は厳密には定かではないが、いくつかの明白な要因に結び付けられる。もっとも考えられるのは、彼の当時の独特な立場が、アメリカ陸軍内では参謀総長という地位にあった時でさえ彼をしっかりと縛っていた絶対的な文民優越性という制約から彼を自由にしていたことだろう。確かに、これ以降の彼は文民権力者を良くてせいぜい自分の同僚（ケソン、ローズヴェルト、陸軍長官ヘンリー・スティムソン、昭和天皇など）か、もしくは目下の者（ハリー・S・トルーマン大統領）だと思っているかのように振る舞うのである。そのうえ、日の出の勢いで出世の階段を駆け上がった後、マッカーサーは自分の同輩たちが退役し、または亡くなった後も、長く表舞台に居続けた。その結果、彼と肩を並べる者も、ましてや彼がその意見を尊重する上官も、陸軍内にはいなくなってしまった。第二次世界大戦中もその後も、公式に彼は参謀総長に従属していた。しかし、これらの参謀総長たちはマッカーサーが参謀総長であった時、それぞれ、大佐（ジョージ・マーシャル）、少佐（アイゼンハワーとオマール・ブラッドレー）、果ては大尉（J・ロートン・コリンズ）といった、マッカーサーよりも低い地位にあった。このような経緯は彼らを非常にやりにくい立場に立たせた。マッカーサーが自らの采配を制御する権力機関から物理的に遠ざかっていたことも明らかにもう一つの要因だった。彼は一九三五年から一九五一年までの間、アメリカへの帰国を促す勧告や、さらにそのような命令にさえ著しく逆らった。例外といえば、一九三七年の自分の母親の埋葬のために帰国した際と、一九四四年の真珠湾会議の際ぐらいだった。また、母親が亡くなり、自分の行動が母親からの批判を受けるかもしれないという心配は無用になった。と同時に、真実を曲げることに対する歯止めもなくなったのかもしれない。
　この変化のもう一つの理由としては、彼の厳格で傲慢な外面が人々を近付けなかったことも挙げられる。彼の直接の家族のほかに、この外面の下の顔を覗けるのは、ほんの一握りの人間だけだった。FDRのように、彼は様々な違った役を演じ分けていた。親しかった人々さえ、一体どれが「真の」マッカーサーなのか分からなくなるほどだった。ある将校はこう言った。「彼の親しい友人は誰だったか。それはいつでも、その時々の彼の参謀の中心メンバーだった」。この考察は彼の統率行動の重要な一面をよく表している。マッカーサーは、ジョージ・マーシャルが宮廷に譬えたような参謀の一団を維持していたことで有名で、そのために悪名高いとも言える。通常、彼が二流の（あるいはそれ以下の）将校を参謀にしておいたのは、各々の有能さよりも、彼らが自分にへつらうことの方が大事だったのと、不適格な将校を馘《くび》にすることは、自分のもともとの人選が間違っていたことを示すという恐れがあったからだった。これらの理由や、その他の理由にある程度の正当性はあったのかもしれないが、他の指導者と違って、マッカーサーは不適当な、また、不相応な数の友人を自分の参謀として手元に置いていた。[14]
　一九三九年、一九四〇年と、その参謀の構成に重大な変化が起こった。アイゼンハワーがついに待ち望んでいたアメリカ本土での勤務とそのための帰国命令を得たのである。彼はのちに、この時マッカーサーと険悪な関係のまま別れたことを否定している。彼はマッカーサーのもとで行政に携わった経験がこれから自分を待ち受けている数々の大きな試練に立ち向かう下準備となったことを自覚していた。アイゼンハワーの代わりにマッカーサーの参謀となったのは、イェール大学出身で歩兵科の将校であったリチャード・サザーランド中佐だった。サザーランドはマッカーサーに完璧に忠実であることに加え、参謀将校としての本物の才能を備えていた。これらの資質はマッカーサーの目にはその地位に適任と映ったが、サザーランドはその異常なほどに人の神経を逆なでする、辛辣的な仕事の進め方のせいで周りから孤立していた。なおも悪いことには、サザーランドはただでさえ頻繁に対立的になる他の軍部や海軍の指導者たちとマッカーサーとの関係を改善させるどころか悪化させてしまった。一方、軍需品科の将校であるリチャード・マーシャル中佐は機転のきく計画担当者だった。彼は、サザーランドが繰り返し傷をつけた関係を修復する薬のような役割を果たすことによって、大いに自分の貢献度を上げた。ウィリアム・F・マーカット少佐（ある人物は、彼が「お高くとまった連中ばかりの荒野のなかで、機知とユーモアに富み、まるでオアシスのような存在」だったと言っている）も対空担当の将校として加わった。彼は戦争中、そして日本占領の間、中心的役割を果たすことになる。マッカーサーの参謀たちの才能に異議を挟むことは歴史家たちの長年の娯楽になり得るほどだが、ヒュー・ケイシー大尉が非常に有能で、どの司令部にあっても貴重な人材となることに疑いを挟む者はいないだろう。彼は技術将校で、マッカーサーの主任技術者〔彼はマッカーサー隷下の工兵隊を率いた〕に抜擢された。そして、ドイツ生まれのチャールズ・A・ウィロビーもいた。彼が後々マッカーサー直属の、奇矯な情報将校となるのである。ウィロビーは知性と気まぐれな性格を併せ持った人物であった。（これ以上ここでウィロビーに関して付け加える必要はないが、読者にはこの先頻繁に彼に関する記述が出てくることをご承知おきいただきたい。）この時にマッカーサーのもとで働くようになったこれらの将校たちとその他の幾人かは、戦争の間ずっと彼を取り巻く側近団となり、何人かは戦争の後々までもマッカーサーの傍らに留まるのである。[15]

ワシントンの影の権力の駆け引きのなかで、マッカーサーは一九三七年に、陸軍からの退役を強いられる。その二年後、ますます険悪になったケソンとの関係が、彼のフィリピンでの任務に終わりが来ることを予想させるようになった。このように一九三九年までは、時代の潮流は無情にもマッカーサーを歴史の表舞台から遠ざけていっているように見えた。彼はそのまま、ある時期は権力を握っていたが、歴史を教える少数の教授たちのみに知られているという、無数の人々の一人になるはずであった。その教授の一人は、あるいはマッカーサーの生涯を修士論文か博士論文の題材としてある学生（昨今の風潮に照らせば将来の見込まれる学生に提案される題材ではないだろう）に勧めたかもしれない。しかし、日本とドイツがすべてを変えた。そうしてマッカーサーは、ウィンストン・チャーチル、ヘンリー・スティムソン、アーネスト・キング海軍元帥、イギリス海軍のバートラム・ラムゼー大将、そしてオーストラリア陸軍のトーマス・ブレーミー将軍といった、一見終わったと見えた経歴が戦争によって復活した、異なる個性を持ちながらそれぞれに興味深い人々の群れに加わることになった。[16]

*

一九三七年七月から、日本は中国に対して全面戦争を始めた。アメリカ国民は断固とした孤立主義を保ちつつも、中国の人々に同情していた。ローズヴェルト大統領もこの見解を共有し、中国を助け、日本を抑止するための方策を取るが、それは外交と経済の面での手段に限られていた。これらの手段が日本を制止することはなく、日本はドイツとイタリアと同盟を結ぶことによりアメリカとの距離を、さらに大きくしていった。

一九四〇年、西ヨーロッパにおけるドイツの勝利は、アメリカをそのまどろみから目覚めさせ、第一次世界大戦以来、アメリカが初めて本格的に軍備を進めようとする契機となった。しかし、ローズヴェルトは一九四〇年、そうすればかえって相手を挑発することになるという理由からフィリピン軍を動員することをしなかった。これは大きな間違いだった。もしもこの時から一年間、十分な資金を得て準備にあたることができていたら、日本軍の状況を大いに困難なものにしていたはずである。ワシントンが日本との関係におけるルビコン川を渡ったのは、日本軍がフランス領インドシナ南部を占領した一九四一年の七月だった。ローズヴェルトは石油の輸出禁止措置をほのめかすなどの巧妙な、そして実際に強い影響力を持つ経済制裁で対抗しようとした。ローズヴェルトが考え付いた計画を、H・P・ウィルモットは「日本側の出方によって締まり、また、弱まることにもなる非常に精巧な責め具」と譬えている。しかし、ローズヴェルト独特の曖昧さが仇となり、すでにその方向に傾いていた彼の部下たちがその言葉を即時の全面的な禁止措置だと解釈することになってしまった。一晩のうちに、ローズヴェルトのスタンスは柔軟性のないものとなってしまい、ここに、どちら側も面目を失わずに引き下がることができない一線が引かれてしまうのである。[17]

外交政策の変換は、急激で大幅な戦略上の変化を伴った。一九四一年五月までは公式の政策として、フィリピンの防衛を成功裡に達成するのは不可能である、という長く続いてきた見解が踏襲されていた。そのわずか二か月後にはワシントンは一八〇度の転換を図り、七月二六日付の以下の三つの決定を持ってコモンウェルス〔アメリカ自治連邦区〕の防衛に着手する。第一に、すべてのアメリカとフィリピンの軍隊はアメリカ極東陸軍(USAFFE)という一つの指揮下に置かれる。第二に、マッカーサーは現役に復帰し(最初は少将としてだが、すぐに中将として)その統率を任されることになった。第三に、今や遅きに失した感はあるが、ついにワシントンはフィリピン陸軍の動員の資金を全面的に支給することを決定した。

ワシントンはそこで止まることはなかった。続く数か月のうちに、マッカーサー傘下のアメリカ軍組織は大規模な増援部隊と物資を受け取った。一時はアメリカ陸軍の歩兵師団を配置することも考えられた。だが、この措置は見送られ、その代わりとしてマッカーサーは、対空、航空、兵站における増強と、小さな戦車部隊を複数確保した。これらの増強により彼のアメリカ陸軍組織（そこにはフィリピン・スカウト部隊も含まれた）は二万二五三二名から三万一〇九五名に増加することとなった。

マッカーサー麾下の航空隊は、より大きな増強を得た。一二月の初旬までに、フィリピンは少なくとも一八一機の航空機を所有していた。さらにフィリピンは、三五機のB－17、六五機のP－40Eなど、陸軍が持っているなかでも最新の航空機を所有するに至ったが、ハワイにはそれぞれB－17一二機、P－40E三九機しかなかったのである。しかし、対空と防空警戒の体制は、航空機の生産よりも遅れていた。一二月初めの時点では、二台のレーダーしか作動していなかった。[18]

このような決定の根拠がどこにあったのかは定かではない。もっとも理に適った解釈は、ワシントンがようやく日本を阻止するには真珠湾の艦隊だけでなく、フィリピンにおける強力な軍隊が必須であると理解した、ということであろう。この論理的な推論はあいにく、盲信と混淆してしまった。ワシントンの盲信の対象はボーイング社のB－17「フライング・フォートレス」だった。陸軍の方針決定を預かる上層部全員も大統領自身も、十分な数のB－17がフィリピンにあれば、それだけで差し当たっては日本を阻止することができると思い込んでいたのである。阻止できている間に、長期的な抑止力となるアメリカ側の動員を完了するという算段だった。ローズヴェルトは後日、マッカーサーのフィリピンの防衛能力に関する間違った確信がこのような決定を招いたとほのめかしたが、記録を見ればマッカーサーに促されずとも、ワシントンの指導者たち自身も愚かな誤算をしていたことは明白である。陸軍長官のスティムソンは、ワシントンの全面的な方向転換の理由は少なくとも二つあると認めている。一つは、マッカーサーの楽観的な報告書、二つめは、B－17への過信であった。[19]

それだからと言って、マッカーサーが一九四一年に行った他のアメリカ人当局者への陳述において、自分の軍隊によるフィリピンの防衛力を非常に非現実的に査定していたということを否定するものではない。戦争の初期からずっと、マッカーサーは自分の指揮能力に対しては自信過剰で、また、日本をひどく過小評価していた。ところが、ソヴィエトに対しても軽蔑的な態度を取っていたにも拘わらず、皮肉なことに、一九四一年の時点で、ドイツがロシアを征服できないだろうと予言したのは、欧米の上級軍事将校の間でほとんどマッカーサーただ一人だったのである。この事実は、自分の勝敗が危機に瀕していない時のマッカーサーの軍事判断は優れたものになり得る、ということを示唆している。

このマッカーサーのロシア戦線に関する予言は、なぜ彼が日本人を見下していたかを知るヒントを含んでいるかもしれない。ソヴィエト軍は日本軍を一九三八年と一九三九年の満州国境での二つの大きな戦い〔張鼓峰（ちょうこほう）事件（一九三八年）とノモンハン事件（一九三九年）〕において大敗させている。しかし、ソヴィエト軍は、一九三九年から一九四〇年にかけての冬にフィンランドの予備兵に侵攻を阻まれ、苦戦を強いられた経験があった。このような出来事が日本人に対する過小な評価に繋がったと理論づけることもできる。[20]

一九四一年の現実は、マッカーサーにはフィリピンを首尾良く防衛するための物資がなかったということであり、彼はそれを理解するべきであった。島々の海岸線を合わせるとアメリカの海岸線よりも長く、そのほとんどを日本の基地に囲まれているのである。アメリカは、オランダやイギリスと協力しようという、実質的な努力を払おうともしなかった。[21]

一九四一年のフィリピンに予想された見通しの現実的な査定は、マッカーサーの頭のなかで歪められ、日本は一九四二年の四月までは攻撃を開始しない、という確信に変わってしまった。それまでには動員において明白になったであろうすべての不備は補われるはずであった。資金は自由に入ってくるようになったが、今やそれは遅過ぎた。戦争が勃発するまでに、一〇ある予備役の師団のうち、定員に達しているものは一つもなかったし、その大部分は認可された定員数のうちの五〇パーセントから七五パーセントしか満たしていなかった。軍服やあらゆる種類の装備は不足し、古びており、なかには裸足の者もいた。動員された一二万人のフィリピン人の多くが以前の訓練をほとんど忘れてしまった状態だった。ジョナサン・ウェインライト少将は、兵たちが射撃、斥候、パトロールの能力において著しく劣っていることを指摘していた。戦争が始まる前に再訓練を受けたのは、各師団に配属された三つの連隊のうち、一つか二つの連隊だけだった。フィリピン兵の長所は少なかったが、その長所は重要な要素であった。それは強烈な向学心と自発的な服従態度で、そのため訓練上の問題はないに等しかった。[22]

もしも、すべてのフィリピン陸軍の予備兵の師団が訓練を終えていたとしても、認可された軍備品は日本軍とは比べ物にならないほど劣っていた。九二名の将校と一六二〇名の兵という規模のライフル連隊には、平均的なフィリピン人が扱うには銃床が長過ぎるエンフィールド銃が一四三七丁支給されていた。さらに悪いことには、その連隊は三六丁の自動小銃と二四丁の〇・三〇インチ口径のブローニング機関銃しか持っていなかった。日本軍の連隊はその三倍の量の自動火器を有しており、その比率はライフル中隊に至るまで同じだった。どのフィリピン軍の師団にも対戦車大隊はなかった。一〇個の師団のうち、二個師団だけが本来砲兵連隊に支給される二四門の榴弾砲を全装備していた。[23]

第三一フィリピン陸軍師団が辿った経過が、失敗の大きさを提示している。その師団のなかの第三一歩兵連隊は九月一日に動員された。第三三歩兵連隊の召集は一一月二五日に始まった。第三二歩兵連隊が師団に加わったのは、一九四一年一二月六日になってからだった。その師団の砲兵連隊が所有していたのは、第一次世界大戦で使われていた年代物である七五ミリ砲だった。ブローニング自動小銃は、本来は中隊に四丁のはずが、一丁だけしか備わってなかった。ある連隊では、一つの大隊の兵隊が訓練で発砲したのは五〇発、もう一つの大隊では、二五発、また、〇発だった大隊もあった。多くのフィリピン兵は訓練で実弾を発砲しないまま、実戦に突入することになった。[24]

フィリピン陸軍の不備の多くは、ほかにも原因を辿ることができるが、マッカーサー自身のひどく誤った戦略上の判断も原因の一つであった。しかし、元来信じられていることとは反対に、それはもともと、彼自身の考えではなかった。フィリピンにいるアメリカ陸軍の上級将校は総じて、マニラ湾を死守するため、戦争開始とともに、直ちにすべての戦力をバターン半島とコレヒドール島に退却させるという戦争計画を持っていた。しかし、一九二〇年代のマッカーサーや一九三〇年代後半に司令部にいた将校たちは、敵の上陸に対し、より攻撃的で変動的な水際作戦を支持した。それが失敗した場合にのみ、バターンとコレヒドールへと段階的に退却するというのである。この、より好戦的なスタンスを取った案を反映させるべく公式の計画を書き直したのは、フィリピン方面のアメリカ陸軍の最後の司令官だったジョージ・グルナート少将だった。マッカーサーはこのグルナートの計画を取り入れて自分のものとしたのだ。[25]

このフィリピン防衛計画における大幅な転換は、一九四二年の四月まで準備する期間があり、それまでに二〇万の訓練された兵を獲得する、というマッカーサーの基本的な仮定が反映されたものだった。マッカーサーは自分の戦力を北部ルソン軍、南部ルソン軍、ビサヤ諸島とミンダナオ島地域に分割した。しかし、この新しい計画には致命的な誤りがあった。水際の防衛作戦を行えるようにと、バターンとコレヒドールから離れたところに軍需品が分散されていたのである。[26]

戦争が始まる直前のインタビューで、マッカーサーはジャーナリストのセオドール・ホワイトに、自分をマニラに連れてきたのは運命の計らいだ、と語っている。一九四一年一二月八日の朝、その運命はついにその姿を現した。[27]

第4章　大惨事

太平洋における第二次世界大戦の始まりは、ダグラス・マッカーサーにとって大惨事であった。しかし、ハワイにいたハズバンド・キンメル提督〔真珠湾攻撃以前は海軍大将、以後は少将に降格〕やウォルター・ショート将軍と違い、自身の面目を失うことはなく、また、最初の日本側の攻撃によって自軍の航空隊が被った大々的な被害の責任を追及されることは（またはその罪を着せられることは）なかった。

日本軍の真珠湾攻撃の報が、非公式ながらも（アメリカから見て日付変更線の向こうにいた）、マッカーサーに最初に届いたのは、一九四一年一二月八日午前三時三〇分で、陸軍省の公式発表の二時間前のことだった。午前五時よりマッカーサー麾下の航空隊の長であるルイス・H・ブレーリトン少将は、B－17で台湾を空爆する許可を、マッカーサーの司令部に繰り返し懇願していた。ブレーリトンは当初、日本の飛行場ではなく艦船を攻撃することを主張していた。彼には、五〇〇機もの日本の飛行機が台湾に駐機されていたこと、夜明けに予定されていた日本帝国海軍のフィリピンに向けての大規模な攻撃が濃霧のために足止めされていたことを知る由もなかった。マッカーサーは午前一〇時一四分になってやっとブレーリトンに自ら電話をし、攻撃許可を与えた。

そうしている間にも、霧の晴れた台湾の基地から飛び立った帝国海軍の小編隊が、ルソン島北部を攻撃し、警報が鳴り響いた。午前八時四五分、クラーク飛行場のB－17は敵からの攻撃を避けるため離陸した。帝国海軍の艦隊から予定より遅れて出撃した一九二機が午後一二時三五分にクラーク飛行場に現れた時、B－17は地上で給油中であった。一九機のB－17のうち一二機と、九一機のP－40のうち三四機がこの時の攻撃により失われた。これらはマッカーサーの選りすぐりの爆撃機と戦闘機であった。その他の航空機も二八機から三三機が大破した。（すでに南のミンダナオへと送られていた一六機のB－17は破損を免れた。）日本軍が、当時、唯一作動していたレーダー一式を破壊したため、それ以降の日本の空爆の動きはまったく読めなくなってしまった。日本側の損害は戦闘機七機のみであった。アメリカ側の士気には途轍もない痛撃だった。米国陸軍の戦史の著者は「日本軍はその南進を阻む最大で唯一の障害物を一撃で取り去った」とまとめている。[1]

ワシントンは直ちに真珠湾の大失態の調査を開始し、それは戦中を通して続けられ、戦後にも膨大な量の議会の聴聞会が開かれるに至った。フィリピンの場合、戦争中に調査員をフィリピンに派遣することも、主だった将校たちを召還することも実質上不可能だったし、戦後に真珠湾のように詳しい調査がなされることはなかった。このように、フィリピンでの大敗にまつわる一切の事実のなかで今までに十分な確証が得られたものはなく、最終的な判断を下すのは難しい状態である。ブレーリトンに台湾への空爆を即時に許可しなかったのはマッカーサーの責任であり、もし許可が下りていたら地上にいた一二機のB－17は破壊を免れていたかもしれなかった。ブレーリトンは当初、飛行場よりも艦船を攻撃することを主張していたため、この空爆が戦争開始後の五か月間において、日本軍が経験する数少ない挫折となっていたかもしれないという考えは、神話の域を出ない。だが、これは非難されるべき膨大な数の事項リストのほんの手始めに過ぎない。

この惨事の原因を辿れば、一九四一年の七月にワシントンでなされた決定に遡る。ローズヴェルト大統領をはじめ、指導者たちは軍事的な有効性からではなく、日本側を政治的に阻止する手段としてフィリピンの空軍力を強化することを選択する。彼らは防衛よりも、むしろ攻撃のための航空部隊を重要視した。さらに、適切な飛行場の防備を備えることなくフィリピンに防御的な空軍力の増強を派遣することにより、この誤りを増長させることになった。(当地にはB－17を分散させるのに十分なスペースさえもなかったのである。二四トンのB－17は簡単に移動させることのできる芝生の上のアール・デコの置物などではなかった。)

アメリカ側の誤算における、極めて重大ながらも軽視されている要素は、彼らが予想だにしなかった日本側の技術力だった。アメリカ軍の航空隊はマッカーサーに、日本の戦闘機が台湾からルソン中央部へと爆撃機を誘導することは不可能であると助言していた。ゆえに、誘導機なしに日本の爆撃機が攻撃を加えに来ることはあり得ないとしていた。唯一考えられる危機的状況は、台湾に基地を置く爆撃機を、空母から飛び立った戦闘機が誘導するという妙技を日本側がやってのける場合だというのだ。アメリカ軍の航空隊員たちが知らなかったのは(多分信じようともしなかっただろうが)、三菱のA6M零式艦上戦闘機は、台湾から片道約八〇五キロメートルという驚くべき航続距離を飛行する戦略的能力を持つ、世界初の戦闘機だったということであった。アメリカ海軍も戦前のいくつかの演習でやっていたことから、航空母艦を使った真珠湾への攻撃は予想し得たものだったが、それとは違い、台湾からクラーク飛行場まで飛行できるという零戦の性能はまったく予期しないものだった。したがって、台湾を基地とする爆撃機による攻撃に対してマッカーサーの全面的な責任を問うことはできない。また、フィリピン近海のどの方向からでも近付く可能性のある日本の空母にも用心しなくてはならないことも相まって、マッカーサーが致命的ともいえる躊躇を見せたこともある程度は説明がつくのである。

失策の二段階目は、陸軍の航空軍の将校たちが自分たちの守備材料を有効に活用できなかったことにあった。さらに、多くの原因のなかでもっとも直接的なものは、航空軍の司令官たちが、日本軍による攻撃を迎撃するにあたって手痛い間違いを犯したことだった。そして決定的な要因としては、運が日本軍に味方したということである。アメリカ側は日本軍が当初計画していたように夜明けの攻撃を予想していた。だが、悪天候がその来襲を遅らせた。さらには、アメリカ側の人為的過誤がその運を助けたのだった。[2]

この惨事は確かに辛酸ではあったが、これを「第二の真珠湾」だとする主張は見当違いである。一九四一年当時のアメリカの最高幹部は、彼らが誇るB−17に完全に間違った信頼をおいていた。実戦の体験に照らしてみれば、フライング・フォートレスが、航行中の艦艇への攻撃に関しては文字通り無用の長物であり、とりわけ小編成の攻撃目標に対してや、静止した目標に対してさえ、それが海上にあっても着岸していても、実効性が全然なかったことが証明されている。ゆえに、三五機のB−17の一団が日本の攻撃の成り行きを実質的に変えるだろうと考えること自体が馬鹿馬鹿しいのである。公式の米国陸軍史は「B−17による（台湾への）空爆の成功の可能性は非常に低い」と結論付けている。実際に、太平洋戦争の序盤を通しマッカーサーの手元にあったB−17は約八〇機に上った。そのB−17が沈没させたのは艦船二隻だけで、一〇機を除くすべてが何らかの原因のために失われた。マッカーサーの空軍力に致命的な打撃となったのは、防衛に使うことのできる戦闘機と主要なレーダー一式が失われたことであった。[3]

＊

一九四一年一一月三〇日時点のマッカーサーの兵力は、アメリカ陸軍に属する三万一〇九五名であった。優秀であったフィリピン・スカウト中隊を除き、一九四一年一二月にフィリピンにいたアメリカ兵の大部分は沿岸警備か航空関連、あるいは戦務支援の部隊に配属されていた。前線で戦える兵士として訓練され、配属されていたアメリカ兵の数は非常に限られていた。フィリピン師団のなかの唯一のアメリカ歩兵連隊（第三一）にはわずか二一〇〇名しかいなかった。中国から着いたばかりの第四海兵「連隊」はたった七五〇人をかき集めた小所帯だった。一万一九五七名のフィリピン・スカウト（その半分は一九四一年に召集されたばかりだった）の訓練と規律の標準の高さは目を見張るものがあったが、彼らのうち、前線で通用する兵は七二四〇名であった。

フィリピン軍は記録の上では、一〇もの予備兵師団から構成されていた。フィリピン陸軍には「正規」の師団も名目上はあったが、現実にはその一つの師団内の階級は多くの予備兵で占められていた。もう一つのフィリピン陸軍の「正規」の師団は警察中隊を混成して急場しのぎにまとめられたものだった。全部を合わせたフィリピン陸軍の兵力は約一二万人で、フィリピン全土に散らばった状態だった。かくして、マッカーサー配下の一五万人以上の兵力のうち、訓練と装備を十分に備えた前線で通用する真の兵力はといえば、一万一〇〇名にしかならなかった。マッカーサーのもう一つの第一級の戦力は、アメリカ兵とフィリピン・スカウトから混成された四つの砲兵大隊と、燃料補給と適した地形に恵まれれば非常に優秀な働きをする二つの軽戦車大隊で編成された戦車団だった。[4]

陸軍中将本間雅晴は、日本陸軍の第一四軍を指揮していた。四万三一一〇人の兵を有し、戦闘部隊は三万四八五六名、残りは輸送と航空業務に従事していた。本間の主要な戦闘部隊は第一六師団と第四八師団、第六五旅団、第四及び第七戦車連隊から構成されていた。本間の火力面での優位は著しかった。[5]

日本軍の大隊単位、または連隊規模の部隊の上陸が一二月一〇日、ルソン島の北部アパリ、ビガン、同月一二日にはルソン島南部のレガスピで行われた。それから一二月二二日までの間に、日本の航空兵たちはフィリピン上空の制空権を完全に掌握した。ブレーリトンは損壊を免れたB−17をオーストラリアへと運んだ。ブレーリトンに対する氷のように冷たく儀礼的な態度とは反対に、マッカーサーはクリスマスの当日に南へ向かったアジア艦隊司令官、トーマス・ハート提督とは激しいやりとりを繰り広げた。ハートは初めからフィリピンの死守を諦めていた。彼は、数に限りのある自軍の水上艦艇を直ちに南に向かわせたが、大部分はジャワ海付近で勇壮な終わりを迎えた。怒り狂ったマッカーサーは、海軍が事態に貢献しなかったと恨み続けたが、実際にはハートの巡洋艦と駆逐艦が、自分たちをただ海の藻屑とする以上に戦局に寄与することはほとんどなかっただろう。しかし、ハートの少なからぬ戦力であった潜水艦二九艇について言えば、マッカーサーの恨みは正当かもしれない。敵に何の深刻な損害も与えられなかったというアメリカ側の潜水艦の恥ずべき失態は、(主に魚雷に関する)設備不良やその戦略、あるいは当時慢性的な問題となっていた、戦闘に意欲的な艦長がいなかったという原因に帰する。しかし、マッカーサーは、残って戦い続けたジョン・D・バルクリー大尉が率いる六隻の魚雷艇から成る魚雷艇隊、そして四三〇〇名の水兵と海兵隊員たちのことは非常に高く評価していた。[6]

日本軍の本格的な上陸は一二月二二日、リンガエン湾から始まった。その日は皮肉にも、マッカーサーが四つ星の大将に昇進した日でもあった。続く二四日、日本軍はマニラから約一一三キロメートル南東に位置するラモン湾付近にも上陸する。リンガエン湾に上陸した本間のおよそ二万五〇〇〇人の兵はフィリピン軍の三師団を半ば無視するように進んだ。ラモン湾では、日本の第一六師団がその他七〇〇〇人の戦闘部隊とともにマニラへと速やかに進軍を開始した。緒戦の何回かでは、未経験者の多いフィリピン陸軍師団に離散、戦線離脱が頻発し、苦戦を強いられた。勇気あるフィリピン人は多かったが、訓練と適切な兵器類を備えた者はほとんどいなかった。「彼らは暴徒も同じだ」と、あるアメリカ人の将校は訴えた。さらにフィリピン兵は、マッカーサーの司令部に対し、日本の侵略軍は八万もの大軍であるという、大幅に誇張された報告をし、この時の誤った数がその後に起こる、マッカーサーの兵力は敵の数を大幅に下回っていたという、事実と異なる説を生じさせることになる。[7] マッカーサーはフィリピン・スカウトの第二六騎兵連隊と戦車部隊を投入し、彼らはよく戦ったが、スカウトは深刻な損害を被った。しかし、マッカーサーは慎重にその他の彼の選り抜きの部隊を後方に残しておいた。

リンガエン湾の防衛線が崩壊したのは、一二月二二日から二三日にかけてであったが、これがやっとマッカーサーを、日本は一九四二年の四月以前には攻撃して来ない、そしてそれまでにはフィリピン陸軍の訓練や兵器の不足は改善される、という迷妄から解き放った。一二月二三日、マッカーサーは水際での防衛を無駄だと諦め、バターンへの段階的な撤退を命令する。ここで彼が水際作戦を諦めた潔さを称賛するにはあたらない。なぜなら、そもそもマッカーサーは、フィリピン陸軍の態勢がまったく整っていないという明白な事実にも拘わらず、むやみにこの計画にしがみついていたからである。

新しい計画は、同等に成功に欠かせない二つの要素を組み合わせたものだった。一つは、ルソン島の北部と南部からそれぞれ自軍の防衛部隊が退却するのをうまく調整することである。マッカーサーが全体的な計画を構想し、それぞれの指揮官を選んだ。ほかにやることもなく、自分が立てた計画がうまくいくかどうか、ただじっと結果を待ちながら、この時マッカーサーは初めて最高指揮官の苦しみを味わった。驚くべきことだが、ルソン島北部でもっとも華々しい活躍をしたジョナサン・ウェインライト少将を筆頭に、アメリカ軍の将校たちはフィリピンの民兵を集めたような軍を率いて、はるかに勝る訓練を施し整った軍備を備えた敵を相手に、多段階の撤退行動を成功させた。しかしながら、実際に経験したあるアメリカ軍の将校は、それは敗走と形容した方がいいようなものだった、と言う。工兵の破壊工作と七五㎜砲を半装軌車に搭載した対戦車自走砲を装備した二つの大隊の働きによって日本軍の追撃を遅らせながらの行程であった。ウェインライトは初めに率いていた二万八〇〇〇の兵のうち一万五〇〇〇の兵とともにバターンに到着した。それよりも良い結果を出したのがルソン島の南部軍で、当初の一万五〇〇〇の兵のうち、一万四〇〇〇の兵がバターンに辿り着いた。本間の兵力が限られていたことと彼がマッカーサーの意図を読み間違えたことが、アメリカ軍が必要としていた救い船となったのである。この日本の司令官はマニラでの決戦を予期し、バターンへの撤退を示す証拠を顧みなかった。おそらく、この誤算があったからこそ、日本軍のパイロットは、バターンへと続く二つの道路に沿って続く、文字通り大渋滞のような車の波と、武器もなくとぼとぼと歩く人々の群れに対し、攻撃して多大な損失を与えようとしなかったのであろう。そうでなければ釈明のできない失敗である。[8]

マッカーサーの計画の第二の必須要素は、バターンに十分な量の物資を集積することであった。こちらの方は悲惨な失敗に終わった。もともとの計画に従ってバターンに割り当てられていた物資は新しい水際の防衛作戦のため、拡散されてしまっていた。それらをすべて回収するか、他から入手するのは不可能であった。この致命的な不始末がなぜ起こったか、その第一の理由は、マッカーサーが一二月二三日まで最初の計画に戻るか否かを逡巡し続けたからである。これは取り返しのつかない遅れを生じさせた。第二の理由は補給部隊の大幅な不足（マッカーサーの麾下には一三〇〇名ほどしかいなかった）で、その他輸送状態、または手配上の不手際という理由や、あるいはフィリピン側が民間人のために物資を確保しようとして反対や妨害をしたというケースも見られた。フィリピンの三師団がフィリピンの中央部と南部の守備にあたっていたので、ルソン島には兵站上の負担は生じなかった。しかし、計画に反して少なくとも二万六〇〇〇人以上の民間の避難民がバターンに逃げ込み、それに約七万人の軍人、海軍関係者が加わった。結果として、ただでさえ不足していた食料と医療物資の状況を、さらに悪化させることになる。翌年一月五日以降、マッカーサーは物資の配給割り当てを半分にする命令を出した。それ以来、物資の状況は加速的に切迫していき、ついにはバターンとコレヒドールの人々の関心の中心は日本軍ではなく、日々の食料になるまでになった。[9]

この間、マッカーサーが下した主な決断のなかで、二つの決断が、彼がいかに総力戦という戦略思想を否定していたかを表している。主には彼が都市の空爆を嫌っていた――この嫌悪はこの戦争中も、朝鮮戦争でも繰り返し認められる――ためだが、マッカーサーはマニラが「無防備都市」であると宣言し、マニラを日本の爆撃から守ろうとした。二つめには、バターンに物資を運搬するために必死になっていた時、ケソン大統領の、どんなことがあってもフィリピン国民の安寧を著しく損ねることがあってはならない、という要求に従ったことが挙げられる。その結果、民間人のための食料を差し押さえることは、おそらく容易であっただろうが、補給係はそれを禁じられるのである。ヒロヒト、ヒトラー、スターリンの軍の指揮官のなかに、そんな優しさを示した者は誰もいなかった。

＊

バターン半島は南北およそ四七キロメートルにわたるが、マッカーサーが最初に引いた「主要な抵抗線」は、半島の付け根から約一八キロメートル下がったところにあるナティブ山を横切っていた。ウェインライトが率いる第一軍団が左側、ジョージ・パーカー少将が率いる第二軍団が右側の守備を固めた。日本軍の方は、このバターン半島には約二万五〇〇〇名から四万五〇〇〇名（実際の数字は約七万）の戦意を失った防御兵がいるだけであると判断し、陸軍中将、奈良晃が指揮する第六五旅団からの六五〇〇名の兵（その大部分は一か月の基礎訓練を受けただけだった）と一つの連隊だけでこの作戦は事足りると見込んだ。

アメリカ軍の将校は、鬱蒼としたジャングルで覆われたナティブ山を越えることは不可能だと見当をつけ、中央部におよそ三キロメートルの空白の間隔を空けていた。しかし、日本軍はそうは思わなかったのである。日本側の攻撃は一月九日に始まった。攻撃が集中したのは、はっきりと目立つ東海岸側の主要幹線だった。そこを押さえた後、日本軍は西海岸方面へとさらなる攻撃を開始した。防御側は日本軍が西側の主要道路を跨いで一大隊を配置するまで持ちこたえることができた。ナティブ山の山中で何日もさまよい疲れ切った日本兵がやっとアメリカ軍陣地の側面に姿を現したのは、一月一六日のことだった。マッカーサーの兵は約一〇キロメートル南下した最後の防御線へと退却した。フィリピン陸軍部隊のいくつかは再び混乱もしくは分裂状態にさえ陥った。しかし、疲弊した日本軍にこの機会を捉えることはできなかった。マッカーサーが時機を見計らって退却への許可を与えることが主に功を奏し、現地の士官たちはなんとか戦闘を統率していた。

次の日本軍の来襲は、日本軍にとって悲惨な結果に終わった。歩兵第二〇連隊の二大隊が、バターン半島の西海岸から敵の不意を襲っての上陸作戦を試みようとした際に、ほとんど全滅の憂き目を見るのである。これはのちに「Battle of the Points」として知られるようになる。一方、新しい防御線の中央を突破しようとした日本軍の攻撃は「Battle of the Pockets」と呼ばれる戦いへと発展し、日本軍の歩兵第二〇連隊の第三大隊は壊滅的な打撃を被った。[10]

最初の防衛線を突破するにあたり、本間の第一四軍は甚大な――そして本来なら必要ではなかった――損失を受けた。日本軍は、一旦アメリカとフィリピンの軍をバターン半島という袋小路に追い込んでしまえば、あとは飢えと病に苦しんで降伏せざるを得なくなるのを待っていれば良かったのである。しかし、本間もよく分かっていたように、帝国陸軍において辛抱強く待つという行為が称賛されるわけはなかった。東京の大本営は彼の(もっとも優秀な軍であった)第四八師団と第五飛行集団をオランダ軍に対する猛攻撃に投入すべく彼の指揮下から外したが、それでも本間は、自分が残りの兵力を使い、なんとか早急に敵に降伏を決意させることを期待されていると認識していた。こういう理由から彼は自軍の可能な限りの兵力を一月の攻撃に注ぎ込んだのである。攻撃の終わり頃には、本間は自分に残された実効的な兵力はほんの三大隊ぐらいに相当すると見積もっていた。本間はもっと防御のしやすい戦線を築くよう、後退を余儀なくされた。この時が、日本軍の初期の作戦において、帝国陸軍が一旦獲得した土地を故意に放棄した唯一の例であった。[11]

第一次大戦での振る舞いと同じように、コレヒドール島の司令部でのマッカーサーは、戦場での勇気とはどんなものかを具現する、説得力のある模範となっていた。日本軍の砲弾や爆弾が降り注ぐなか、彼はしばしば平然と立っていた。ある特派員はマッカーサーの妻、ジーンのことを「マッカーサーのもっとも素晴らしい兵」と呼んだ。彼女がいつも、荒れ果てた、トップサイドと呼ばれていた場所を兵士たちと会話を交わしながら歩き回っていたからである。しかし、この時期は、マッカーサーの人生のなかで、彼をおそらく一番傷つけた中傷が出てきた時期でもあった。マッカーサーはその理由を決して明らかにしなかったが、二か月半の間、彼がバターンに行ったのは一回きりだった。このように彼がバターンに行かなかったため、「ダッグアウト・ダグ」〔避難壕に隠れたダグラスという意味〕という渾名が生まれたのである。推論の域を出ないが、おそらくもっとも考えられる理由としては、彼の肉体的な反応としての勇気（または運命論的な考え）が道徳的な勇気〔自分が望まない結果になる場合でも、道徳的な理由で人に行動を起こさせる勇気〕を超越していたということではないだろうか。彼は自分の部下たちが破滅へと向かうのを直視することができなかったのだろう。[12]

*

マッカーサーがバターンへと撤退している一方で、ローズヴェルトとチャーチルはワシントンで、いわゆるアルカディア会談を行っていた。この会談は総体的に「ドイツを第一とする」〔ドイツを最優先課題国とする〕

戦略を再確認したものであった。真珠湾から数週間を経過した後も、アメリカの首脳部はマッカーサーが救出されると思い違いをしていたが、この会談はフィリピンの解放のほんの少しの可能性をも否定することを意味した。一層悪いことに、公式声明、報道発表、そしてマーシャルからの来信でさえ、「救助の手が差し伸べられる」という約束だと解釈できる内容だった。ローズヴェルト大統領は一二月二八日、海軍は「集中的で周到な作戦を行い、フィリピン諸島の防衛に大いに貢献するだろう」と偽りの発言をしていた。マーシャルの一月四日付の電信は、特に悪質だった。世界のあらゆる場所に展開される必要があるために、強力な海軍戦力を西太平洋に集結させることはできないが、とした上で、マーシャルのメッセージは、強力な航空部隊がオーストラリアに送られるとして、そのオーストラリアからフィリピンへの救出ルートが開かれるだろうとはっきりと言及している。マッカーサーは太平洋地域に割り当てられた人員と航空機が明細に記されている他の来信を見て当然それらが救援軍の先陣隊だと解釈したのだが、実際はといえば、それらはオーストラリアとニュージーランドへの海路を確保するために配置される守備隊であった。[13]

このように、希望的観測と幻想が現実を見えなくしていた時に、明晰な思考を主張する一人の男が現れた。新しく准将に昇進したドワイト・D・アイゼンハワーである。彼は、ワシントンに来て太平洋戦線の計画を担当せよ、というマーシャルの高圧的な呼び出しに応えた。アイゼンハワーはマッカーサーとの付き合いも長くフィリピンに関する知識もあり、アドバイザーとしてほかに例を見ないほど適任だった。状況を検討した後、彼の人生でおそらくもっとも重大な会見のなかで、アイゼンハワーはマーシャルに、フィリピンはすでに失われた、と告げた。アメリカは守れるものを守ることに専念すべきである。しかしながら、アジアの人々は我々の「失敗は許容するかもしれないが、彼らを見捨てることは許容しないだろう」と彼は強調した。アイゼンハワーは、合衆国は瞭然と分かるかたちでマッカーサーを力づけつつ、オーストラリアを今後の作戦を進める基地とすべく準備しなければならないと進言した。アイク〔アイゼンハワーの愛称〕が一瞬で把握したことに、多くの人々が直面するには、さらに数週間がかかった。陸軍長官スティムソンは二月になってから日記にこう記した。「兵士には死ななければならない時がある」[14]。

＊

マッカーサーは、バターンの物資の備蓄のために民間人の糧が犠牲になってはならないという、ケソン大統領からの要求を尊重した際に、指揮権においての政治的な要素にも、自分が配慮できることを示してみせた。だが、マッカーサーがケソンの次の重大な提案にどのように対処したかは評価できない。フィリピンが見捨てられたと正当な判断を下したケソンは、一九四二年二月、これ以上の抵抗は無駄であるから合衆国はフィリピンが中立国となれるよう、その独立を直ちに認めて欲しいという内容の電信をローズヴェルトに送るのである。陸軍長官のスティムソンは添えられたマッカーサーの評釈と所見が「半分以上は」ケソンを支持していることに気付いた。ＦＤＲは激しい調子でケソンの提案を拒否し、同時にマッカーサーには「少しでも抵抗の可能性が残っているうちはフィリピンに我々の旗を掲げておくように」という命令を送った[15]。

マッカーサーは、それ以後のワシントンからの、ケソンを脱出させるようにという命令には従うが、自分自身の脱出に関するマーシャルからの打診には応えなかった。前参謀総長が、それも高い名声を博した後に、日本軍の捕虜になるなどということは考えられないことだった。二月二二日、ローズヴェルトはマッカーサーにオーストラリアに行くよう命令する。一九四二年三月一一日の夕刻、マッカーサー、彼の家族と主だった参謀将校たちはバルクリー大尉配下の、フィリピンに残っていた四隻の高速魚雷艇に乗り込み、フィリピンからの脱出という壮大な冒険に乗り出した。[16]

雨雲が、小型船隊を日本軍の沿岸砲や海上封鎖から隠してくれ、彼らは外洋へと急いだ。しかし、魚雷艇は絶え間なく揺れて水飛沫《しぶき》を上げ、雨を伴った突風も手伝って、船酔いに苦しむ乗船者たちは皆ずぶ濡れになった。マッカーサーは自分たちの苦境を「セメント・ミキサーのなかで旅をする」ようだと譬えた。スールー海の南端のタガワヤン諸島に向かう途中の事故で、一隻が脱落したが、他の三隻はそのまま進み続けた。残りの魚雷艇は三月一三日、ミンダナオ島に到着した。マッカーサーにとって、この時自分たちが日本軍の海上封鎖を突破できたことは、アメリカ海軍に対する評価を下げることになった。〔アメリカ海軍は、日本軍の海上封鎖を突破してフィリピンに支援物資を送り届けることは不可能だと主張していた〕機材に不具合のあるB－17に目を留め、さらに経験の浅い乗務員が自分をオーストラリアに連れて行くため送られて来たことを知るや、マッカーサーは怒り狂った。より設備の整った飛行機を待つ間、この合間を使ってフィリピンにおける指揮権の分割を実行に移すが、それは非常に思慮に欠けた決断であった。彼はウェインライトの権限をバターンとコレヒドールに制限した。そしてビサヤ諸島とミンダナオ島の指揮官をそれぞれ別に指名した。この主な理由はマッカーサーが、ウェインライトの、周囲もよく知っていたアルコール依存症について不安を抱いていたことに拠る。[17]

しかるべきB－17が、マッカーサーをオーストラリアに運ぶために到着したのは、三月一六日の夕方だった。パイロットが、精気を取り戻すためにコーヒーを八杯飲み干した後、彼らは真夜中過ぎにダーウィンに向けて飛び立った。オーストラリアに向かう途中で日本軍の空襲があり、一行は約六四キロメートル南下したバチェラー飛行場へと向かわざるを得なくなった。マッカーサーはアリス・スプリングスまでC－47に乗って行くことは了承したが、それ以降は汽車だけで移動すると言って聞かなかった。三月一八日にアデレードに着くと記者団と会い、彼の生涯でもっとも有名な会見を行った。彼は、自分はローズヴェルト大統領の命令でオーストラリアに来たと説明し、「私の理解するところでは、目的はアメリカ軍の日本軍への攻撃態勢を整えることで、その攻撃のもっとも重要な目的の一つは、フィリピンの解放である。私はここまで耐え抜いてきた。私は必ずや戻る（アイ・シャル・リターン）」。この彼の個人的な「私は必ずや戻る」という固い決意はその後二年半の間、アメリカの戦略に反映されることになる。[18]

記者会見を終えた後、彼は部下の参謀将校の一人から状況の説明を受けた。この時マッカーサーは、救援のために集結した大規模な戦力など存在しないことを知り、驚愕するのであった。

＊

フィリピンは、マッカーサーが初めて最高司令官として経験する戦争体験だった。マッカーサーに対する評価すべてにおいて典型的なことだが、フィリピン戦はひどく相反する評価を生んでいる。実際の軍事作戦中は、連合国の間で、圧倒的に不利な状況のなかで優れた防衛戦を戦った、と激賞された。戦後はチャールズ・ウィロビーが、フィリピンの長引く防衛戦が大いに影響を及ぼし、それが一九四二年後半にかけて、ガダルカナル島と、ニューギニア作戦におけるニューギニア島パプアでの戦いにおいての日本軍の戦力を抑制したのだと主張している。合衆国陸軍の軍史家はマッカーサーが数において敵より劣勢であったという、根強く信じられている意見が間違っていたことを証明した。また、長引いた防衛戦が日本の作戦に対し影響を持った、いくらかでも影響を及ぼしたのだと言える証拠は得られなかった。というのも、日本軍はオランダ領東インド一帯の豊かな資源を含め、ただマッカーサー軍をうまくかわして他の目標を奪いに移動すればいいだけだったのである。フィリピンの奪回について書かれた公式の米陸軍史の別の巻では、日本軍の指揮官が自軍をバターンへと退却させず、ルソンの山中に引き止めておいたことを讃えることにより、暗にマッカーサーの統率力を批判している。オーストラリア軍の公式の戦史の執筆者は、フィリピンにおける日本軍より格段に質の高いマラヤの日本軍がシンガポールを陥落させるのにかかった戦闘日数は、それよりも質の劣ったフィリピンの日本軍が、バターンとコレヒドールを陥落させるのにかかったのと同じ日数であると断言して、マッカーサーの作戦行動を酷評している。

マッカーサーのフィリピンでの行動に対する評価は、前後関係のなかでなされなくてはならない。一九三〇年代半ばから一九四二年初めにかけて、対枢軸国の軍事事情についての記録がいかに手に入りにくかったかは、今日では想像しがたい。まず、エチオピア、スペイン、ポーランドが攻略され、第一次大戦では四年間持ちこたえた西ヨーロッパが、その後六週間の間に怒濤のように崩壊していった。太平洋戦争の幕開けでは、真珠湾、香港、グアム、ウェーク島（日本の侵略に対して収めた輝かしい最初の勝利の後、結局は陥落）、オランダ領東インドと、歴史の暗黒の頁が続いた。バターンの防衛戦は、未来に続く、ほとんど唯一の希望の光として輝いていたのである。バターンは、シンガポールよりもおよそ二か月、オランダ軍より一か月長く持ちこたえた。H・P・ウィルモットは「アメリカ軍はバターンにおいて、自分たちがよく戦っていると信じていた。そう信じることが実際によく戦うのと同じぐらい重要だった」と洞察力に富む指摘をしている。[19] これは疑いなく連合国側の利益となった。実質的に、フィリピンの長期の防衛戦が日本を大きく動揺させることはなかった。もともとの計画はフィリピン攻略にかかる日数を五〇日と見ていたが、結局かかったのは六か月だった。しかしながら、大本営が一九四二年八月に勝利軍の指揮官であるはずの本間将軍を予備役に編入し、彼の軍歴を終わらせたことは意味深い。

だからと言って、フィリピンでのマッカーサーが本領を発揮していたということでは決してなく、いくつもの許しがたい間違いを差し引くと、功績は少ない。水際作戦を取った選択は、日本軍の攻撃が、マッカーサーが予期していたよりも四、五か月早かったために公平に査定する機会を与えられなかった。また同じく、フィリピン陸軍の訓練と装備も彼の期待をはるかに下回っていた。バターンとコレヒドールに十分な物資を蓄えておかなかったという、極めて迂闊な失敗はマッカーサーの責任である。一二月八日に彼の航空戦力に与えられた損失は究極的には彼の責任に帰するが、ワシントンの首脳部と配下の航空隊の過失、そして不運が影響していたことは考慮されるべきである。

バターンとコレヒドールの防衛がどのように行われたかという査定においては、数字の上でフィリピンをはるかに上回る、連合軍側の一三万人の守備隊がマラヤで期した大々的な敗北と当然比較されるべきである。シンガポールを防衛していたオーストラリア、イギリス、そしてインド軍の一部の部隊は訓練不足に悩まされていたが、最終的には五つの師団と一つの機甲旅団、そして間違いなくマッカーサーが用いたどの兵をも格段に上回る訓練と装備を兼ね備えた、前線で戦える兵を有していた。マッカーサーの兵のうち一万一〇〇〇名、ルソン島における彼の全兵力のだいたい八分の一の兵だけが近代戦の最前線で戦うことのできる訓練と装備を備えていた。マッカーサーの能力が最低とは言わないまでも、劣っていると信じ、また、今もそう信じ続けている人はいるが、そう信じるには、マーシャルのような堅実派の武人が、どうしたことか、マッカーサーの失敗を見過ごしてしまった、とするしかない。その仮説とは反対に、実際のマーシャルはマッカーサーの兵の数が敵の数を「下回っていた」という考えを受け入れている。彼はマッカーサーの指揮下における実際の兵の数値は訓練を受けた歩兵の不足を反映していないと考え、それを考慮に入れて彼の功績を査定したに違いない。我々もそうすべきである。[20]

マッカーサーの行動の核心が、彼に対する尊敬を正当化するものなら、その核心はひどく嫌悪感を催させる包装紙に覆われている。一九四一年一二月八日から一九四二年三月一一日までにマッカーサーの司令部から出された一四二の公式発表のなかで、少なくとも一〇九の発表は一人の名前で発布されており、その名前はマッカーサーである。この驚くべき虚栄心に加え、発表にはそれを上回る量の多岐にわたる欺瞞も見られる。その最たるものは、おそらく本間が自殺したというものであろう。このような数々の発表によって、マッカーサーは幅広い層のアメリカ国民の目にはスーパーヒーローのような存在と映った。だが同時に、このような恥ずべき行動が、首脳部と彼の配下の部隊がともに彼から離れていく結果を招いた。[21]

この包装紙の上に巻かれたリボンは、選ばれた少数にだけ知られ、長年隠されてきた。二月一三日、ケソン大統領はフィリピン国債からマッカーサーに五〇万ドル、三人の参謀たちに合計一三万五〇〇〇ドルが支払われる旨の大統領令を認可した。この金額は一九四五年までの給料と実績に応じたボーナスを合わせたもので、マッカーサーがフィリピンと交わした契約に則っていたのかもしれない。契約の条項を見れば、もしこれが上官から許可されるなら、――そして現実に許可されたが――この支払いは厳密には合法であると頷かざるを得ない。(ローズヴェルトとスティムソンの不本意な同意を示す記録には、フィリピンを見捨てることに対する一抹の罪の意識が感じられる。）三人の参謀（そのうちの一人はサザーランドだった）に支払われる金は、フィリピン政府から支払われるべき額に相当しているかもしれないが、「口止め料」である感じが非常に強い。その合法性がどうであれ、マッカーサーに批判的な者は、一見しただけでこのエピソードには弁解の余地がないと判断できるだろうが、それは正しい見方である。このエピソードはまた、なぜマッカーサーが、ケソンがフィリピンを中立国にするという提案をした時にケソンを支持したのか、それになぜマッカーサーがケソンの脱出に最初は反対していたのか、という疑問をさらに深めるのである。そしてこのエピソードは、アメリカ軍の士官が執ってはならない行動の永遠の見本にもなっている。[22]

第5章　高くついた教訓

マーシャル将軍は、マッカーサーに名誉勲章を授与するべく陣頭指揮を執った。それは主として、マッカーサーが自分の配下の兵を「見捨てた」と攻撃する、当時予想された枢軸国側のプロパガンダを阻止するためであり、その試みは成功した。しかし、その受章は茶番に等しく、正しい理由によるものではなかった（マッカーサーは第一次大戦時とベラクルスにおいては確かに武勲を立てているが、今回の戦争における勲章授与に明らかな根拠は見られない）[1]。

マッカーサーのコレヒドールからオーストラリアへの波瀾万丈の旅は、魚雷艇、航空機、そして汽車を乗り継ぎ、一一日間かかった。マッカーサーが到着すると、駐オーストラリア米国大使、パトリック・J・ハーリー（フーヴァー政権下の陸軍長官）は、マッカーサーの名声はそれまでジョージ・デューイ提督、ジョン・J・パーシング将軍、チャールズ・リンドバーグなどしか享受し得なかった大衆の人気を博するまでに高められていることを彼に告げた。反ローズヴェルトを唱えた報道の中心人物たち、ウィリアム・ランドルフ・ハースト、ロバート・マコーミック大佐、ヘンリー・R・ルースなどが、その記事のなかで大いにマッカーサーのことを喧伝していた[2]。

マッカーサーの名は突然、嬰児、花、ダンス、公園、道、ビルなど、数え切れないほどの対象に名付けられるようになった。アメリカン・インディアンの部族による賛辞（幼少期の経緯から、マッカーサー自身はそれを気に入っていたと思われる）、大学の学位、一流の団体と、また、それほど権威のない団体の会員権などがこの時代の寵児、アメリカのスーパーヒーローに次々と贈られた。共和党の、また、民主党の政治家の幾人かでさえ、溢れるほどの賛辞を撒き散らした。マッカーサーを国に呼び戻し、総軍の指揮を執らせるべきだという人々もいた。もっと飛躍して、マッカーサーをローズヴェルトの地位に就かせることを考え始めた人々もいたのである。[3]

野心的な政治家たちは、マッカーサーの前線を訪れることで、彼の人気にあやかる効果を意識していた。テキサス州の下院議員リンドン・B・ジョンソンは背広を海軍の予備役の軍服に着替え、ワシントンが企画した現地への派遣ツアーに参加した。ジョンソンと陸軍省のある大佐は、ニューギニア島のラエにある強固に守られた日本軍の航空基地まで飛び、そこを爆撃する任務を志願した。日本軍の戦闘機はこの大佐の航空機を撃ち落とし、乗員は全員死亡した。一方のジョンソンの搭乗機は途中でエンジントラブルに見舞われ、日本機に遭遇する前に任務は中止となった。マッカーサーはジョンソンともう一人の、これも軍服に身を包み現地を訪れていた、ジョンソンよりは有用な下院議員、メルヴィン・マースに銀星章を授与した。しかし、この受章にまつわる話の大部分はその事実と重大性を大きく損ねている。まず当時、ラエは軽々しく近づける場所ではなかった。第二に、もっとも信頼のおける証拠はジョンソンの搭乗機が戦闘には参加しなかったことを物語っている。第三に、マッカーサーがジョンソンに銀星章を授けたのは、銀星章がのちに軍事勲章の序列の高位に制定されるようになる前のことである。マッカーサーがジョンソンに（そしてマースにも）

授与した勲章は第一次世界大戦時のサイテーション・スター〔従軍記章のリボンにつけられた銀の星〕ぐらいの意味しか持たなかった。[4]

マッカーサーの名声は、彼の運気を一気に押し上げた。三月三〇日、ワシントン当局は太平洋地域軍の新しい指揮編成を発表した。この戦区に一人の最高司令官を置くという、穏当で道理に適った措置が取られることとなった。その地位は、マッカーサー自身にも陸軍にも、当然マッカーサーに与えられるであろうと思われていた。しかし、合衆国海軍の総司令官であったアーネスト・J・キング提督の率いる海軍は、その年齢と今までの軍功（または軍功の欠如）を理由にマッカーサーを不適任だと見なしていた。海軍は、広大な海洋を舞台とする戦域で、そこに不可欠な海戦や陸海軍共同の作戦を効率的に行うには、海軍提督による指揮でなければ無理である、という非常に真っ当な意見を持っていた。その結果、採択されたのは妥協案であった。太平洋の大部分はチェスター・W・ニミッツ提督の指揮下となった。こうして、ニミッツが太平洋戦域（POA）最高司令官となり、その下で、さらに戦区が、北太平洋、太平洋中央部、南太平洋の三つに分けられた。マッカーサーは南西太平洋方面軍（SWPA）の総司令官となった。指揮下にはオーストラリア、フィリピン諸島、ニューギニア、ソロモン諸島、ビスマルク諸島と、スマトラ島を除くオランダ領東インドが含まれた。[5]

四月一八日マッカーサーは、オーストラリア人のトーマス・A・ブレーミー将軍を自分の地上軍の指揮官に任命した。ジョージ・H・ブレット中将が航空軍の指揮官となり、ハーバート・F・リアリー海軍中将（すぐにアーサー・S・カーペンダーに交代となる）がマッカーサーの海軍の指揮を執ることになった。マーシャルは、オーストラリアとオランダの将校も幾人か彼の指揮下の高位に

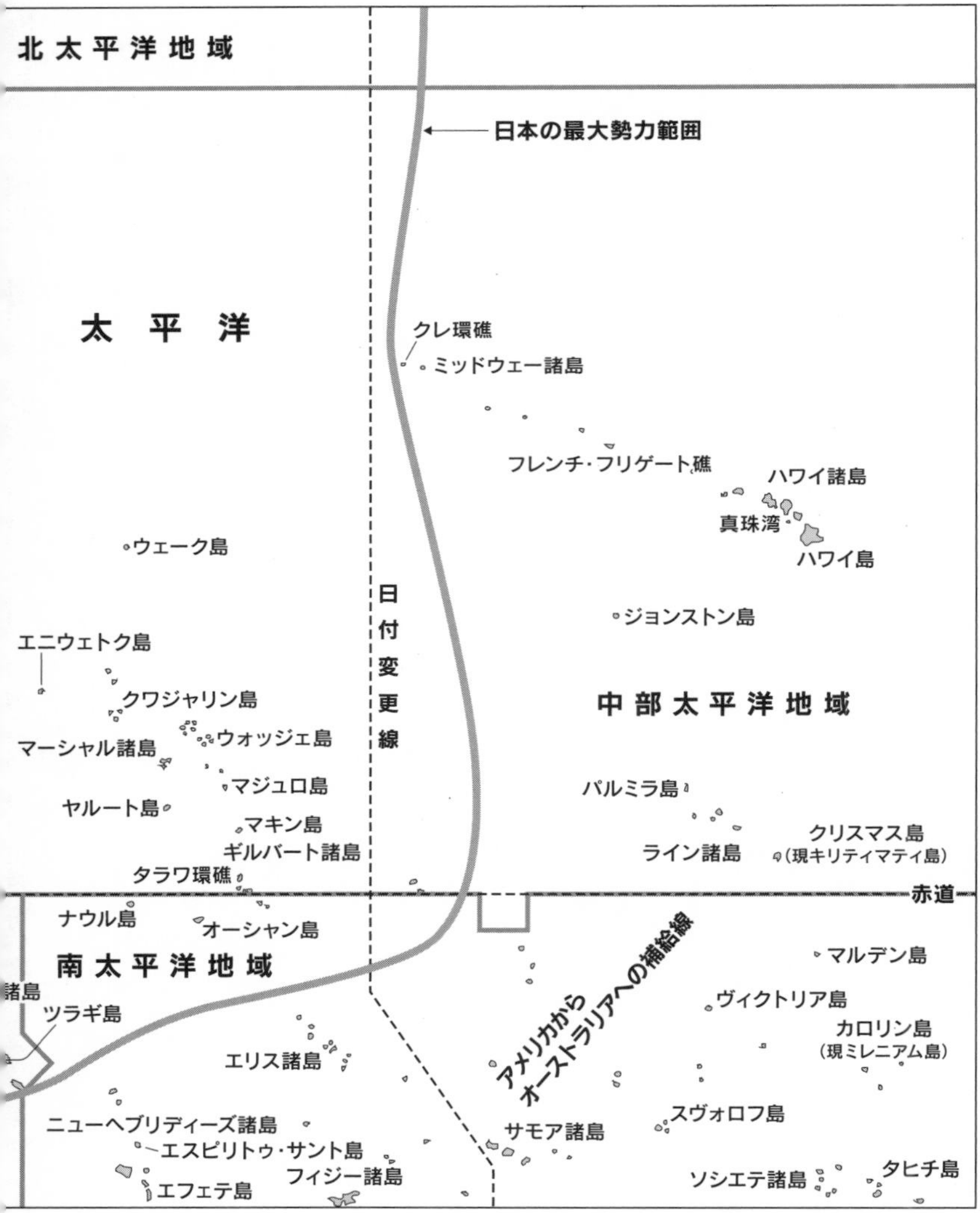
北太平洋地域
日本の最大勢力範囲
太平洋
クレ環礁
ミッドウェー諸島
フレンチ・フリゲート礁
ハワイ諸島
真珠湾
ハワイ島
ウェーク島
日付変更線
ジョンストン島
エニウェトク島
クワジャリン島
ウォッジェ島
マーシャル諸島
中部太平洋地域
マジュロ島
パルミラ島
ヤルート島
マキン島
クリスマス島
（現キリティマティ島）
ギルバート諸島
ライン諸島
タラワ環礁
赤道
ナウル島
オーシャン島
マルデン島
南太平洋地域
アメリカから
オーストラリアへの補給線
諸島
ヴィクトリア島
ツラギ島
カロリン島
（現ミレニアム島）
エリス諸島
スヴォロフ島
ニューヘブリディーズ諸島
サモア諸島
エスピリトゥ・サント島
タヒチ島
フィジー諸島
ソシエテ諸島
エファテ島

満州
千島列島
ペキン(北京)
朝鮮半島
日本海
中華民国
日本
ソウル
東京
ナンキン(南京)
シャンハイ
(上海)
チョンチン(重慶)
沖縄
小笠原諸島
ハノイ
台湾
硫黄島
マーカス島
(現南鳥島)
ホンコン(香港)
ハイナン島(海南島)
ルソン島
マリアナ諸島
フランス領
インドシナ
サイパン島
マニラ
フィリピン諸島
グアム島
ヤップ島
ウリティ島
トラック島
(現チューク諸島)
サイゴン
パラワン島
ミンダナオ島
南シナ海
イギリス領
北ボルネオ
ダヴァオ
パラオ諸島
カロリン諸島
マラヤ
タウイタウイ島
モルッカ海峡
サラワク
マカッサル海峡
ハルマヘラ島
ニューアイルランド島
シンガポール
セレベス島
(現スラウェシ島)
ボルネオ島
(現カリマンタン島)
ニューブリテン島
ニューギニア島
スマトラ島
ケンダリ
スラバヤ
ステアリング湾
ソロ
ジャワ島
ラバウル
フロレス島
バタヴィヤ
(現ジャカルタ)
バリ島
ティモール島
ダーウィン
ポート・モレスビー
ガダルカナル
南西太平洋地域
ティモール海
オーストラリア
コーラル海(珊瑚海)
地図2：太平洋戦域

つけるようマッカーサーに助言したが、マッカーサーはすべての高官をアメリカ人将校から選んだ。フィリピン軍の指揮をしていた時からの取り巻きである、いわゆる「バターン・ギャング」と呼ばれる部下が一一の主要な地位のなかの八つを占めた。このバターン・ギャングのメンバーは皆、マーシャルとローズヴェルトはともに宿敵であるという、偏執症的な考えをマッカーサーと共有していた。[6]

マッカーサーがオーストラリアの参加を許した一つの領域が諜報であり、それは重要でかつ明白な例外だった。アメリカ、イギリス、オーストラリアの無線諜報の基本機構は、マッカーサーの通信将校であったスペンサー・B・エイキンの下で一九四二年四月に発足した中央局（Central Bureau）として組織化された。中央局は連合国の他の無線諜報機関と綿密に連携していた。しかしながら、戦争初期のこの頃、帝国陸軍の暗号は、まだまったくと言っていいほど解読されていなかった。一九四二年から一九四三年にかけて解読された暗号のほとんどが帝国海軍か外務省関連の通信由来のものであった。画期的な突破口となったのは、一九四三年四月、日本軍の補給水の輸送の暗号が解読されたことだった。それ以降、マッカーサーは日本の海上輸送による兵站状況について、極めて貴重な情報を得ることができるようになった。[7]

戦局の流れは、マッカーサーが南西太平洋方面軍の総司令官となって九週間の間に、大きく変化した。四月九日、約三師団に近い兵力を有する新たな日本軍の攻撃が、今や激しい飢えと疾病に苦しむバターンの守備隊を降伏に追い込んだ。七万から八万の兵が日本軍の捕虜となり、これはアメリカの戦史上、もっとも大規模な投降となった（しかし、その大部分はフィリピン兵だった）。その時にはまだ分からなかったことだが、その後捕虜たちは「バターン死の行進」とのちに呼ばれるようになった悲惨な境遇に晒された。日本軍はコレヒドールに砲弾と爆弾で猛攻撃を加え、コレヒドールも五月六日に陥落した。さらに、一万一〇〇〇人が日本軍の捕虜となり、残りのフィリピンの守備隊も降伏した。[8]

コレヒドール陥落の次の日、史上初の航空母艦同士の戦闘が起きた。この珊瑚海海戦において、海軍少将フランク・ジャック・フレッチャーが率いるアメリカ海軍の空母二隻を基幹とする機動艦隊は、空母レキシントンを失ったことにより戦術的にはより大きな痛手を被ったが、日本軍もニューギニア島のポート・モレスビーの攻略を阻まれて戦略上の最初の後退を経験した。(このことから、「オーストラリアを救った男」と呼ばれるのに相応しいのは、マッカーサーではなくフレッチャーである。)その後六月三日から七日にかけて、合衆国海軍は中央太平洋のミッドウェーで日本軍の空母四隻、巡洋艦一隻を沈没させ、一方で、自軍の被害は空母一隻と駆逐艦一隻に留まり、圧倒的な勝利を収めた。[9]

ミッドウェー海戦は、中央太平洋上の日本軍の進軍を阻止しただけでなく、マッカーサーに、この機に乗じてラバウルにある南太平洋上の日本軍の主要な要塞を攻撃すべきである、と合衆国に進言する決意をさせた。キング提督はこのミッドウェーでの勝利を利用し、太平洋戦域での海軍の制海権を死守すべく素早い行動に出た。三段階の軍事作戦を一九四二年七月に遂行するという計画を統合参謀本部(JCS)に採用させたのである。最終目標は依然としてラバウルだったが、計画には、まずガダルカナルからソロモン諸島までの二つの予備的段階があった。キングは、この攻撃の指揮は海軍が執らなければならないと主張し、ガダルカナルをニミッツの総指揮下に置かれている南太平洋戦区に振り分けるなど、戦域の境界の調整が行われた。[10]

マッカーサーは、それまでの四〇年にわたるプロの軍人としての人生のなかで、自らが太平洋戦争の最初の六か月間の間に犯した失敗に、幾らかでも匹敵するような失敗を犯したことは決してなかった。彼自身の自我が、自らの行動の重大な過ちを見えなくしていた。その結果、彼は浅ましくも他人に責任を転嫁しようとし、自分の上官にヒステリックで偏執的なメッセージを何通も送っていた。彼は、自分にとっての最優先課題と一致するように「ドイツ第一主義」という決定が覆されないのなら、そこには悲惨な結果が待っているだろうとワシントンを散々脅した。また、ガダルカナルの攻略作戦の準備中、マッカーサーに配属された航空、並びに海上戦力を投入することをニミッツが提案したことがあったが、その際にキングは、マッカーサーを経由せず、マッカーサー指揮下の海軍司令官に直接連絡を取ろうとした。驚くべきことにマッカーサーは、それらを海軍が「太平洋のすべての作戦の全体的な支配権」を握ろうとしている証拠であるとマーシャルに無線で訴えたのである。さらにマッカーサーは、これは陰謀の一部であり、その陰謀とは——自分が参謀総長だった時に「偶然」見つけたもので——海軍が国防体制を完全に独占しようとし、陸軍を単に訓練と物資補給に携わるだけの組織に貶めようとするものだ、と激しく非難した。[11]

この時にローズヴェルト、スティムソン、マーシャルの誰もが、すぐにこのようなヒステリックな告発や挑発的態度に対し、マッカーサーを叱責し、厳しく咎めなかったことが、この後一〇年間、マッカーサーが不服従を続ける事態を招く結果となり、のちの彼の解任劇へと繋がっていくのである。一九四二年の暮れ、スティムソンは遅まきながらやっと行動に出た。彼は第一次世界大戦の撃墜王であったアメリカ人パイロット、エディ・リッケンバッカーを召喚した。リッケンバッカーは、知名度ではマッカーサーに匹敵するほどだったし、イギリスにおける陸軍航空部隊の状況をまとめたリッケンバッカーの率直な報告書にスティムソンは好感を持っていた。スティムソンからの口述のメッセージを託されたリッケンバッカーはその内容をマッカーサー以外の誰にも絶対に漏らさないことを誓い、B－17でオーストラリアへと向かった。その途上、飛行機は不時着し、リッケンバッカーは奇跡的に救助されるまで救命ボートで二四日間も漂流する羽目になった。一一月にやっとマッカーサーに会えた時、彼はスティムソンのメッセージをマッカーサーに伝えた。その内容は、マッカーサーが自分自身のための個人的な広報活動を止めること、自分の戦区が限られた物資や戦力しか与えられていないと不満を漏らさないこと、マーシャル将軍に対する個人的な非難を止めること、などだった。これらの禁止項目に加えて、スティムソンはマッカーサーに、海軍と協力して動くことを命じた。悲しいかな、この戒めはよく言っても一時的な効力しかなかったといっていい。マッカーサーの上官たちは彼に命令の服従を徹底させることはできなかった。彼らのこの失敗は、強情な部下をどのように扱うべきかという大事な教訓を教えてくれる一例である。[12]

*

太平洋戦争についての一般的な誤解の一つは、ミッドウェー以降、日本軍が翻って防衛に転じたという解釈である。現実には、帝国陸軍はまだ攻勢に徹していた。オーストラリアに侵攻する提案を帝国海軍に実行不可能だと一蹴された後、帝国陸軍は、ニューギニアからニューカレドニア、フィジーを経てサモアへと南東の方向に進むという、より実際的な戦略を実行に移そうとした。オーストラリアとニュージーランドへの輸送路を断つのが目的である。そうすれば、連合国側がニュージーランドとオーストラリアを反撃のための踏み台として利用することはできなくなるはずだった。[13]

ニューギニア島は、およそ二〇九二キロメートルにわたって広がり、ちょうど北西部が頭で南東部が尾である古代の鳥のような形をしている。島のジャングルに覆われた山々が、オーストラリアを北部からの攻撃から護る斜堤のような役割を果たしていた。一九四二年、太平洋の戦局の焦点は島の南東の端、パプアにあった。帝国陸軍は堀井富太郎少将の指揮の下、五つの歩兵大隊、それに重火器、工兵、戦闘工兵、通信隊がバランス良く配され、全部で一万人ほどの兵力であった南海支隊をもってポート・モレスビーの攻略を目指した。ポート・モレスビーまでは、パプアの北岸のブナから陸路で約三二二キロメートルの行程だった。

しかし、マッカーサーは当初、日本軍の脅威に立ち向かうにあたって、大きな障害に阻まれていた。航空戦力においては飛行可能な航空機が八〇機から一〇〇機しか集められず、搭乗員は誰もが疲れ切っていた。合衆国陸軍の二つの師団、第三二と第四一歩兵師団は戦闘準備ができていなかった。配備が可能だったオーストラリア軍がパプアの南側のポート・モレスビーと東端のミルン湾の防衛にあたった。中央局は帝国陸軍の暗号を解読できず、よって情報の収集は帝国海軍の無線課報情報に大いに拠っていた。しかし、一九四二年五月以降は、帝国海軍の無線諜報の暗号解読よりも通信状況の分析のみを頼るようになり、したがって、はっきりした予想はできなかった。戦力と物資の不足、諜報による情報の不確実さ、加えて悪天候のために連合国軍の航空機が使えないことなどにより、マッカーサーは日本軍が七月二二日、パプアの北岸のブナを占拠するのを阻止できなかった。

マッカーサーの諜報将校であったチャールズ・ウィロビー大佐は、この戦争を通してずっと、戦術、または戦略として何が最適かという自分の独断により情報を判断し、敵の動向を推測しようとした。この時もウィロビーは、「正しい」日本軍の動きはオーウェン・スタンレー山脈を越えて陸

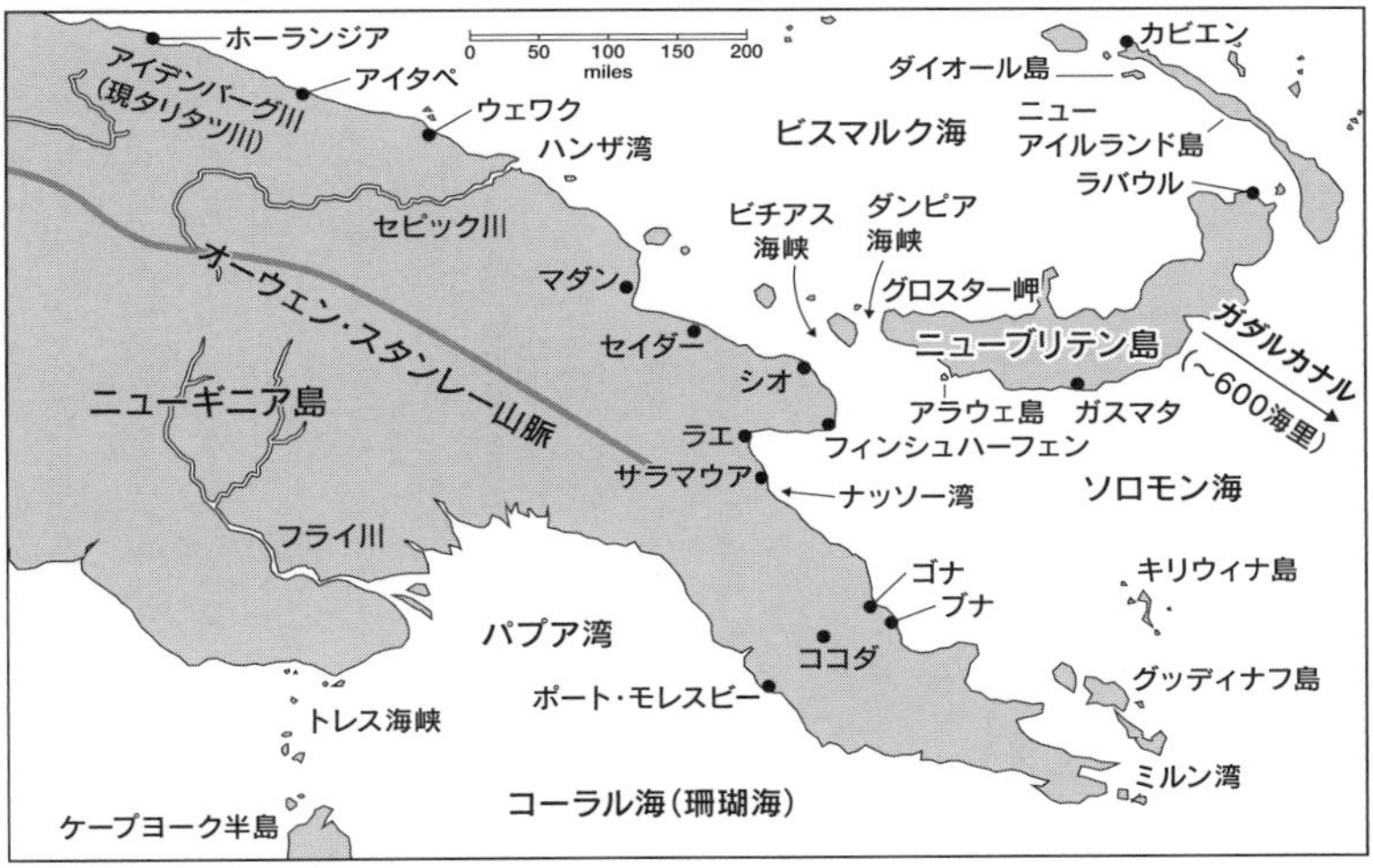

地図3：ニューギニア東部

地を進軍し、ポート・モレスビーへと向かうための足掛かりとしてブナを利用するのではなく、むしろ同地を航空前線基地として使用するだろう、と判断した。彼は、五月に珍しく暗号解読に成功し、堀井の今後の進路について警告を促していた情報を無視した。またウィロビーは、日本の戦力を、大隊ではなく単に中隊単位だとひどく見くびった推定を下した。これがまた、敵の数を下回るオーストラリア兵が、ココダ道を進んできた日本軍と対峙し退却した際に、オーストラリア兵は戦うことを知らない、また、リーダーシップに欠けている、などとマッカーサーに判断させた原因となった。マッカーサーは、軍人としてオーストラリアに駐在していた下院議員メルヴィン・マースに向かい、オーストラリア人は戦おうとしない、と述べている。[14]

一九四二年八月には、マッカーサーも彼の指揮下のオーストラリア陸軍の司令官ブレーミーも、ニューギニアで勝利を収めなければ、それぞれの解任という結果になる、と理解していた。九月、マッカーサーはオーストラリアの首相、ジョン・カーティンを説き付けて、ブレーミーにニューギニアに行き、自ら状況を収拾すべく指揮を執るよう命令させることに成功する。もっと上のレベルの指揮を任されるはずのブレーミーに、このような命令が下されるのは、理に適わない。しかし、ブレーミー自身にも、もし失敗すればマッカーサーは責任をオーストラリア側に押し付けることができるが、自分は解任されるに違いないと分かっていた。許しがたいことに、マッカーサーもブレーミーも、ココダ道で実際に部隊が直面していたおぞましい状況を視察しに、現地に赴くことはなかった。ココダ道は非常に狭い道で、その最頂部は「起伏の激しい道を辿って雲に届くほど」であり、約一二〇〇メートルもの深さの谷間をぬって激しく飛沫を上げる急流（堀井はのちにこのような急流を下って行った）を渡り、深いジャングルに狭まれ、時にはすっぽりと覆われているような道のりであった。物資の補給は、人が徒歩で運ぶか空からの投下しか方法はなかった。皮肉にもブレーミーがニューギニアへ向かった頃、ガダルカナル島へ兵力を集中するよう方針が変更されたために、帝国陸軍は堀井の進軍を止まらせた。しかし、戦いの流れが変わった後も、ブレーミーはマッカーサーからのいわれのない非難や重圧に晒され続けた。ブレーミーはマッカーサーをなだめ、さらに、自分の軍歴に傷がつくのを避けるため、幾人かのオーストラリア軍の司令官を不当に解任し、それはその後の彼の評判を貶めた。だが、オーストラリア兵には何の落ち度もなかった。七月、八月と、彼らがパプアの東の端のミルン湾付近への上陸を急ぐ日本軍に圧勝したことがそれを証明している。[15]

オーストラリアの援軍が、日本軍のココダ道の進軍を阻止し、さらには、彼らを後退に追いやるようになると、マッカーサーは自分自身の指揮による攻撃を始めた。マッカーサーは、より訓練の行き届いた合衆国第四一歩兵師団を派遣するよう助言を受けたにも拘わらず、エドウィン・F・ハーディング少将麾下の合衆国第三二歩兵師団をブナの攻撃に配備した。一方、オーストラリアの部隊はその近くのゴナの攻撃に着手した。アメリカとオーストラリアの部隊はどちらも、第一次世界大戦時の塹壕のような、手強く極めて複雑で、巧みに計画、構築された日本軍の防御に直面した。バターンの時と同じように、マッカーサーはその目で直接状況を確認することはなかった。その代わり、攻撃を援護する重火器を前線に配備することはできないという、間違った考えを持っていた参謀のサザーランドの助言と、日本軍の兵力を実際より大幅に過少に推算するウィロビーからの情報に頼った。この第三二歩兵師団がどれだけ戦闘の備えができていなかったかという一つの例を挙げれば、軍服を迷彩色にするのに使われた染料が通気性に欠けていたため、その着用中の暑さは堪えがたいほどだった。戦力となる武器や、火炎放射器、爆破装置など基本的な軍備さえも持たず、やがて疾病が蔓延し、そのためアメリカ軍もオーストラリア軍も多大な死傷者を出した。マッカーサーは現地の指揮官と部隊を責めるだけだった。さらにマッカーサーは、アメリカ兵が武器を捨て、敵前逃亡したという報告書に面目を失った。しかし、それは一つの事例に過ぎず、より勇敢な戦い振りを証明する別の報告もあった。マッカーサーはハーディングを解任し、その後任として一一月、ロバート・アイケルバーガー中将を「ブナを攻略できなければ生きて帰ってくるな」という命令とともに送り出した。マッカーサーの指揮能力を示す例としては、紛れもなく最低の例となるだろう。[16]

ブナが遂に陥落したのは、一九四三年の一月二日だった。アイケルバーガーは大いなる勇気とともに（彼の隣に立っていた副官が彼の目の前で撃たれたこともあった）自らの有能さを示したが、何が戦局を変えたかといえば重火器や戦車を始めとした軍備が新たに投入されたことで、それにより第三二歩兵師団の戦闘能力がすこぶる強化されたことに拠る。各地の日本軍の戦い振りは、おしなべて壮烈だった。あるところでは、殺された戦友の腐乱した死体が累々と横たわるなかで、その臭気のためガスマスクを装着して防衛戦を戦い続けた。また、他のところでは、飢えに苦しみ、人肉を食べるところまで追い詰められた。アイケルバーガーがアメリカ軍により攻め落とされた日本軍の防衛陣地を見て回る機会に恵まれた際、彼は日本軍陣地の「複雑さ、多層さと頑強さ」に茫然とした。その地域の日本軍の最後の陣地が陥落したのは、一月二二日だった。[17]

マッカーサーは、「ブナの作戦での〔我らの〕損失は小さかった」という声明を発表した。彼はさらにその主な理由として、一つには、時間的な問題は重要ではなかったため、攻撃を急ぐ必要がなかったことと、もう一つには、先に述べた理由により、準備の整わないうちに大きな軍勢で敵陣を急襲しようとしなかったからだ、と力説した。マッカーサーの戦時中の発表のなかの至るところに散乱する甚だしい虚偽の記載のなかでも、これは一番の傑作に違いない。実のところマッカーサーは、ウィリアム・F・ハルゼー・ジュニア提督がガダルカナル島を陥落させる前に自分が勝利を収めることができるように、作戦を早く終結させろと現地の司令官に矢の催促をしていた。日本側の損失のほとんどが戦死者だったが、それは戦いに参加した一万六〇〇〇名から一万七〇〇〇名のうち、約一万二〇〇〇名にも上った。アメリカ側の地上戦の死傷者は全部で二八四八名、そのうち戦死者は九三〇名だった。オーストラリア軍の被害はさらに大きく、戦闘での死傷者は五六九八名で、戦死者三八九六名を含む。合算すると、連合国軍全体の地上戦における死傷者数は八五四六、死者数は四八二六になる。それに比べ、ガダルカナルでのアメリカ軍の地上戦の死者は一七六九人の兵と海兵隊員であった。ガダルカナル戦に参加した連合国軍の兵が六万人だったのに対し、パプア戦に参加したのは、三万三〇〇〇人でしかなかった。すなわち、マッカーサーの指揮下では、全体的な死傷者率がおよそ六倍にもなっている。しかも、アメリカ兵一七人の死因は発疹チフスであった。この疾病が、パプアの連合国軍のうち二万四二三四人が伝染病のため入院をする――そのうちの幾人かは再入院だったが――原因となった。この事実に鑑み、公式の合衆国陸軍戦史はパプア戦の勝利を、比例的に見て「太平洋戦におけるもっとも犠牲の大きな勝利の一つ」だとしている。[18]

一九四三年一月、ダグラス・マッカーサーの人生最悪の一三か月はやっと終わりを告げた。彼と同年代の人間の多くはこのような経験に押し潰されてしまっていただろうが、マッカーサーは違った。しかし、彼がこのどん底からどのぐらい這い上がることができるかを見せるのは、まだこれからである。

第6章 パラメーター

チャールズ・ウィロビーは、マッカーサーは「遠隔戦争」を戦った、と述べている。マッカーサーが指揮権を執った広大な戦域は——太平洋全体から見ればたった一部でしかないが——人を慄然とさせるほど広い。南西太平洋はテキサス州の大きさの州二五個がすっぽり入ってしまう大きさであり、テキサス州はフランスよりも大きいのである。ウィリアム・マンチェスターが譬えているように、ブリスベンでニューギニア島の守備を指揮するマッカーサーは、まるでニューオーリンズにいる司令官が、そこからアメリカとカナダ間の国境の守備を指揮するようなものである。[1]

彼の指揮する領域の圧倒的大部分を占めるのは、海であった。陸にいる普通の人間にとって、太平洋の際立った特徴はその深さである。しかし、水夫にとっては、海図に示されているかどうかに拘わらず、岩や岩礁が多いということが第一の特徴で、それを認知しなかったり油断したりしていると、船底が剝ぎ取られる危険が常に待っている。海路は自由に速く移動できるハイウェイのようなものだとはよく言われることだが、それに一理あるとしても、海上での制御が失われれば海は四方を水に囲まれた牢獄にもなり得るのである。

しかも、軍事作戦を立てる側にとっては、この戦域の突出した特徴は距離でも海でもなく、何もないことであった。実質的に、地球上の他のどの地域も、それが泥で作られた小屋の集まる村、あるいは鉄とコンクリートで作られた都市であっても、そこには動物や人間、または乗り物のための小道や道路、薄汚れた漁船が停泊する湾から貨物船の大軍を収容できる大きな港に至るまで、戦闘中の軍隊が簡単に徴収できる地元の食料があり、安全な飲み水が大量に手に入り疾病の管理や防止ができるなど、最低限の生活環境がある。しかし南西太平洋に、そんなものはどれも存在しなかった。人間の痕跡は、このもっとも原始的な自然形態をほんのわずかしか変えることができないのだ。

実際に、マッカーサーの軍隊が作戦上消費するものは、ほとんどと言っていいほど、すべて戦地まで輸送されねばならなかった。ワシントンの参謀たちが一九四二年に時間と距離についての条件を十分に考慮して計算したところに拠れば、南西太平洋に二人の兵を送る費用はヨーロッパに五人の兵を送るのと同額になり、その五人の兵をヨーロッパに駐屯させるための、物資などの輸送費の方が南西太平洋で二人の兵を駐屯させる場合より安く済むという結果が出ている。(「ドイツ第一主義」は戦略上の観点から道理的であるだけでなく、兵站の面でも安く上がるという利点があった。)このように、南西太平洋は距離の問題だけではなく、非常に困難な、ヨーロッパの戦線と比べてまったく比べようのない難題のある戦域であった。この、戦域にあらゆる物が存在しないということが、アイゼンハワーやパットン、ロンメル、ソ連元帥のゲオルギー・ジューコフなどが直面することがなかった問題をマッカーサーに突き付けた。

戦域のなかに何もないということにより、通常はあまり顧みられないもので、マッカーサーが特に頼るようになった部門が二つある。マッカーサーが達成できた業績の裏には、才能溢れるヒュー・J・ケイシー将軍〔ケイシーはマッカーサー配下の工兵隊の長だった〕が率いる工兵たちの活躍があった。ケイシーはマッカーサーの配下の全部隊の二〇パーセントは工兵で占められるべきだとしていたが、それが実現することはなかった（一三・四パーセントまで上がったことはあった）。マッカーサーは他の戦域の司令官たちと同じように、あとから輸送の割り当てを変えて誤差を改善しようと見込んで、兵站のような支援部隊の輸送よりも、戦闘部隊の輸送を習慣的に優先させたため、事態はますます悪化した。[2]

マッカーサーの業績に大いに貢献したが、あまり知られていないもう一つの部門は、医療班である。南西太平洋戦域の疾病率をしのぐ疾病率を持つのは、中東とアフリカの戦域だけだった。年換算でいうと、南西太平洋にいた兵の、平均して一〇人に八人が毎年一定期間は病院にいたことになり、これはヨーロッパ戦線に比べると七五パーセント増という結果になる（一方、ニミッツの指揮する太平洋戦域においてはヨーロッパと同等の疾病率であり、アメリカ本土よりも低いぐらいであった）。同じように年別に計算すると、マッカーサーの指揮下にあった兵のうち、一〇〇〇人に一人は病死しており、これは陸軍全体では一番高い率であり、ヨーロッパの二倍にあたる。[3] マッカーサーの極めて臨機応変で精力的な工兵たちへの数少ない批判の一つは、医療施設の建設をもっと優先させなかったことだろう。その結果として、あらゆる階級の医療部隊員が自ら医療施設の建設にあたらなければならなかった。実際、医療従事者のみで――外科の教授たちがセメント・ミキサーを回し、ブルドーザーを運転して――当時合衆国陸軍の国外最大の施設であった、三五〇〇床の第五四総合病院を建てている。[4]

微妙ではあるが、極めて重要な要素として士気の問題があったが、マッカーサーの直面した問題は、ヨーロッパにいるどの司令官たちよりはるかに困難なものであり、唯一匹敵するのは、中国戦線の司令官たちが直面するものだったろう。マッカーサー麾下のアメリカ兵は誰も、今自分が置かれている場所が直接自国の防衛に繋がっているとは直感的に思えなかった。南西太平洋戦域に配属された軍人は極めて原始的な未知の環境に飛び込むことになる。見慣れた通りや家々、店、映画館、バーやレストランのある、人間の住む街は辺りにどこもなかった。看護師や赤十字で働く女性を稀に見かけることはあっても、白人の女性は周囲一帯にいなかった。さらに、兵たちには雨と疫病がしつこく付きまとった。陸軍省は、南西太平洋のような苛酷な環境にある兵の一パーセントを月に一回交替させる方針を打ち出した。しかし、マッカーサーはこの案を中止せざるを得なかった。交替の兵の輸送ができなかったからである。彼がこの兵隊たちの士気を大いに損なわせる危険にどのように対処したかは教訓的である。南西太平洋全域の司令官たちは、ある日付まで開けないようにという注意書きが添えられ、封印された小包をマッカーサーの指令本部から受け取った。なかには「南西太平洋の兵へ」宛てられた、なぜ交替が行われない決断がなされたかを説明する手紙が入っていた。各部隊の告知板に張り出されたその何百もの手紙一通一通には、マッカーサーの自筆の署名が記されてあった。[5]

*

兵の士気は悪化の一途を辿り、また、解決されることのない問題と繋がっていった。合衆国陸軍の公式の戦史は以下のように述べている。

当時の医学的な意見や仮定に様々に大きく影響したことから見ても、神経精神症状の被害者は

――神経精神症はアメリカにおいて、戦闘による被害者とそうでない被害者を分けることができない理由の最多のものである――第二次世界大戦におけるアメリカの決定的な医学問題と言っても過言ではない。マッカーサーの指揮下の戦域は他の戦域に比べて神経精神症の罹患者の取り扱いにおいて、最悪の記録を持っている。一九四四年には、精神医学上の問題を理由に本国に送還されたケースは本国への送還者の全体数の三三パーセントを占めたが、戦域内で送致された数も多かった。その理由は痛々しいほどに分かりきったことだった。ジャングル戦、熱帯性の環境、そして多くのGIたちは、戦争が終わるまでは決して祖国に帰れないことを知っていた。司令官たちが、戦地に望まない兵を排除するためにこの医学的な手段を利用したことにより、戦地から送還された兵の数は増大した。それに加え、神経精神症の対処の仕方についての訓練を受けていなかった医師たちは神経精神障害を誤診し、不可解で診断のつかない患者を司令官たちと同じように、ただ後方へと送った。[6]

マッカーサーが一九四二年、南西太平洋方面軍（SWPA）の指揮を開始した時にその麾下にあったのは、二つの師団だけだった。一九四三年には彼に属する合衆国軍の戦力構成は三師団増え、それに一つの師団の戦力に相当する三つの別個の連隊が加わった。一九四四年、マッカーサーの展開する軍事作戦は拡大していったため、より大きな戦力を必要とし、結果的にそれを配下に収める。しかし、新たに彼の麾下に入ったその一一師団のうち、その多くは、南太平洋方面軍が攻勢をやめ、その代わりにオーストラリア軍とニュージーランド軍が投入されたことにより彼の麾下に収まったのである。そして一九四五年、新たに三師団が指揮下に加わった。最終的に、マッカーサーは予定されていた日本への侵攻前には、合衆国陸軍の一五師団と、一師団に相当する連隊の数々を指揮下においていた。アイゼンハワーの指揮するヨーロッパの地上軍はその五倍以上の規模だった。*

この数字が何を表すかを見てみると、分かってくることがある。マッカーサーがなぜ、本当の敵はワシントンにいる、と信じていたのかという具体的な理由を呈しているのである。第二次世界大戦中、合衆国陸軍は三つの供給源から九一の師団を育成した。その内訳は、真珠湾攻撃の時にすでに存在していた一六の正規の師団（一八パーセント）、動員された州兵で構成された一九の師団（二〇パーセント）、戦時体制下の「合衆国陸軍」もしくは「召集兵師団」から成る五六師団（六二パーセント）であった。これらのなかで上級将校たちがもっとも優秀であると評価していたのが、最初に述べた正規の師団、その次が召集兵の師団であり、もっとも好まれていなかったのが、州兵の師団だった。だが、なかには極めて優れた例外もあった（また、人事上の政策と戦闘による消耗により、戦闘開始後しばらくすると混成されて、それぞれの間の差異は見分けられなくなっていった）。マッカーサー麾下の師団の五〇パーセント以上（八個師団）がもともとは州兵で構成された師団だった。上記で説明した三種類の師団に加え、四番目のタイプの非公式な師団があった。根深い偏見から、陸軍の指導者たちに文字通り使い物にならないと評された、黒人兵士で構成された三師団であった。そのうちの一つは、戦闘に投入される前に解散させられ、もう一つは、イタリアで戦った。残りの一つが第九三歩兵師団であり、マッカーサーが指揮を任された。第九三歩兵師団は師団として戦闘で使われたことは一度もなかった。このように、マッカーサーの指揮下にあった師団の総じて六〇パーセントが、もとは陸軍からもっとも好ましくないと判断された師団だった。（それに比べ、アイゼンハワーは北ヨーロッパにおいて六一のアメリカ軍師団を指揮したが、そのうちのたった八師団、または一三パーセントだけが本来は州兵から編成されたもので、また、黒人兵は一人もいなかった。）[7]一九四二年から一九四三年にかけて生まれた兵力の隙間をうまく埋めたのが、オーストラリア軍だった。最終的にオーストラリア軍の七個師団がマッカーサーの指揮下におさまった。ニュージーランド軍からは二つの旅団で構成された一師団がソロモン諸島での戦いに参加した。マッカーサーが戦時中の公式発表で、オーストラリアとニュージーランドの軍隊を通常「連合軍」としか呼ばず、自分の作戦に彼らが果たした多大な貢献を隠し、その一方で、アメリカ軍の戦功に関しては常として露骨なほど騒ぎ立てたことは、両国の大きな怒りを買い、それはいまだに両国民の間に残っている。[8]

マッカーサーの海上戦力は第七艦隊であった。オランダ軍と、果ては自由フランス軍の艦船まであったが、なんと言っても、戦力の大部分はアメリカ海軍が提供したもので、オーストラリアとニュージーランドの両海軍の屈強な艦船が脇を固めていた。「艦隊」という言葉自体は主力艦と航空母艦を含めた強大な戦力を連想させるが、合衆国海軍は一九四四年の中頃までマッカーサーに重巡洋艦以上の威力を持った艦船を使用させなかった。それ以降でさえ、マッカーサーにとっては古い戦艦と小さな護衛空母数隻を借用するのが精一杯だった。海軍の将校たちは、貴重な戦力であった新型の戦艦と大型で高速の航空母艦がマッカーサーの手に届かないよう周到に気を配っていた。

第二次世界大戦における上陸作戦に使われる代表的な艦種といえば攻撃輸送艦で、だいたいは歩兵大隊を輸送し、上陸用舟艇を使って彼らを岸から上陸させることのできるものだった。冷遇にまたしても追い撃ちをかけるように、海軍は一九四四年まで、マッカーサーにこのような艦船を使わせることは決してなかったし、それ以降でも、マッカーサーの使用した艦船の大部分は一時的に貸し出しを許されたものだった。第七艦隊に関する調査に拠れば、一九四四年の初頭になっても、同艦隊の保有する艦船は二隻の重巡洋艦と三隻の軽巡洋艦、合衆国軍とオーストラリア軍の幾隻かの駆逐艦、加えて高速魚雷艇の一団というものだった。第七揚陸部隊は幾隻かの上陸用舟艇と戦車揚陸艦、それに非常に数少ない輸送艦を有した小型船隊で構成されていた。必然的に、一九四四年の半ばまでのマッカーサーの上陸作戦の大部分は「岸から岸へ」という、部隊を戦車揚陸艦か上陸用舟艇に直接乗せ目標の浜に運ぶ、という種類のものに限られることになった。[9]

一九四二年九月の編成を見てみると、第五空軍の戦力としては、記録の上では戦闘機の航空群三つと爆撃機の航空群四つが確認できるが、作戦行動が可能な戦力はこれを大幅に下回っていた。一九四四年の一月の時点では、全戦力を合わせると、その戦闘力の構成は戦闘機の航空群六つ、軽中型爆撃機の航空群五つ、重爆撃機の航空群四つとなっている。これに偵察機の航空群二つ、輸送機の航空群五つ、夜間戦闘機の飛行隊三つが加わって第五空軍を構成している。**

一九四四年初め、ハルゼーの指揮する南太平洋方面軍が攻勢作戦をやめた時、第一三空軍は、その後一九四四年八月にその正式な肩書きが極東空軍司令官となる、ジョージ・C・ケニー将軍の指揮下に置かれた。極東空軍は実質上、第五空軍と第一三空軍で成り立っていたが、それぞれに独立した軍としての自主性を保ち続けた。[10]ケニーの指揮下で、第一三空軍には新たに戦闘機の航空群二つ、中型爆撃機の航空群一つ、重爆撃機の航空群二つ、それに二つの夜間戦闘機、別の一つの重爆撃機、二つの偵察機、一つの輸送機のそれぞれ航空群が加わり、規模が拡大した。[11]

これらの航空戦力が、マッカーサーが敵に対して数的な、そして（一九四二年以後は）質的にも安定した優位性を唯一享受できた領域だった。しかしながら、最大時でも彼が有していたのは、アイゼンハワーがノルマンディー上陸作戦で指揮した戦闘機の飛行隊のたった一三パーセント、また、重爆撃機の飛行隊の一〇パーセントに過ぎない。マッカーサーのパイロットたちの技能と勇壮さは際立っていたが、さらに、他の三つの要素が、彼らが敵を制して制空権を握ることを強力に後押しした。一つめの要素は、戦いの初期の数か月の間に、無線諜報の専門家たちが日本機の航空無線の通信網を探し当て、正確な戦闘命令と、さらには、より重要な情報である作戦の実施内容を探り出したことである。このようにケニーの指揮下の航空隊員たちは、来襲する敵機について、レーダーがもたらすより、さらに多くの情報を知り得ることができたのである。二つめの要素は、日本軍はニューギニアに派遣した何百という航空機の代わりに、一ダースほどのブルドーザーを送った方がはるかに戦局には効果的だっただろう、という真実が物語っている。アメリカ軍が滑走路を建設し、それを維持する能力は、日本軍よりも断然に優れていた。三つめは、先の要素と同じように、アメリカ側の機械に関しての手練とそれが広く人々の間に普及していたことで、それらは非常に大きな利点であった。

＊

マッカーサーの下した戦略的な決定のなかで、もっとも重要だが、同時にもっとも顧みられていない部分は、兵站についてのものである。それは、彼の指揮能力の政治的な次元に密接に絡み合っている事項であった。単刀直入に言ってしまえば、マッカーサーがもしアメリカ本国からだけの輸送供給に頼っていたとすれば、南西太平洋の攻勢作戦の拡大は決して実現し得なかっただろう。マッカーサーの司ったすべての戦闘作戦行動に不可欠な基盤であった物資は、「逆武器貸与法」によりオーストラリアからもたらされた。当時のオーストラリアとニュージーランドの経済を主に支えていたのは、農業とそれを補う幾許かの原料生産だった。両国とも、その国民と、新たに加わったマッカーサーの軍隊の両方を維持できる産業部門を持たなかった。このように、イギリス連邦の国々がマッカーサーの軍隊に住居と食物、衣服、そしてその他の数限りない種々雑多な物資を提供できるようにするには、武器貸与法のような交換協定に頼らざるを得なかった。その一方で、マッカーサーが利用を許された輸送船は非常に限られていたため、航空機や車両、重量機器などの軍需資材を送ることが専ら優先された。

これらの取り決めについてマッカーサーが果たした役割は、多分に過小評価されているが、武器貸与法による配給物資の、軍隊内だけでなく民間人のための要求品、また、最終的な割り当てについての決定をするなど、その役割は重要なものだった。合衆国陸軍の公式の戦史に拠れば、マッカーサーはオーストラリア側とうまく連携し、他のどの戦域でも見られなかったほどの物資の貯蓄量と輸送状態の維持を成し遂げた。あるアメリカの行政官は「オーストラリアは武器貸与法により、実際に我々が与えたものよりも多くを供給してくれた唯一の国である」と指摘している。[12]

マッカーサーがこの領域で成し遂げた業績は、彼とオーストラリアの首相、ジョン・カーティンとの関係が非常にうまくいっていたことに拠る。マッカーサーが政治的にはフーヴァーの自由放任主義を信奉していたことから、自他共に認める社会主義者だったカーティンとはまったくウマが合わないことが予想されたが、二人は出会った当初から、おそらく西洋世界に存在するなかでも高位の軍事指導者と政治指導者の間の関係はこうあるべきという、もっとも模範的な関係を築いていった。その近しい関係は、この二人の共有する、自分たちは米英ソ間の同盟のなかでは戦略的に孤立した存在である、という見解から生まれたものだった。カーティンは軍事に関してはずぶの素人であり、マッカーサーに一目も二目も置いていた。マッカーサーのカーティンに対する私的な評価はそう高くはなかったが、彼に対しては大いに親近感を示していた。実際、マッカーサーの軍歴に見られる注目すべき逆説の一つは、彼とアメリカ軍の上級軍人、特に海軍の軍人との関係が波瀾に富んだものだったのに比べ、異国の上級政治家との関係は、たとえばフィリピン、オーストラリア、日本、朝鮮において見られたようにいつも協調的であったという、その目立った対比である。[13]

マッカーサーが一九四二年以降、数の上で日本軍に勝る戦力を展開していたというのは事実である。(現実に、第二次世界大戦において敵より戦力が劣る、もしくは敵と同程度の戦力の軍を率いて戦い、大きな勝利を収めたアメリカ軍の最高司令官は、実はニミッツだけである。) しかし、南西太平洋における戦争遂行に伴う多くの困難と、また、兵站の面での極めて厳しい限界を考慮に入れれば、マッカーサーが、他のどんな戦域のアメリカ軍の司令官よりも少ない軍備でより多くを成し遂げたと主張するのも説明がつく。マーシャル、チャーチル、そしてアラン・ブルックやバーナード・モンゴメリーなどのイギリスの将軍たちがマッカーサーを高く評価するのも、彼らがまさしくこのような条件を考慮に入れていたからであった。[14]

*

どの指導者を評価する時も、本人が値する手柄に属するものと、当然部下に与えられるべき功績とを、きっちり分けなければならない。この点において、マッカーサーの補佐官たちは非常に多様な様相を見せている。

マッカーサーの戦域に配属された海軍司令官たちには、マッカーサーの宿敵であるアーネスト・

キング提督の代理となるという重荷を背負う辛い運命が待ち受けていた。キングは、マッカーサーの海上戦力を厳しく制限しただけではなく、マッカーサーを個人的に中傷する運動を容赦なく繰り広げた。（キングはある時、めったに見られないことだが、感情を爆発させるところまでマーシャルを追い込んだ。参謀総長がテーブルを叩き、「統合参謀本部（JCS）の会議が〔マッカーサーに対する〕憎しみに左右されるようなことは私が許さない」と声を荒らげる事態になったのである。）キングのせいで、リアリー海軍中将と（一九四二年九月以降は）アーサー・S・カーペンダー海軍中将は、非常に不利な立場に立たされることになった。明らかに数の少ない戦闘艦を、さらに出し惜しむ彼らに、マッカーサーからの非難を避ける術はなかった。

一九四三年一〇月、海軍中将トーマス・キンケイドが第七艦隊の司令官に就任した。キングは、キンケイドは「頭が悪い」と思っていたようだったが、キンケイドはマッカーサーとうまくやっていけた。キンケイドはマッカーサーの上級補佐官のなかでもほかにかなりの差をつけてもっとも能力が劣っていた。しかし、マッカーサーは海軍少将ダニエル・バーベイのような人材にも恵まれた。バーベイは水陸両用作戦に熱心な関心を寄せる数少ない海軍将校の一人だった。「ダン叔父さん（アンクル・ダン）」は水陸両用作戦についての理論や装備の開発に大いに才覚を発揮した。刻々と変わる作戦計画の需要に対応し、ほとんど同時に複数の上陸計画をやってのけるなど、バーベイの臨機応変さは非常に見事だった。バーベイ（のちに海軍中将に昇進）とハルゼーはともに、マッカーサーが尊敬する海軍の上級将校たちだった。[15]

一九四二年七月三〇日、マッカーサーのもとにジョージ・ケニーが配属されてきた。彼はこの九か月のうちに配属されてきた三番目の航空司令官であった。マッカーサーは、航空隊員たちの無能さと不忠実な点を、口を極めて罵るという出迎え方でケニーを痛めつけた。しかし、この前途多難を暗示させる始まりのエピソードの後、小柄だが強靭、精力的で決断力があり、自負心の強いこの空軍力の革新者は、マッカーサーの航空戦闘部隊をずば抜けて実戦に効果的なものにする改革に乗り出す。ケニーが自分のボスであるマッカーサーに心酔するようになると、マッカーサーの方も他の部下に対しては見られないほどケニーに打ち解けていった。ケニーの主《おも》だった貢献は、マッカーサーに空軍力について手ほどきをする個人教授になったことだった。ケニーがその役に適任だった理由は、陸軍航空軍においては重爆撃機に対する執着が支配的だったなかで、ケニーは偵察機、戦闘機、中型爆撃機、そして輸送機を含めた、空軍力のあらゆる領域を捉えることのできる、真の視野の広さの持ち主だったことだろう。彼は技術の革新に対する鋭い目を持ち、また、セールスマンとしても有能な働きを見せた。マッカーサーのもっとも豊富な戦闘手段が航空部隊だった事実はケニーのロビー活動と因果関係がある。ケニーは空軍力に懐疑的だったマッカーサーを空軍力の真の、そして熱心な信奉者に変えた。このことはマッカーサーを第二次世界大戦での最大の勝利へ導く鍵となったが、朝鮮戦争ではそれが裏目に出た。ケニーほど目立ったわけではなかったが、バーベイは並行するかたちでマッカーサーの水陸両用作戦についての助言者となった。このように、この二人の将校はマッカーサーにとって、配下のどの参謀や司令官よりも、極めて重要な役割を果たした。マッカーサーがケニーやバーベイのすることに一切口を挟まなかったことが、彼らに対する絶対的な信頼を表していた。

ケニーが、マッカーサーの師として果たした役割は正当に評価されて然るべきだが、ケニーが手に入れた多くの称賛（本人はそれに対し謙遜することがまるでなかったが）は、実は彼の才能豊かなスだった。

一連の部下によってもたらされたものだった。この集団のなかでもひときわ優秀だったのが、エニス・C・ホワイトヘッドで、最初は第五空軍の副司令官だったが、のちに司令官に昇格した。ビスマルク海とウェワクで大勝利を収めた計画と戦術を編み出したのは、実はケニーではなくホワイトヘッドだった。同じく重要な働きをしたのは、第五空軍の戦闘機軍団の司令官、ポール・ワーツミスだった。[16]

南西太平洋方面軍のもともとの指揮編成の下では、マッカーサーの地上軍の上級司令官は、オーストラリア軍のトーマス・A・ブレーミーだった。ブレーミーは同世代のアメリカ人からは常に過小評価され、アメリカ人の視点で描かれるマッカーサーの軍事作戦においてはめったに正当な評価を下されない人物である。背が高く、丸々と太って陽気な外見とは裏腹に、実際の彼は不屈で有能な、第一次世界大戦での参謀としての並外れた実績から始まる軍歴を誇る職業軍人であり、また、相応の教育も受けていた。(三四歳で将官になっているということは、ブレーミーはマッカーサーの記録を破っている。)カーティン首相はブレーミーの私生活における不謹慎な行為に対しもっともな苦情が呈された際に、ブレーミーは「日曜学校の教師ではなく、軍の指導者に」採用されたのだ、とうまくかわしている。ブレーミーの卓越した才能はオーストラリア軍を組織するにつき、そこに生じる無数の問題を察知する高度な理解力を持ち、それらを解決すべく積極的な努力を払ったところにあった。彼は、太平洋戦線での空、海、陸軍の複雑に絡み合った構成戦力を即座に把握することができた。気力に溢れ、オーストラリア側の利益を守るためには激しく闘った。ブレーミーはオーストラリア軍の少将ジョージ・ランキンに、次のような印象的な称賛の言葉を寄せられている。ブレーミーは、「我々の同盟軍であるアメリカ軍と渡り合える非情さを持っていた」。

ブレーミーは、マッカーサーの地上軍の司令官と同時にオーストラリア軍の司令官にも任命されており、マッカーサーの指揮する地上戦の大部分が、オーストラリア軍により戦われていた一九四二年と一九四三年には、双方の任務間に葛藤が生じた。ブレーミーには抜け目のない政治的な才能があり、自分の地位を脅かす可能性のある者たちを巧みに妨害するという記録を残しつつも、一方で、カーティンの信任を維持し続けた。しかし、皮肉にも、オーストラリア国内の第二次世界大戦の戦史のなかでは、ブレーミーは意気地なくマッカーサーにへつらう男としてしばしば激しく非難されている。確かにブレーミーは、一九四二年のニューギニア戦において、マッカーサーをなだめるため、また、自らの保身のために部下たちを解任し、面目を失っている。だが、ブレーミーはだいたいにおいて確たる戦術家であった。特に一九四三年などは、彼はしつこく口を挟んでくるマッカーサーを何度もすげなくはねつけていた。[17]

一九四四年、ついにアメリカ兵の数がオーストラリア兵の数をしのぐようになると、ブレーミーを押しのけてウォルター・クルーガーが、マッカーサーの主力地上軍の司令官におさまった。ウィロビーと同じくドイツ生まれのクルーガーは叩き上げの軍人だった。マッカーサーと同じように、彼も学究肌の軍人だった（彼はドイツ語で書かれた軍事教本を翻訳している）。何度も繰り返し水陸両用作戦を指揮する必要のある司令官としては重要なことに、陸軍大学校と海軍大学校の両方に在籍したことがあった。彼は野戦を指揮するアメリカ軍の司令官としては最高齢で、そうなったのはすべてマッカーサーのおかげだった。クルーガーの特徴が何であれ、それが「慎重」ではないことは確かだったが、能力はあり、部下に対しては心底からの思いやりがあった。ルソン島ではマッカーサーの意地の悪い叱言《こごと》に負けない強さを見せたが、残念なことにこの面に関しての彼の記録には総じてばらつきがある。[18]

マッカーサーはやがて、ロバート・アイケルバーガーを第八軍の司令官にした。アイケルバーガーはブナで苦汁を嘗めた経験を教訓として兵に厳しい訓練を課し、以後の作戦では、それが十分生かされた結果となった。彼は、ビアク島では再びマッカーサーの「消防士」として働き、フィリピンでは、勇猛な突撃や創意工夫の才を見せるなど、目立った活躍をした。マッカーサーはアイケルバーガーとクルーガーがお互いを負かそうと一層努力することを期待して、両者を競わせるという使い古された方法を使った。この両者の競争の後、マッカーサーはアイケルバーガーに称賛の雨を降らせ、彼をねぎらった。しかし、クルーガーにしたように、アイケルバーガーを四つ星の階級に昇進させることはなかった。このことがアイケルバーガーの怨恨を買い、のちに彼がかつての自分のボスに対し、悪意に満ちた糾弾を始める所以となったのである。[19]

*

第二次世界大戦において、どのように、そしてなぜ、合衆国が太平洋で二つの進路を取ることになったかは、議論の尽きない議題である。「ドイツを第一とする」戦略が初めて提案されたのは一九四〇年の一一月、アメリカ海軍作戦部長であったハロルド・スターク提督からだったが、もっとも有名な提唱者として挙げられるのは、通常、ジョージ・C・マーシャルである。表面上の経緯は、自分の率いる南西太平洋方面軍の日本への侵攻に備え、自軍に兵力を集中させようとしたマッカーサーがこの政策への激しく絶え間のない異議申し立てを行い、その結果、マーシャルと統合参謀本部の同じように執拗な反対に遭ったように見える。しかし、多くのマッカーサーに関する論争と同じく、この話の現実もはるかにもっと複雑なものだった。

第一に、本来ならマッカーサーの冷酷な敵であるはずのアーネスト・キングでさえも、当初から、合衆国の豊富な物的資源は、大西洋と太平洋の両方の戦域で同時に攻撃戦を戦うことを可能にする、と認識していた。キングはまた、日本軍に防御を固めることのできる長い時間を与えるのは愚行であるとも信じていた。このように太平洋での軍事行動を遅らせること自体が愚かなことであるとすれば、真の問題はどのように戦力を配分するかだった。太平洋戦を継続するため、どのぐらいの軍備を太平洋へと転じることが許容されるのだろうか。このように「ドイツ第一」政策に関しては、マッカーサーにはまったく意外な味方がいたことになる。

もしもキングを、戦争初期に決められた「ドイツ第一」の戦略を変えようとするマッカーサーの味方の一人であるとするなら、イギリスも知らず知らずのうちに、また、もう一人の味方となっていた。歴史学者のマーク・ストーラーは、ソ連が戦争に参加し続けることが「勝利への鍵」であるという信念は、公然とはあまり影響を及ぼさなかったにせよ、紛れもなく合衆国の戦略上の中心的な柱として多大な影響力を持った、と記している。ソ連の参戦がなければヨーロッパでの戦争には勝てなかった。合衆国の戦略立案者は北西ヨーロッパへの迅速な攻撃はそのまま直接ソ連の参戦を支えることになると考えていた。一九四二年にヨーロッパに大々的な戦力を投入していれば、必然的に太平洋戦線への戦力投入はかなり緊縮したものになっていただろう。しかし、イギリス側が近い将来そのような大規模な攻撃を開始することには消極的である意思を示したことが、統合参謀本部にある行動を取らせることになった。ヨーロッパに大規模な戦力を投入することを一、二年遅らせることにより、それ以前の動員によって生み出された兵力をどこか違う場所に投入できる可能性が出てきたのだった。

ヨーロッパにおける攻撃を延期することにより、使用できるようになった兵力の多くを、太平洋に送り込むよう、統合参謀本部に決断させた要因は二つあった。現実に「ドイツ第一主義」という明言された戦略があったにも拘わらず、一九四三年末にかけて地上軍と航空軍それぞれにおいてヨーロッパと同等程度の軍備が太平洋に配置されたという、一見すれば逆説に取れる状況は、長いこと歴史家たちを不思議がらせてきた。要因の一つは、チャーチルとローズヴェルトの、オーストラリアとニュージーランドは決して敵の手に落ちてはならないという政治的な判断だった。とすれば、これらの国々と、さらに、それらの国々に繋がる太平洋上の補給通信網を守ることが必須となってくる。ミッドウェー戦の後でさえ、日本軍は南太平洋まで進出しており、西側同盟の坐骨ともいうべき輸送路を無意識のうちに踏みつけていたのである。輸送面での不足が一九四四年に向けての連合国側の戦略を形作っていた。一九四二年に日本が南太平洋に進軍したことは物資の輸送に持続不可能な負担がかかる危機を意味し、直ちに何らかの手を打たねばならなかった。

第二の要因は、あまり喧伝されなかったことだが、合衆国が太平洋に大幅な戦力を投資することは、日本を太平洋に引き止めておくことを確実にするためであり、つまり、ソヴィエトを助けるために北西ヨーロッパで攻撃戦を行うことに代わる最良の代替案である、と見なされたからである。表向きはアメリカ軍による対ドイツ攻勢を早期に行うようにという、ローズヴェルト大統領の命令に従い、それは一九四二年の北アフリカ戦として実現したが、その水面下では、無論マーシャルも承知の上、統合参謀本部は大量の部隊や航空機を太平洋へと転じていた。マッカーサーがずっと配給不足に悩んでいたのは、統合参謀本部の太平洋に対する無関心ではなく、世界的に輸送が不足状態だったこと、つまり、兵站の問題こそが原因だった。[20]

一九四二年三月に、太平洋における指揮権が分けられ、二手に別れた進路を取る可能性が出てきた瞬間から、アメリカ合衆国は果たして進路を一つに絞るべきか、そうであればどちらの進路を取るのかという議論が繰り広げられ、尽きることがなかった。マッカーサーにとって有利な進路である南西太平洋の進路の最大の利点は、地理的にもその進路がはっきりしており、南方の、日本の戦時経済が依存している天然資源の産地、特に石油への日本の補給線を断つには、より効果的なルートだということである。中央太平洋ルートの有利な点は、その広い海上で、合衆国の海軍力の優越性、特に、空母の力が存分に発揮できるところだった。また、このルートをとることは、日本本土を重爆撃機の攻撃範囲に入れることがより容易になることも意味していた。

しかし、両方の進路を同時に取る案を支持するもう一つの極めて重要な要素が視野に入ってきた。日本軍に対する連合国側の反撃は一九四二年八月のガダルカナル島に始まり、戦争が終わったのは、ちょうど三年後のことである。この三年間を二期に分けることができる。前半期である一九四三年一一月までは、マッカーサーとハルゼーは南西太平洋と南太平洋において、地理的に見れば非常に限られた前進しか果たせなかった。一九四二年八月以降一九四三年の一一月までにこれらの戦域で連合国軍が前進できたペースをもとに計算してみると、戦争を終わらせるのにあと二〇年はかかるはずだった。だが同時に、上記の前半期は日本を厳しい消耗戦に引き摺り込み、航空戦力の戦闘効率を著しく低下させ、軽量級の艦艇の戦力を大幅に衰弱させた。これらの損失が日本の空海戦力を弱体化した状況に追い込み、反撃の後半期になってから連合国軍が並外れたスピードで一気に日本の岸まで押し寄せる快進撃を可能にしたのであった。

この日本軍の疲弊という局面の重要性が認識されると、二正面戦術の優越性は明瞭になった。ソロモン諸島での帝国海軍の航空戦力とニューギニア島での帝国陸軍の航空戦力、そしてそれぞれの地域での海上戦力と同時に戦うことにより、連合軍は日本軍の消耗を大いに加速させていった。また、二つの別々の地域に脅威を与えることにより、日本軍のただでさえ不足していた補給物資を、さらに逼迫させていった。連合国側が制空権と制海権を掌握することで、日本の潜在的な地上戦力の優越性は無力化されてしまった。一九四三年の一一月以降でも、もし戦線を一つにした進路を取っていた場合、それは日本側に有利に働いていただろう。日本が連合国の前進を食い止めるために、不足していた物資をすべてその前線に集中させることができたからである。

二つの進路を取る戦術は日本の方向を定まらなくし、日本側は常に作戦の再調整を余儀なくされた。たとえば、ガダルカナル戦は一九四二年秋、日本にガダルカナルに優先的に戦力を投入する選択をさせ、その結果、ポート・モレスビーの攻略戦の中断を強いられた。さらに、ガダルカナル、のちのソロモン諸島と中央太平洋での連合国側の攻勢は、日本の航空戦力の優勢と海上戦力の大半を失わせた。しかし、マッカーサー本人は、日本の航空、海上の両戦力が自分の進路から遠ざけられているという、途轍もない幸運にまったく気付いてはいないようだった。

このような過去に遡っての査定はさておき、二つの進路による侵攻を選択した根本的な理由は、統合参謀本部がそれぞれの太平洋域の司令官のどちらか一方を採択することができなかったからである。面白いのは、「間違った」理由により採用された政策の方が、より「理性的な」方法で選ばれる政策よりも、いかにはるかに予想外の好結果を生んだか、ということだろう。

第7章　見習い期間

日本軍は、ガダルカナルとパプアでの敗北の後、編成と作戦を練り直した。陸軍大将今村均が帝国陸軍の南太平洋方面の上級司令部である第八方面軍を率いていた。その隷下の、安達二十三《はたぞう》将軍が司令官を務める第一八軍が、ニューギニア方面の作戦指揮を執ることになった。今村は西ニューギニアを固守する戦力を増強する時間稼ぎとして、東ニューギニアにおけるアメリカ軍の軍事作戦を遅らせる企てを考え出した。今村と安達はラエとサラマウアの日本軍陣地を第五一師団によって補強する決定を下した。

八隻の駆逐艦に護衛されながら、それと同数の輸送艦から成る艦隊がラバウルを出発したのは、一九四三年の二月二八日のことだった。艦隊は六四〇〇名の日本軍将兵、そして大量の物資を輸送していた。ウルトラ情報〔暗号の解読による情報〕と、そしてホワイトヘッドが新しく考案した戦術により、ケニーには戦う準備ができていた。非効率的な高空からの爆撃に代わり、ほとんどの連合国軍の攻撃パイロットたちは帆柱ほどの高さからちょうど石を水面で跳ねさせるようにして日本軍の艦艇に爆弾を投下していった。ケニーは三月一日から三日の間に三三〇機の航空機を投入し、四隻の駆逐艦を残してすべての艦艇を撃沈した。日本側は、この戦闘海域で沈没した艦船の乗船者及び乗組員の約半数を救助し、ラバウルへと引き上げた。マッカーサーの公式発表はこの戦いを「ビスマルク海戦」と銘打って、日本側にとっては「大々的な打撃」であり、日本は二度とこの地域において思い切った軍事行動を取らないであろうという、もっともな見方を明らかにした。*

マッカーサーによる「ビスマルク海戦」の公式発表は、日本側の損失を大幅に誇張（実際は八隻だった輸送船を一四隻、四隻だった駆逐艦を八隻と発表）していた。しかし、今回は、責められるべきはマッカーサーの創作の才ではなかった。公式発表自体が、無秩序に広がり混乱を極める戦闘の最中に航空士たちが記録したもので、そのだいたいは誇張されているという、よく起こりがちな申し立てをそのまま反映していたのである。この件に関しては、無線情報がその発表された数に明らかに誇張があったことを物語っており、海軍はマッカーサーに公式に訂正させようとした。マッカーサーとケニーは、ヨーロッパのアメリカ軍の航空司令官も、これよりも大幅な誇張とはいかないにしても同様の発表をしていると、もっともな怒りを表した。このエピソードの真の重要性は、これが、マッカーサーと海軍の間の軋轢がここに至って危険なほどに私怨的なものになっていたことを示した鋳型であるということだ。

三月の終わり、マッカーサーは統合参謀本部（JCS）より、新たな命令を受け取った。その新たな命令の内容は、紛糾の末にその最終目標をラバウルの攻略から「ビスマルク諸島を掌握すること」と変更し、一九四二年七月の指令を著しく修正したものだった。その他、認可された攻略目標地域のリストが一九四三年の終わりまでのマッカーサーの予定を占めていた。実は、この件のやりとりのなかで、マーシャルは、ニミッツを太平洋戦域の最高司令官にしようとする海軍の案を素気なく拒絶していた。拒絶された海軍は、今度は一九四二年七月の指令に明記されている、マッカーサーが最終局面での二つの戦いの指揮を執るという条項を反故にすることを試みたが、マーシャルはそれもはねつけた。マッカーサー自身は、参謀総長が常に自分を貶めるべく動いているという妄想に囚われていたが、このエピソードは、マーシャルがいかにマッカーサーを支持していたかを示す、また一つの例と言える。[1]

マッカーサーが一九四二年七月の指令にある任務のうち、任務二（Task Two）と任務三（Task Three）の指揮を執ることになったということは、ハルゼー提督がマッカーサーの指揮下に入るということを意味した。それに伴い、一九四三年四月、ハルゼーは新しい自分の上官のもとに挨拶に訪れた。他のすべての人間が驚いたことに――本人たちにとっても大いに驚きだっただろうが――ハルゼーはこう記している。「出頭して五分もすると、まるで自分たちが生涯の友人同士であるかのように感じてきた。あんなに素早く、鮮烈で好ましい印象を他人に与える人物はなかなかいない」。マッカーサーとの関係について、ハルゼーはこうも断言している。「彼は上官として、自分の決定を私に押し付けたことは一度もなかった」。同じくマッカーサーもハルゼーに対して好感を抱き、この二人の我の強い将校は非常にうまく協力し合った。[2]

＊

新しいカートホイール作戦は、統合参謀本部の新しい命令と当時投入可能だった戦力とをうまく合致させたものだった。総括すれば、八か月の間に約一三か所の侵攻と攻略を成し遂げるための柔軟性のある計画、ということになる。ハルゼーはソロモン諸島を北上し、ニュージョージア島経由でブーゲンビル島南部に向かうことになっていた。一九四三年のマッカーサーの達成すべき目標は、主にフォン半島（ラエ、サラマウア、フィンシュハーフェン、マダンの村々の辺りに範囲が定められた）とニューブリテン島西部の飛行場を支配下に収めることだった。ニューアイルランド島のカビエンは攻略されるはずだったが、ラバウルが切り離されそのまま置いておかれるか、それとも攻撃の対象になるかはまだ未定だった。マッカーサーは作戦行動の担当にウォルター・C・クルーガー将軍を据え、マッカーサー指揮下のアメリカ野戦軍である第六軍を指揮させた。本来ならばアメリカの地上軍はブレーミーの指揮下に置かれるはずだったが、合衆国政府にもオーストラリア政府にも相談せず、また、ブレーミーからのそれほどの抗議もないまま、マッカーサーは自分の地上軍を、アメリカとオーストラリアのそれぞれの国籍により、また、命令と任務別に実質上、分割した。ブレーミーのオーストラリア軍は一九四四年の初頭にかけてニューギニアでの作戦を遂行する予定だった。その一方で、マッカーサーはアラモ・フォースというニックネームを持つ第六軍の指揮を執るのにクルーガーを指名した。その第六軍には今や三つの師団（そのうちの一つは海兵師団）と、別の歩兵連隊、歩兵として参戦していた騎兵連隊、そしてパラシュート歩兵連隊も加わっていた。しかし、第三二歩兵師団と第一海兵師団が長期の休養期間を要したため、クルーガーが実際に配備できる兵力は、その数を随分下回っていた。

カートホイール作戦の開始前に、日本軍はマッカーサーとハルゼーに対し、合計約一二万三〇〇〇人の地上部隊を投入してきていた。マッカーサーが攻撃を予定していたニューギニア島の北岸の守備にはそのなかのおよそ五万五〇〇〇人があたっており、約一万五〇〇〇人がラエとサラマウアの一帯に、二万人がマダン付近に配備されていた。ハルゼーの最初の目標であるニュージョージア島には一万五〇〇〇人ほどの守備隊がいた。日本軍は南東地域に五四〇機の航空機を配し、そのうちの三九〇機が飛行可能な状態だった。陸、海、空を合わせ、マッカーサーとハルゼーは、日本軍を数ではるかに勝る戦力を有していた。

カートホイール作戦の序盤に、大きな動きは見られなかった。六月三〇日、海軍少将ダニエル・バーベイの第七揚陸部隊は、この南西太平洋における最初の本格的な水陸両用攻撃において、パプア島の尾端の東に位置するウッドラーク島やキリウィナ島の占拠に向かうアメリカ軍部隊の搬送にあたった。それらの島々の航空基地としての有用性はそれほどではないことが後に分かったが、その時の作戦はその後のバーベイの作戦のすべての雛型として非常に有用なものとなった。同時に、この時に岸から岸への輸送を行ったことを契機として、予定されていたラエへの進軍のための上陸用舟艇の主要前進基地として、ニューギニア北岸のナッソー湾を確保することにもなった。[3]

マッカーサーが、だいたいにおいて無血のうちにキリウィナ島、ウッドラーク島、ナッソー湾を掌握したのと時を同じくして行われたのが、ハルゼーによる、六月三〇日のソロモン諸島の中央部にあるニュージョージア島への攻撃だった。地上作戦は一〇月六日まで続いた。およそ二五〇〇人の日本兵がニュージョージア島で戦死した。上陸時において、アメリカ軍だけでも損害は戦死者一一二一名、戦傷者三八七三名に上った。帝国海軍は、合衆国海軍に二つの戦術上の後退を余儀なくさせ、両者ともに多大な航空戦力の損失を記録したが、日本側の損失は、さらにひどかった。結果として連合軍は島を手に入れはしたが、この時の陸、海の作戦の真の栄誉は日本側が手にした。[4]

＊

戦後、戦争当時総理大臣だった東条英機は、日本の敗北の三つの主な要因として、蛙跳び作戦、アメリカの潜水艦による通商破壊、そしてアメリカの航空母艦が持つ、長期間、連続して海上に留まることができる能力を挙げている。ニュージョージア島に続く次の目標は一見すればコロンバンガラ島だったが、ハルゼーはその島を抜かし、その代わりに防御の甘いベラ・ラベラ島を攻略した。これが連合軍側による太平洋戦域における蛙跳び作戦、別名飛び石作戦の最初の計画的な例となった。それ以前には、日本軍側がフィリピンを攻略する前に、まずオランダ領東インドを手中に収めるために、一旦フィリピンを素通りした例があった。[5]

この作戦の構想自体は、目新しいものではなかった。一九四〇年の海軍大学校の研究で、カロリン諸島のトラック島を直接攻撃するのにマーシャル諸島を迂回する案が考察されている。一九四三年初めには、キング提督やニミッツ提督と同じく、ローズヴェルト大統領もこの作戦を推奨している。アッツ島の攻撃において、連合軍として初めてこの構想を起用したニミッツの功績を評価する人もいる。ニミッツはアッツ島攻撃の前にキスカ島を飛ばしていたが、それは飛び石作戦を計画的に適用した結果ではなく、単に一つの軍事作戦のための戦力しか持っていなかったからだった。ハルゼーの参謀将校の一人はニュージョージア島を飛ばすことを訴えたが、却下される結果に終わっている。ニュージョージア島の一件がもたらした疑う余地のない一つの恩恵は、ハルゼーがコロンバンガラ島（日本軍はここを第二のニュージョージア島として戦う準備をしていた）を飛ばし、防御の甘い（そして魅力的な響きの名前を持つ）ベラ・ラベラ島を攻略するという案を受け入れる反応を見せるようになったことだろう。ニュージョージア島の戦いがまだ終結していなかった八月一五日、ハルゼー配下の海軍は第二五歩兵師団に属する、増強された一個連隊をベラ・ラベラ島の南東に上陸させた。日本軍は空からの猛烈な抵抗を試みたが深刻な損害を受け、自軍が受けたのと同等の損失を敵に与えることはできなかった。あとに続いたニュージーランド軍の第三師団が、一〇月三日までに最後に残った日本兵を島から駆逐した。ニュージョージア島との際立った対照は、連合軍の犠牲者の総数が、アメリカ軍は二六名の死者、ニュージーランド軍は三二名の死者、両軍合わせて一四〇名の負傷者だったことである。[6]

マッカーサーのキリウィナ島、ウッドラーク島、そしてナッソー湾への侵攻が、ウェワクとマダンの外郭防衛拠点としてラエとサラマウアを守り抜こうとする日本軍の注意を逸らすことはなかった。ビスマルク海での敗北後、日本軍の兵站の機能が停止したことで、島内に残された約一万人の防衛部隊は栄養失調と疾病に苦しめられた。効果的な防衛には航空戦力が不可欠という認識から、大本営はウェワク地区に陸軍の第四航空軍を派遣した。

一九四三年八月、ブレーミー将軍が、ニューギニア島への新たな攻撃を監督するためポート・モレスビーに到着した。しかしながら、実戦での指揮はドボデューラのオーストラリア軍第一軍団の司令部のE・F・ヘリング少将が執った。彼らの目下の目標はニューギニア島の北岸のラエと、ラエの北西の内陸部に位置するマーカム・バレーとラム・バレーだった。それらの谷間には飛行場に適した、平らな砂地が広がっている場所があった。またラエの村は、次々と到着する物資を、そこから内陸の航空施設へと運ぶ港として機能することが見込まれた。ナッソー湾からサラマウアを攻撃すると見せかけて日本軍の主力をサラマウアにおびき寄せ、その一方で、第五一師団を切り離すために背後から攻撃をかけるという計画の枠組みを考え出したのは、ブレーミーの手柄だった。

ラエへの攻撃には非常に手強い作戦上の難関がいくつかあった。地形的に見て、地上からの大軍による拡張的な攻撃は不可能だった。マッカーサーは大規模な水陸両用作戦の実行に足りる数の艦船を持たず、また、ラエに大々的な空からの攻撃を加えるのに必要な数の航空機にも欠いていた。したがって、軍備の限界と地形という条件から、上陸作戦と、空爆に続いてその後一師団を空輸、投入する航空作戦を同時に行うという計画を選ばざるを得なかった。

マッカーサーとブレーミーは、オーストラリア軍第三師団（合衆国軍第一六二歩兵連隊も加えられていた）を、ナッソー湾からサラマウアへ進軍する振りをする、という陽動作戦に投入することを決定した。だが、ケニーのもっとも優秀な部下であるエニス・ホワイトヘッドは、ナザブを空挺攻撃し、いわゆる「裏口」からラエを陥落させる独創的な構想を考え付いた。ラエの北西に位置するマーカム・バレー内のナザブには戦前からの飛行場があり、計画は空挺攻撃の後にラエの村へと行軍する、というものだった。その一方で、ケニーはウルトラ情報からニューギニア島の日本軍の航空戦力が増強されることと、それにはウェワク地区の飛行場施設が重要な役割を果たすであろうことを知った。ウェワクの場所が日本軍に選ばれた理由はまさに、そこが連合軍の護衛を伴った爆撃機の飛行可能範囲の外にあったからだった。ケニーはウェワクを攻撃する爆撃機を護衛できるよう、配下の戦闘機の飛行距離を伸ばすために極めて斬新なアイデアを考案した。人を寄せ付けない極めて厳しいニューギニア島の地形のため、両軍の戦闘員の参入は通常、海岸沿いの飛び地のみに限られ、内陸部には広く無人地帯が広がっていた。ケニーは彼の部下のなかからホワイトヘッドに続き、もう一人、ポール・ワーツミスを選ぶという正しい選択をし、ワーツミスのおかげでウォータット川沿いの Tsili Tsili（シリー・シリーと発音する）という地の「秘密」の草地の滑走路が利用できるようになった。それらの滑走路はケニー配下の戦闘機の飛行距離内の最西端にウェワクを入れることを可能にする中継基地となった。滑走路の建設に必要とされた驚くような創意工夫のなかには、C－47輸送機に搭載するためトラックを二つに切断し、後でそれを溶接することなどが含まれていた。[7]すべての準備が整い、八月一七日、ケニーはウェワク地区にある帝国陸軍の第四航空軍が本拠地とする四つの飛行場を攻撃した。このような報告にありがちなことだが、ケニーはその月の終わりまで続く空爆で合計二〇〇機の日本軍機を破壊したと主張している。実際には、実戦に投入可能な一二〇機のうち八〇機が破壊された。[8]

ケニーの空爆は重大な変化を生じさせた。一八か月の間、マッカーサー直属の海軍司令官たちは高速魚雷艇か、もしくは上陸用舟艇以上のものをニューギニア島の北岸沿いの近海に展開させることを拒絶してきた。海軍側は海図に載っていない岩礁の危険性とともに、日本の航空部隊からの攻撃にも晒される危惧を申し立てた。歴史学者であると同時に海軍の支持者でもあるサミュエル・エリオット・モリソンでさえこの意見には憤りを見せているが、同時に、ケニーの戦闘機が援護を行えるしっかりした体制がなかったという公正な指摘もしている。しかし、ひとたびケニーがウェワクを叩くと、海軍は初めて爆撃のためにニューギニア島北岸のフィンシュハーフェンまで軍艦（駆逐艦四隻だけではあったが）を出動させた。[9]

九月四日、ついにケニーの望む通りの気候が訪れると、多方面からの攻撃が開始された。（この日に開始されたのは幸いだった。というのは、変わりやすい気象状況のせいで、一日でも遅れていたら作戦全体が滅茶苦茶になっていたことがまもなく明らかになったのである。）オーストラリア軍の第九師団（G・F・ウートン少将麾下）の傘下の二つの旅団、計七八〇〇名が九月四日の明け方、ラエの東、日本軍の大砲の有効射程圏外に上陸した。第二波として、九月の五日と六日の夜、同師団の三番目の旅団と、オーストラリア兵二四〇〇名が上陸した。あるオーストラリア兵による戦中日誌に拠れば、この時の海上輸送の様子を「長く続く艦船の列は恐ろしくも感動的な光景」だったと描写している。だが、モリソンは、「老水兵」の目にはその寄せ集めの集団は非常に「奇異」に映った、とより事実に近い述懐をしている。バーベイの第七揚陸部隊は駆逐艦を改装した高速輸送艦（APD）、大型戦車揚陸艦（LST）、歩兵揚陸艇（LCI）、そして小型戦車揚陸艇（LCT）を所有し、一方で、第二工兵特別旅団は上陸用舟艇のみを所有していた。駆逐艦より大型の艦船が小艦隊を護衛することはなかった。第九師団はすでに地中海での諸作戦において優れた評判を誇っていたが、日本軍を相手にした軍事作戦はこれが最初だった。さらに、この作戦は一九一五年のガリポリ半島以来、オーストラリア軍が実施する最初の上陸作戦だった。幸いにも、ラエの上陸作戦はこの上なく上首尾に進んだ。日本軍の空からの猛攻による被害の方がこの時の上陸時の損失を上回った。[10]

＊

九月五日の作戦は、マッカーサーが目にするもっとも壮観な軍事的光景の一つとなった。それまで、この戦争での連合軍側の空挺作戦はどれも期待外れに終わり、その有効性そのものが疑問視されていた。マッカーサーはケネス・H・キンスラー大佐の率いる第五〇三パラシュート歩兵連隊（屈強なオーストラリア軍の砲兵小分隊も一緒だった）にナザブの飛行場に降下する命令を下した。工兵たちが粗雑な作りの飛行場の設備に改良を加えることになっていた。オーストラリア軍第七師団（ジョージ・A・ヴェイシー少将麾下）の大部分を搬送するために絶え間なく離着陸するC－47に対応可能な設備にする必要があった。それからオーストラリア軍はマーカム川峡谷を下って侵攻し、東から進む自軍第九師団と北西から進む第七師団をもってラエを挟み撃ちする予定だった。

九月五日の朝、九六機のC－47が午前八時二五分に離陸を始めた。輸送機は編隊を組み、先導と護衛をするケニーの戦闘飛行隊と予定された時間きっかりに合流した。機動部隊は、八つの別々の飛行場から飛び立った合計三〇二機の航空機から成っていた。

C－47は、マーカム川を目指して轟音を上げながらワッツッツ・バレーを進み、徐々に高度を四〇〇フィートから五〇〇フィートの間に下げていった。各機内では、空挺隊員たちが立ち上がり、装備を整え、降機用のドアに向かって整列していた。C－47がナザブに近付く頃、敵からの抵抗を封殺するため、完璧なタイミングでB－25の六つの飛行中隊がそれぞれ先端に搭載された八丁の〇・五〇インチ口径の機関銃と六〇個の破砕爆弾で辺りを一掃した。最後の爆弾が破裂するのを見計らって六機のA－20が低空を飛行し、降下地帯を覆い隠すべく煙幕を張った。午前一〇時二〇分頃、八一機のC－47は第五〇三パラシュート歩兵連隊の三個大隊を四分半の間に全員降下させた。降下の際に三名の死者と三三名の負傷者が出たが、日本軍からの抵抗はなかった。[11]

ケニー麾下の戦闘機の飛行中隊が、眼下で繰り広げられる壮大な空挺作戦を見守りながら旋回を続けていたが、日本軍の反撃は見られなかった。そのはるか上空では、すべてを見下ろしながら巡回する三機のB－17があったが、そこにはマッカーサー、ケニー、そして上級参謀たちが搭乗していた。マッカーサーはケニーに、自分が乗り物酔いで気分が悪くなり、自らが「子供たち（キッズ）」と呼ぶ若い兵たちの前で醜態を見せるのではないかと心配していたと認めた。オーストラリア軍とアメリカ軍の工兵たちがナザブの航空設備を非常に手早く改良したので、その日の午後にはヴェイシーのオーストラリア軍第七師団が到着し始めた。[12]

ナザブの作戦の独創的な発想、計画と遂行はケニーと彼の部下の優秀さを示す良い例である。さらに、マッカーサーがナザブにおいて第五〇三パラシュート歩兵連隊を成功裡に登用したことは広範囲にわたる影響を及ぼした。一九四三年七月のシシリーにおける、犠牲が大きい割には効果の得られなかった連合軍の空挺部隊の働きは、陸軍の上級指導者たちの間で、空挺攻撃という構想自体への信頼を揺るがせた。アイゼンハワーに至っては、自分は空挺師団の利点を認めないと言い放っている。ナザブでの勝利は陸軍の地上軍内で影響力のある司令官、レスリー・J・マクネアに、プログラムそのものを縮小し、空挺作戦を大隊規模のものに限定するという計画の中止を決意させた。マクネアは空挺作戦の提唱者たちに第二のチャンスを与えることにし、その後さらに、第一一空挺師団の活躍がマクネアに陸軍の空挺師団を維持することを確信させた。のちに、第八二と第一〇一空挺師団の働きがノルマンディー上陸にとって絶対的に不可欠だったことが明らかになった。マッカーサーの指揮が太平洋で成功を収めたことが、D－デイの攻撃に必須であった要素に間接的に貢献したこととなった。[13]

*

オーストラリアの公式の戦史に拠れば、南西太平洋で戦ったオーストラリア兵の多くは、「怒れる兵よりも、荒れ狂う自然の方が恐ろしかった」、と意見が一致するという。ラエを攻略しようとするウートンの第九師団の進軍を妨げたのは、だいたいにおいて、手強いが数はわずかだった日本の防衛隊の兵たちよりも、「荒れ狂う自然」の方だった。多くの河川がその行く手を阻んだ。最悪のケースはいくつもの急流が渦巻くバス川で、ある大隊では、流れを渡ろうとして一三人もの兵が命を落とした。[14]

一方、ヴェイシーの第七師団から先遣された旅団は、ナザブからマーカム・バレーに沿ってラエに進軍を始めていた。しかし、悪天候のため九月一〇日から一二日の間、現地への空輸が途絶えた。連合軍側が入手した日本軍の命令から、帝国陸軍は九月八日にラエからの撤退を予定していることが明らかになり、必然的に、オーストラリア軍の将軍たちはラエへの到着を早め、日本軍がフォン半島を横切って北東のシオへ向かう退路を断つことを迫られた。九月一五日の夜明け、第九師団はラエから約二キロの地点にあり、第七師団の方はといえば、ラエから約一一キロの地点で日本軍のさらに激しい抵抗に遭っていたため、当初は第九師団が目的地に先着するはずであると思われていた。ところが、第七師団傘下のケネス・イーザー准将の率いる第二五旅団が、二個大隊をもって抵抗する日本軍をその場に立ち往生させ、その間に准将自らが三番目の大隊を率いて――文字通り、ピストルを振り回しながら疾走する突撃隊のように――その日の正午過ぎ、ウートンの第九師団よりも先に、ラエへとなだれ込んできた。[15]

この作戦中、オーストラリア軍の第七師団と第九師団は、合わせて一八八名の死者と五〇一名の負傷者を出した。両師団により日本側が被った犠牲者の数は二二〇〇名で、その多くは第五一師団の兵だった。憔悴した日本兵はよく戦ったが、彼らの上に立つ者たちの選んだ戦術に問題があった。日本軍はバス川の氾濫により第九師団の到着が遅れたことでかろうじて全滅を免れた。およそ八〇〇〇名の日本兵が一〇日分の半分の配給量でラエから山々を越えて内陸の退路を辿った。実際に撤退にかかった日数は二六日で、約二〇〇〇名が餓死する事態となった。[16]

＊

ソロモン海中央部での敗北の直後に、ラエとサラマウアの陥落、アリューシャン列島からの撤退が続き、大本営は日本の防衛範囲を縮小する必要に迫られた。東京の司令部はこの新しい防衛線を「絶対国防圏」と崇めた。それはニューギニア西部からカロリン諸島、マリアナ諸島まで及んだ。ギルバート諸島、マーシャル諸島とともに、南東地域は、「防壁」または前哨線として長引く防衛戦を戦うよう命令が出された。帝国陸軍の参謀将校たちは、マッカーサーが一度に移動する距離は指揮下の戦闘機の飛行距離である約三八六キロメートルから四八三キロメートルの範囲であるというパターンを割り出していた。各移動の準備には二か月を要していた。このようにして、日本軍はマッカーサーがニューギニア西部に到達するには八か月から九か月を要すると計算し、それまでにはそこを要塞化することができると踏んだ。

今村将軍と、彼と同地域にあたる南東方面の海軍の司令官である草鹿任一《くさかじんいち》提督は、ソロモン海に浮かぶブーゲンビル島と、ニューブリテン島、また、ニューギニア島のフィンシュハーフェンの死守に希望をかけていた。当時、第三八師団はラバウルにおり、第六五旅団はニューブリテン島を守っていた。ニューギニア島では、第五一師団がラエとサラマウア一帯から撤退している最中であり、第二〇師団はマダンとラエの間で道路を建設中で、第四一師団はウェワクの守備にあたっていた。九月四日に連合軍がラエに上陸し、安達は、約一〇〇〇人の守備兵を置いていたフィンシュハーフェンが狙われる可能性に気付いた。安達は第二〇歩兵団長中井増太郎少将にカイアピットにある、フィンシュハーフェンへと通じる地点を封鎖するため、師団に属する一個連隊を率いて現地に赴く任務を与えた。母体である第二〇師団はフィンシュハーフェンへと約三二一キロの道のりを行軍することとなり、九月一〇日にようやく出発した。

同じ頃、マッカーサーはブレーミーやアメリカ軍の部下たちから挙げられた一連の候補案を分析し、今後の行動方針を決めていた。九月一五日、マッカーサーはマーカム・バレーの入り口にあるカイアピットと、ボガジムの約四八キロメートル南に位置するダンプの攻略をブレーミーに命じた。さらに二日後、マッカーサーはブレーミーの攻撃目標リストにフィンシュハーフェンを加えた。[17]

九月一九日、オーストラリア軍の独立した一個(特殊)中隊が、大胆な作戦行動によりカイアピットを陥落させた。ケニーは第七師団の二つの旅団を空から輸送し、そのうちの一つの旅団が一〇月六日までにダンプを制圧した。第七師団はその後、フィニステール山脈の山中において、一九四四年の二月まで中井の指揮下の兵を相手に長く困難な戦いを繰り広げる。この頃までには場数を踏んだ第七揚陸隊がウートン麾下の第九師団をラエで迎え、九月二二日、北に約一三二キロメートル離れたフィンシュハーフェンに送り届けた。

フィンシュハーフェンを攻略した後、オーストラリア軍は、海岸堡の上に聳えるサテルバーグ・ハイツの四〇〇〇名の日本の防衛軍を降伏させる任務に取り掛かった。ウートンは、日本兵をおびき寄せる方が得策であると賢しく考え、その通り実行した。一〇月一六日から、日本軍は陸、海両面から激しい攻撃に晒された。サテルバーグ・ハイツの攻防をめぐる激しい戦いは一二月まで続いた。ウートンはさらに、一月一五日までにシオも陥落させた。[18]

*

マッカーサー麾下のオーストラリア軍が、フィンシュハーフェンからシオへと進みゆくなか、ハルゼーはラバウルに迫っていた。日本側にアメリカの次の動きをわざと読ませるための陽動作戦を、トレジャリー諸島、チョイスル島において行った後、一一月一日、ハルゼーは、第三海兵師団をブーゲンビル島の西側のなかほどにあるエンプレス・オーガスタ湾に上陸させた。この動きはブーゲンビル島の南端に配置された、より強力な日本軍の部隊を避けたもので、日本側にとっては青天の霹靂であった。工兵たちがすぐに航空基地を準備し、そこからラバウルは連合軍の戦闘機が飛行できる距離に入った。一九四三年一〇月から一九四四年二月にかけて、ハルゼーとマッカーサーの指揮下のパイロットたちはニミッツの高速の空母からの時機を見計らった攻撃に援護されており、そのためラバウルに配備されていた日本の航空部隊は壮烈な空中戦のなかで凄まじい損失を被った。日本軍はまだ修理中の母艦飛行群を投入せざるを得ず、壊滅的な打撃を受けた。最終的に、日本側は航空戦力が摩滅していくのを食い止めることができず、退却していった。エンプレス・オーガスタ湾周辺での大々的な日本の反撃は一九四四年三月に鎮圧された。[19]

時を同じくしてマッカーサーは、自身の軍の進路の右側面を守るという必要性から、ビチアス、そしてダンピアの両海峡の東端となるニューブリテン島の海岸上の数カ所の地点を攻略する計画を立てた。多くの議論と検討が重ねられ、その計画は、一九四三年一二月中旬から一九四四年三月にかけて、陸軍の一個連隊（第一一二騎兵連隊——歩兵連隊として戦っていた）がアラウェ島（哨戒魚雷艇の基地にすることを目された）を、第一海兵師団がグロスター岬（飛行場にする予定だった）をそれぞれ攻略する結果を生んだ。海兵隊は泥と雨にまみれた悲惨な状況で困難な戦いを強いられた。これらの作戦は、それまで陸海空の三次元にわたる日本軍との二年間の苛酷な戦いにより、アメリカ軍が慎重になっていた姿勢が見られる最後の例となった。両作戦は非常に手堅く計画されていたが、振り返ってみれば、無用の用心であった。

一九四四年一月二日、マッカーサー軍の新たに向上した効率性を反映して、間髪を容れず第一二六連隊戦闘団（第三二歩兵師団に属する）がセイダーに上陸した。この動きは、およそ一二〇キロメートル東のシオの強力な日本軍を回避しただけでなく、一方はシオ付近に駐屯し、残りはウェワクとマダンに集まっていた日本の第一八軍を分断することにもなった。今村は重大な選択を迫られた。セイダーを攻撃するか、シオにいる軍をマダンまで退却させるか、である。彼は後者を選択した。運命を分けた決断だった。分断された日本軍は苦難の多い内陸の退路を、山を分けて進んだ。配給は非常にわずかで、空からの偵察を避けるため移動を行うのは夜間だったが、夜になると温度は急激に下がり骨の髄まで冷えた。飢餓と疾病、疲労が重なり、必死の彼らが次のアメリカ軍の目標だと信じるマダンに到着する前には、帝国陸軍の二万人はすでに半数になっていた。[20]

第8章　突破口

二〇か月の間、この戦域の指揮を執ってきたマッカーサーの指揮能力は、この時期まで疑問視されていた。だが彼に対する評価は、一九四四年一月までには徐々に尊敬を得るまでに変わりつつあった。しかし、それは伝説的と呼ぶにはまだ程遠かった。ニューギニア島の北岸沿いにわずか約四八三キロメートルという移動距離は、割合からすれば全行程の五分の一に過ぎない。地平線の彼方の東京へ辿り着くには、その速さで動くなら二一年以上かかることになる。一方、マッカーサーのライバルであるミニッツは一九四三年一一月、ギルバート諸島を通過し、一九四四年一月にはマーシャル諸島へ向かい、中部太平洋を約三二〇〇キロメートル進むという大躍進を遂げていた。一九四三年一二月、統合参謀本部（JCS）はマッカーサーの提案する、ミンダナオ島の攻略以上のいかなる作戦計画も認可しようとせず、マッカーサーはこの赤道近くで、戦略上では僻地ともいうべき地域に左遷されたまま、その軍歴を終えることにもなりかねなかった。

しかし、一九四一年初頭、マッカーサーの軍歴が彗星のように消えて終わると思われた時とちょうど同じように、この時ある出来事が――マッカーサー自身は、おそらくそれを運命だと思っただろうが――起こった。地球規模で繰り広げられる戦争の広大な戦域のなかで、極めて小さなある出来事が並外れた影響力を持つことがあるが、この時起こったのは、まさしくそれだった。日本の第二〇師団がフォン湾の一帯から命からがら撤退していく途中、ある無線偵察小隊は、暗号表をはじめその師団の暗号関連の書類一式が入った鉄製の櫃を、それ以上人力で運ぶのは、無理だと悟った。湿気と身に迫った危険から、その場で中身を焼却することは不可能だった。慌てふためき疲弊し切った日本兵たちは、その鉄製の櫃をシオ近辺の河原の側に埋めた。その後、オーストラリアの部隊がシオに到達した時、爆弾が仕掛けられている危険を恐れた彼らはある若い自軍の工兵に金属探知機で辺り一帯をくまなく調査するよう命令した。そのようにしてこの工兵により埋められていた鉄製の櫃が見つかり、名前は知られていないが、ある諜報将校がその櫃の中身が計り知れないほど貴重なものだと気付いた。一九四三年六月、中央局が帝国陸軍の通信内容の解読に初めて成功した頃は、その内容を実戦に役立てることができるほどに解読の速度と量を上げることはできなかった。しかし、この貴重な発見のおかげで、マッカーサーの暗号解読者たちは月に数百通だった解読のスピードを月に二万通にまで上げることができたのである。[1]

このように、中央局が、このウルトラと呼ばれる帝国陸軍に関する情報をもたらすことができるようになったことが主な契機となり、マッカーサーには新たに大胆なスケジュールを組むことが可能になった。この大発見以前、マッカーサーにとって日本陸軍の出方を窺い知ることは難しかった。そのため慎重にならざるを得ず、したがってこの発見以前に立てられていた計画での目標は、ハンザ湾までの数百キロメートルという地点に限られていた。日本側はこの動きを読み、その予想に従って兵を配置していた。帝国陸軍の通信内容を知ることは、通常の、いわゆる「戦争の霧」と呼ばれる作戦上の不確定要素を排除することになり、マッカーサーには、戦局が展開するチェスボードが突如、全体としてはっきり見えることとなった。ウルトラ情報は単に日本軍の主力編隊の正確な配置だけではなく、日本軍の司令官たちが実際に何を考えているかまでを伝えていた。安達の第一八軍の三師団は、ウェワクとハンザ湾の辺りでマッカーサー配下のオーストラリア、アメリカ両軍とのさらなる対決に備えるべく必死に準備を進めていたが、ウルトラ情報によって、それらの戦力とサルミに駐屯する二番目の主力編隊となる第三六師団との間には六〇〇キロメートルほどの間隔が開いていることが分かった。この帝国陸軍が集まった二地点のおよそ中間にアイタペとホーランジアがあり、そこにいるのは、主に後方支援部隊と航空部隊だった。ここでウィロビーが、ハンザ湾を飛び越えてホーランジアへと進むという計画を提案した(彼はこのように日頃自分が犯す間違いを補うようなこともあった)。G-3(作戦)の立案課の長であったボナー・フェラーズ准将はこの案に熱意をもって賛同したが、フェラーズの上司にあたる、同じくG-3の用心深いスティーヴン・チェンバレン少将がこれに反対した。フェラーズは戦術上の迂回のテクニックを参謀内で適用し、マッカーサーに直接掛け合った。注目すべきことに、第一次世界大戦のコート・デ・シャティヨンでの時と同じく、ここでもマッカーサーは他人の計画を自分のものにすることで、第二次世界大戦での彼自身のもっとも偉大な勝利を手にするのである。チェンバレンは命令の不服従を理由にフェラーズを罷免するが、マッカーサーはフェラーズを自分の秘書官にすることで彼を労《ねぎら》った。

大胆な跳躍を始める前に、進路の脇を固めることと、最終的にラバウルをどう処理するかという問題が残っていた。ここでもウルトラ情報が役立ったが、それは非常に違ったかたちでの貢献だった。一九四四年の一月から二月にかけて、ケニー麾下の航空隊員たちから日本の航空隊からの反撃

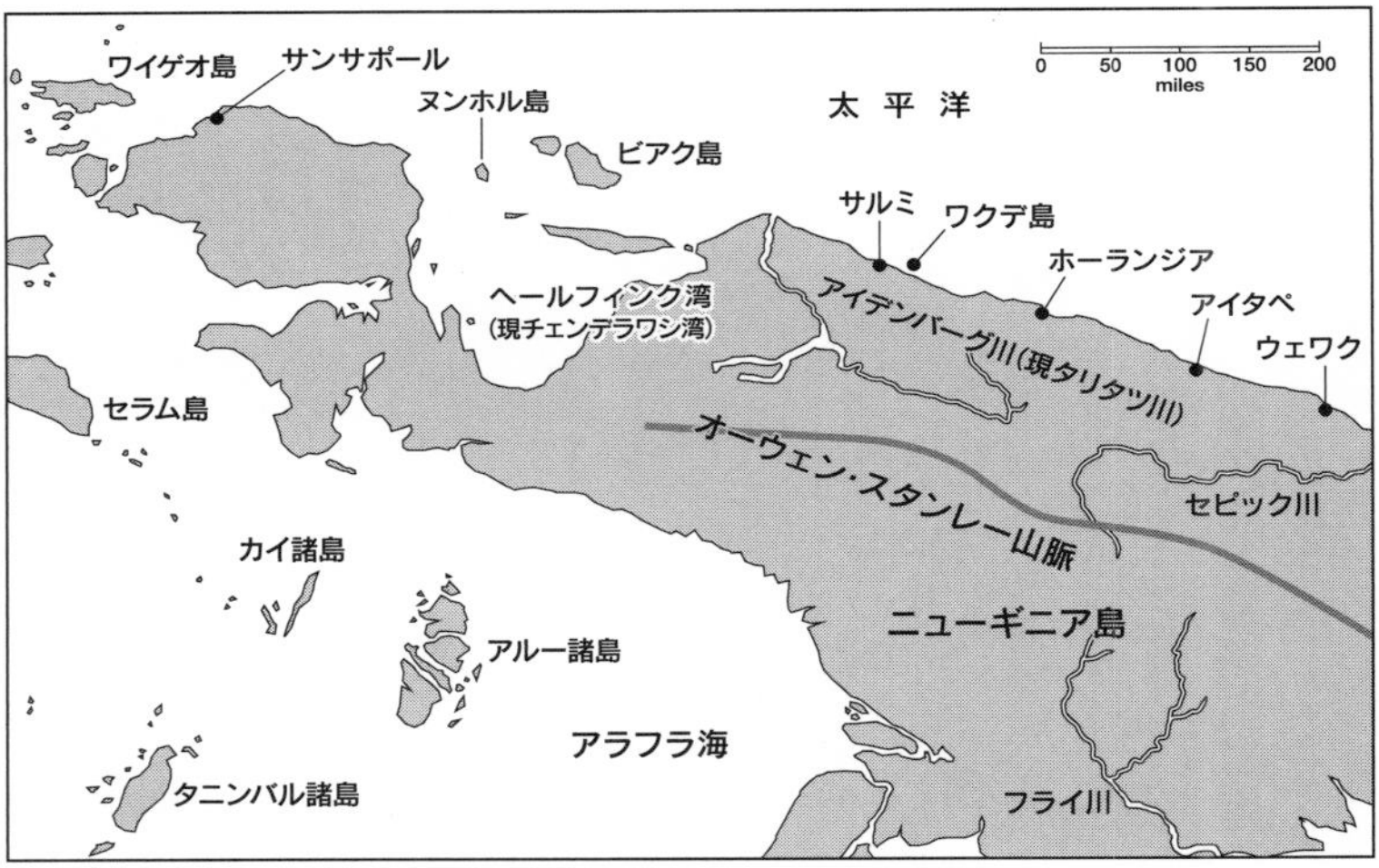

地図 4：ニューギニア西部

が見られないことが報告され、彼らはアドミラルティ諸島のなかのロスネグロス島には、もし日本軍が残っていたとしても、その兵力は非常に少ないだろう、と主張した。これに対してウィロビーは、ロスネグロス島にはかなりの規模の日本の守備隊がいる（三二五〇名と予測されたが、実際には三六四六名で、これは無線諜報に拠る情報だった）という、正しい見方を示して警告していた。二月二四日の夕方、ケニーはマッカーサーに、この機に乗じて、すぐに「まとまった数の偵察隊」をロスネグロス島に送るべきであると進言した。もしこれが成功すれば、南西太平洋方面軍は一か月も日程を早めることができ、まだニミッツとのレースに勝つチャンスがマッカーサーに残されることになる。マッカーサーは侵攻の日を二月二九日と決めた。

侵攻戦力の構成は、ウィリアム・C・チェイス准将麾下の第一騎兵師団からの一〇〇〇名の分隊だった。マッカーサーも軽巡洋艦フェニックスに乗り込み、これに同行した。途中で、クルーガーが用心して先に送った偵察隊から、島には「日本兵どもがうようよしている」と報告を受けたことをマッカーサーは知った。しかし、マッカーサーは計画を中止することなく、水兵たちと気軽に会話を交わし、愛想良く多くのサインの求めに応じるなどしてリラックスして時間を過ごした。

歴史家のエドワード・ドレアが冗談めかして書いているように、ロスネグロス島の日本軍の司令官、江崎義雄大佐には「アメリカ軍は絶対に、こせこせしたことはしないと分かっていた」ため、彼は、アメリカ軍は島の北部の壮大なゼーアドラー湾から大軍を率いて上陸すると予想し、その予想に従って自軍の配備を行っていた。それとは裏腹に、アメリカ軍の騎兵師団員たちは日本側が予期していなかった東側の浜辺から奇襲上陸を実行し、二時間後には飛行場を占拠した。その日の午後、マッカーサー自らチェイスとともに占拠した地域を視察した。マッカーサーは気さくな様子で辺りを大股で歩き回り、「ダッグアウト・ダグ」という、中傷を連想させるような素振りはまったく見せなかった。日本軍の防衛隊の一団が構える小銃の射程距離で何分も過ごした後、マッカーサーは反対側には何百もの日本兵が居並ぶ滑走路へと歩いて行った。狙撃兵が撃った弾が彼の周りで音を立てたが、マッカーサーはまったく意に介さないように冷静さを保っていた。[2] 彼の副官であったロジャー・エグバーグは、自分自身は思わず地面に身を伏せようとする衝動に駆られたと告白しているが、マッカーサーに後日、この時のことを聞いたそうである。マッカーサーは、自分には第一次世界大戦の時の幅広い戦闘体験に基づいた、戦闘状況についての本能的な勘のようなものがあると説明した。ロスネグロス島では直感的に、日本軍は反撃の機会を狙って集まっていたので、マッカーサー個人に注意を払っている場合ではないだろうと判断した、ということだった。[3]

マッカーサーはチェイスのそれまでの手際を褒め称え、予期される日本軍の反撃に備えるよう注意し、増援隊の派遣を約束したのち軽巡洋艦フェニックスに戻った。次の数日間で島内の騎兵師団員やシービーズと呼ばれる海軍の建設工兵隊の数は次第に増えていき、日本軍の猛烈な反攻を撃退した。三月の末までに、アメリカ軍は新たに手に入れた飛行場に自軍の航空機を揃え、その頃には島に最後まで残った日本軍の守備隊の兵たちは追い詰められていった。ゼーアドラー湾は巨大な、そして今後の作戦のための非常に重要な基地となった。[4]

アドミラルティ諸島への一撃はワシントンの懐疑派からさえも称賛された。統合参謀本部は今やマッカーサーの計画に新しく価値を見出し、三月一二日にはホーランジアへの大きな跳躍を許可した。マッカーサーはアドミラルティ諸島の作戦が実質的にラバウルの作戦を終結させることになるという、正しい判断を下し、守備の堅いカビエンを落とすことに固執していた、それまでの賢明ではない考えを翻した。アドミラルティ諸島での作戦は、短期的、そして長期的にも有形となる利益以上の、無形の利益をもたらした。その無形の利益とは、マッカーサーにウルトラ情報の正確さを認識させたことである。ウルトラ情報はケニー麾下の航空隊員、写真や他の諜報手段が間違っていた時も正確だっただけでなく、統合参謀本部を動かして、大胆な作戦を認可させる働きも持った。なぜ統合参謀本部が認可したかといえば、彼らもマッカーサーと同じようにチェスボードがはっきりと見え、ウルトラ情報が日本の弱点を突く破壊的な一撃となることを認めたからであった。

ウルトラ情報の貢献はそれに止《とど》まらなかった。通信の傍受は、潜水艦や航空隊員たちが日本軍の補給と増援のための護衛艦隊に大きな損害を与えることを可能にした。さらにウルトラ情報は、帝国陸軍がその航空機をホーランジアに集結させていたその時に、日本の航空戦力と配置に関する詳細な洞察をケニーに与えた。日本側は、基地は連合軍の戦闘機の飛行範囲外にあり、戦闘機の護衛が不可能であるからには、爆撃機からの空爆からは安全であると自信を持っていた。しかし、P－38の新型モデルは新たに燃料の搭載容量を増やしていた。ところがケニーは用心深く、飛行範囲が広がったことを日本側に悟られないよう活動を制限していた。すべての準備が整うと、ケニーは三月三〇日、三一日、四月三日と続けて攻撃を行った。彼の配下のパイロットたちは日本軍の投入可能な一三一機の航空機を、地面に転がる焼け焦げた残骸にしてしまった。

マッカーサーの指揮するそれまでで最大規模の上陸は、四月二二日に行われた。クルーガーは約五万人から成る部隊を投入した。ホーランジアに向かったのは、アイケルバーガー中将が率いる二個師団で構成された第一軍団で、彼らはレックレス任務部隊〔recklessは向こう見ず、無鉄砲の意〕と呼ばれた。マッカーサーの部下たちもウルトラの秘密情報には通じていなかったので、上陸部隊と同様、ここで日本側からまったくの反撃がなかったことに驚いた。上陸に際しては、地形の方が抛り大きな障害となった。ホーランジアの日本の守備隊は約一万五〇〇〇人で、そのほとんどが後方支援部隊と航空隊だった。その後、西への撤退を経た後に残った日本兵は約一〇〇〇人だった。ホーランジアはその後、連合軍側の一四万の兵を擁する巨大な基地になった。工兵たちは、ここに爆撃機の基地を建設しようとしたが、地形のために困難を極め、諦めるに至った。

ニミッツの高速の空母が、マッカーサー軍の最初の上陸を助けたが、ニミッツは空母が二、三日以上拘束されることは許さなかった。したがって、ホーランジアから南西に約二〇〇キロメートル離れたアイタペにある飛行場も同時に奪取することとなった。ジェンズ・ドゥ准将が率いるプロセキューション任務部隊（二個連隊から成る戦闘団）〔prosecution は責務の遂行などを指す〕が飛行場を制圧した。ケニーはその飛行場に、周辺の防衛のための戦闘機を配置した。[6]

マッカーサーが一九四四年初頭の数か月の間、どのようにウルトラ情報を活用したかは教訓となる例である。彼は、ウルトラ情報がロスネグロス島には航空隊員たちが主張するよりも、はるかに多くの守備隊がいると警告するのを大胆にも無視し、作戦の決行に踏み切った。そしてその作戦は勝利をもたらした。翻って、ホーランジアでの作戦はウルトラ情報に完全に基づいたもので、なおも素晴らしい成功を収めた。たとえ日本軍の傾向と意図がはっきり見えていたとしても、このような自軍の航空戦力の範疇をはるかに超えた目標を据えるような作戦運用は司令官の豪胆さが試されるもので、地味な努力家型の司令官には無理であった。クルーガーやアイケルバーガー、またはオマール・ブラッドレーのような司令官にも、このような賭けは無理だっただろう。エドワード・ドレアは、マッカーサーが無線諜報をいかに活用したかについての研究の第一人者であるが、以下のようにうまくまとめている。「ホーランジアは、それまで二年の間、劣悪な環境であったジャングルで戦われていた凄惨な消耗戦を終わらせ、マッカーサーの太平洋での指揮能力の高さを示した輝かしい瞬間だった。想像力、勇気、決断力そして武徳、これらのほかに偉大な軍人には幸運も必要である。ウルトラ情報はこの幸運をマッカーサーに与えた[7]（以下省略）」。

*

ホーランジア以降もウルトラ情報は、ニューギニア西部の一連の地点において守備を固めようとする日本の動きを伝え続け、マッカーサーはその情報に基づき、おのれの戦力を容赦なく、時には無謀にフィリピンへと推し進めていった。ウルトラ情報は同時に、マッカーサー自身の予測に反し、安達が、自軍がニューギニア東部で黙って朽ち果てることを潔しとしないことも伝えていた。安達は彼の六万の兵を、アイタペを目指し西に向かって進軍させ始めていた。

四月二二日、ホーランジアでの勝利が確認されたのちの数時間の間に、マッカーサーは直ちに西方のワクデ〜サルミ地域に攻撃を向けることを提案する。遠く離れた後方から新しい軍を派遣するよりも、マッカーサーは上陸したばかりの第四一歩兵師団をそのままホーランジアからニューギニア島の岸沿いに二二五キロメートル移動させようとした。バーベイ提督はそれに賛同し、クルーガーは中立の立場を取った。ところが、ホーランジアでの日本軍の反撃を恐れたアイケルバーガーがこの案に断固として反対した。その場ではアイケルバーガーの意見が通ったが、このような用心深さをマッカーサーは忘れも許しもしなかった。その後、マッカーサーがアイケルバーガーを四つ星の階級に推薦することは決してなかった[8]。

日本軍が暗号を変えたため、ホーランジア上陸と時を同じくしてウルトラ情報による予測は精度が低下した。無線諜報による情報は、マッカーサーが次に直面する日本軍の主力編隊はサルミの第三六師団だと告げていた。一方、サルミの北西にあるビアク島には戦略上好都合な飛行場がある上に、日本軍の守備も手薄だった。傍受された通信記録により、ニューギニア西部の日本軍の航空戦力は巻き返しを図っていることが分かった。暗号の解読はまた、潜水艦による日本軍の護衛艦隊への新たな待ち伏せ攻撃を可能にした。帝国陸軍の増援部隊が大きな損害を被っており、日本軍の計画に混乱が生じている事態を知ると、マッカーサーは戦闘機の前線基地を確保するため、五月一七日にサルミに近いワクデ島に上陸することを主張した。それが実行に移されるとすれば、爆撃機の前線基地を確保するために行われるビアク島上陸は、そのわずか一〇日後に実行されることになる。

この時はウィロビーが難色を示した。彼は、ビアク島が日本の主力海軍戦力による攻撃可能範囲に入っていることから、帝国海軍がマッカーサーの海軍戦力の編成にとって恐ろしい脅威となりかねないという、今までにない警告をした。しかし、マッカーサーはこの時、フィリピンに到達するため進軍の速度を上げることに躍起になっていた。さらにマッカーサーは、無線諜報によりもたらされる情報によって、日本の航空戦力と地上戦力がともに平衡を取り戻す前に攻撃する方が得策であり、日本の海軍力の脅威も許容範囲内だと判断した。[9]

五月一七日、第一六三連隊戦闘団が、当初は日本軍の抵抗も見られないままワクデ島に上陸した。このアメリカ軍にとっての幸運は、敵軍のホーランジア上陸に促され、日本軍の司令官たちが従来の守備隊の約半分をここから東のホーランジアの攻撃へと送ったことに由来していた。上陸したアメリカ軍はワクデの守備隊と戦ったが、付近にあるニューギニア島の海岸の高地からワクデの飛行場とそれに隣接するマフィン湾（ここが将来的に主な足場となった）が強固に守られていたため、クルーガーは別の第一五八連隊戦闘団による、さらなる作戦を認可した。その作戦とは、海岸の高地一帯を掃討し、ウルトラ情報から予測されていた日本軍の反撃を頓挫させる目的のものだった。だが、ウルトラ情報はそこへ三方から近付いていた日本の連隊規模の三つの部隊のうちの一つの存在だけしか明らかにしていなかった。したがって、アメリカ側はまったく予期していなかった別の二つの日本の部隊と対峙し、危機に陥った。[10]

ワクデでの戦いが激しくなってきた頃、マッカーサーの前進は厚い壁に阻まれた。ホレス・フラー少将麾下の第四一師団（ハリケーン任務部隊と呼ばれた）が五月二七日、ビアク島の海岸に飛沫を上げて上陸した際に待ち受けていたのは、身を隠す場所と十分な火力で守られた日本兵だけでなく、気力を萎えさせるような赤道直下の暑さと湿気、そして肌を刺す灌木とざらついた珊瑚だった。ココダでの失敗を繰り返すかのように、ウィロビーはビアクの日本の守備隊の数を半数も低く見積もっていた。何十年経った後も、アメリカの歴史家たちはビアク島の日本軍の司令官、葛目《くずめ》直幸大佐が海岸部での防御を諦め、上陸兵たちが爆撃機の飛行場にすべく占拠しようとしている目的地を見下ろす岩場の高地に、一万二三五〇名の配下の兵を巧妙に配置したという選択を揃って絶賛している。上陸の際に居合わせたのは、ビアク島の第二方面軍の参謀であった沼田多稼蔵《たかぞう》中将だった。彼は日本軍の常套的な守備作戦を命令しただけで立ち去った。葛目はその沼田の作戦が失敗に終わった後、状況に迫られて縦深防御を取るしか道はなかった。マッカーサーはアメリカ軍の進軍に時間がかかっているのは、リーダーシップに欠けているからだと信じていた。さらに彼は、ニミッツ率いる海軍が六月一五日にマリアナ諸島に上陸する際の支援をニミッツに約束していたが、それを守るにはビアク島にアメリカの航空戦力を確立する必要があったために焦っていた。

マッカーサーはクルーガーを執拗に責め立てた。クルーガーは自分の参謀、ジョージ・デッカーをビアク島に派遣した。デッカーがフラーの苦境の原因を正確に見て取り、それを報告したため、クルーガーは一旦は納得した。その後フラーは新たに増強された日本軍の戦力に対抗するための増援を申請したが、クルーガーは判断を誤り、そのフラーの報告書を疑ってしまった。一九四二年の作戦の時と同じように、クルーガーは事態を収拾するためアイケルバーガーを派遣した。フラーは自ら辞任を求め、代わりにドゥが司令官に就任した。マッカーサーの、批判に値する習慣は根強く残っていたらしく、六月三日、マッカーサーはまたしても、時期尚早にビアクが掌握されたと発表した。アイケルバーガーの努力と増援部隊の派遣をもってしても、戦いは八月二〇日まで続いた。ビアク島の戦闘にはアメリカ軍の戦闘死傷者二四〇〇名と、非戦闘死傷者七四〇〇名の犠牲が払われた。四七〇〇名の日本兵が命を落とし、二二〇名が捕らえられた。[11]

長引いたビアク島の作戦は、アメリカ軍が二面的な進路を取ることの利点を浮き彫りにした一つの例になった。ウィロビーが警告したように、この機会に帝国海軍は渾《こん》作戦をもってマッカーサーに痛撃を与えようと計画していた。日本軍の航空隊員たちは、まずニューギニア島西部に集結したが、発疹チフスが彼らを襲った。帝国海軍は三度、増援部隊を送ることを試みた。一回目はアメリカ軍の探索機に察知され、それに加えて、アメリカ軍の空母がいるという間違った情報が流れて引き返すことになった。二回目は六月八日と九日の夜で、アメリカ軍の巡洋艦と駆逐艦で構成された任務艦隊に撃退された。次に日本軍は、四五口径主砲を搭載した世界最大の戦艦であり、マッカーサーの海軍力をはるかに凌駕する、大和と武蔵を投入した増援艦隊を編成した。しかし、日本軍がこの三回目の圧倒的な威力を持つ作戦を開始しようとした矢先に、ニミッツがマリアナ諸島に上陸した。日本軍は急いで渾作戦を、つまりは、ビアク島を放棄し、この中部太平洋のアメリカ軍の動きに対処するために、自軍の強力な艦隊の進路を変えたのだった。[12]

＊

ビアク島を重爆撃機の基地とする計画に、時間がかかっているのを見て取ったマッカーサーは、その代案として、ビアク島から西に約九七キロメートル離れたヌンホル島への上陸を命じた。クルーガーはニューギニア島の岸に沿って急いで軍を進めていたが、日本軍の増援部隊が到着する前に目的地に着く必要があったため、焦っていた。彼は飛行場近くの、事前に送った斥候兵たちが、日本軍の守備が固い、と警告していた場所を敢えて攻撃の場に定めた。七月二日、サイクロン任務部隊（第一五八歩兵連隊に増強部隊を加えた一万三五〇〇の兵で構成されていた）が島に上陸した。激しい空と海からの爆撃に日本軍の守備兵たちは驚き、逃げ去った後だった。ウィロビーは島には一七五〇名の守備兵がいるという概算を出していた。捕虜が実際の守備隊の数は四五〇〇名だと述べた時、ワクデ～サルミやビアクでウィロビーが敵兵の数を低く見積もっていた例を知っていたアメリカ軍の将校たちは、直ちに増援を要請した。輸送機が第五〇三パラシュート歩兵連隊の一五〇〇名の兵を岩で覆われたヌンホル島の各地に降下させた。日本軍からの攻撃による負傷者はいなかったにも拘わらず、一二八名が負傷した。工兵たちが急いで飛行場の準備を整えた。八月に最後の守備隊が掃討された頃、最終的な死者の数はアメリカ軍七〇名、日本軍は二〇〇〇名になっていた。[13]

マッカーサーの長かったニューギニア作戦は、七月三〇日の、フォーヘルコップ半島のサンサポールへの上陸で幕を下ろした。ウルトラ情報は、再びマッカーサーに比較的鮮明な日本軍の配置状況を教えていた。情報に拠れば、サンサポールの東、約一九三キロメートルのマノクワリには一万五〇〇〇名の日本兵が集結し、サンサポールの西、約九七キロメートルに位置するソロンには一万二五〇〇名の日本兵が集まっていた。さらに、ウルトラ情報に拠れば、日本軍は、マッカーサーがソロンに上陸すると踏んでいるらしかった。これらの情報を摑んだマッカーサーは、第六歩兵師団の七三〇〇名から編成されたタイフーン任務部隊をサンサポールに送り、そこにいた数十人の日本の守備兵を驚かせた。アメリカ軍が占拠した飛び地の周りに聳える高い山々と、それに加えてアメリカ軍の航空戦力と哨戒魚雷艇の存在が日本軍の反攻を阻んだ。工兵たちはそこに、次の一歩となるパラオ諸島のなかのハルマヘラ島への跳躍を支える飛行場を建設した。その先にあるのは、フィリピンであった。[14]

一九四四年八月にマーシャルに宛てたメッセージのなかで、マッカーサーは、アメリカ軍がニューギニアで避けて通った日本の守備隊の数々は、「現在、もしくは将来の作戦の脅威とはならない」と断言している。しかし、アメリカ側には不都合なことに、太平洋に残された日本軍は、戦略上では意味がなくても、彼らの司令官が戦いを続けようとする限り、戦術上の脅威であり続けるのである。それを象徴したような人物が第一八軍の安達将軍であった。酒豪で俳句を嗜む、サムライの典型のような男だった。アメリカ軍がホーランジアとアイタペに上陸した後、彼は自分の配下の六万の兵をアイタペに向かって進軍させた。マッカーサーがホーランジアからサンサポールまで、ニューギニアの海岸に沿って約一七七〇キロメートルの前進を成し遂げた一〇〇日間とほぼ同じ日数をかけて、安達はマダンからアイタペまでの行程、約四五一キロメートルを遅々として進んでいった。[15]

連合軍側の諜報機関は、安達のこの決死の行軍のいくつもの情報を摑んでいた。まず明記すべきは、オーストラリア軍の無線傍受のオペレーターが安達の軍で使われていた主要な通信機の日々の移動が辿れていたことだった。安達の上官はこの安達の計画に称賛を寄せただろうが、そのために第一八軍の兵は空からの攻撃、困難な地勢、常に逼迫していた配給、疾病に見舞われるなど、凄惨な状況に直面させられた。一方で、五月の末、帝国陸軍の暗号の解読技術に新たに大きな進展が見られ（皮肉にもアイタペで入手された書類がもたらしたものだった）、安達の意図と進路が手に取るように分かるようになった。しかし、ウィロビーはこの時も、自分自身の作戦上の見解を重ね合わせるという、お馴染みのやり方で判断を曇らせてしまう。彼は「正しい」日本軍の目標はアイタペではなく、ホーランジアであるとの推測を下し、したがって、もし安達がアイタペを攻撃するとしても、その攻撃の時期がいつになるかという予測には厚い霧がかかったままだった。

連合軍側の、日本軍の通信を解読する能力は、それでも完璧ではなかった。たとえば日本軍は、アイタペの東のドリニュモール川に沿ってアメリカ軍が掌握した防御地点への攻撃を予定していたが、その攻撃時期を遅らせるという日本軍側の通信を見過ごし、六月二九日、日本軍の攻撃に備えるよう誤って伝達されたことがあった。間違いは最上層レベルでも見られた。六月一二日、統合参謀本部は、アメリカ軍がフィリピンを通り越し、代わりに台湾に上陸する可能性についてマッカーサーに尋ねた。この案の利点として、戦争終結のスケジュールを早めることができることが挙げられていた。マッカーサーはフィリピンを通り越す可能性を考えることにさえ激しく抵抗した。同時に彼は、今の進攻の勢いを保ち、フィリピンの解放を正当化し、フィリピンに戻るという約束を果たすためには、なるだけ早く、なるだけ多くの戦力を現在の任務から解き、他所に投入可能な状態にすることが必要だと認識していた。ドリニュモール川に沿ってアイタペを守る第三二歩兵師団は、彼が必要とする編隊の一つだった。そのため、マッカーサーはなるだけ早く安達の軍を撃退するようクルーガーに圧力をかけた。

誤報騒ぎは、それからも二度、七月四日、そして七月九日から一〇日にも起こった。七月一〇日に再びウィロビーは、日本軍の攻撃は遅れるかもしれない、という彼自身の見解を披露した。「その夜」とエドワード・ドレアは書く。「二万の日本兵が怒号とともにドリニュモール川の浅瀬を渡って押し寄せてきた」。それから一か月、アメリカ軍は、苛酷なジャングルのなかで安達の配下の兵と死闘を繰り広げた。それが終わった時、アメリカ軍の死傷者は全部で三〇〇〇人、死者は四四〇人になっていた。約一万人の日本兵が、ドリニュモール川にて、もしくはそこに至る行軍中に命を落とした。安達の第一八軍は敗退した。[16]

＊

マッカーサーの、指揮官としてのもっとも称賛に値する功績と同時期に起こったのが、アメリカ軍の上級将校にとっては、またもう一つの時を超えた教訓となる、ある胡散臭いエピソードだ。戦争開始後の何週間かの間、マッカーサーの大いに疑わしい内容の公式発表の多くには自分の宣伝のために書かれた、事実に反する文言が混じっていた。そのような記述はその後少なくはなっていったものの、まったくなくなることはなかった。しかし、一九四五年の三月になっても、引き続きその効果は認められた。世論調査の検査官が、標本対象として抽出されたアメリカ人の一群に、アメリカでもっとも偉大な将軍は誰かと聞いた質問に、一番多かった答えは、マッカーサーの名前だった。マッカーサーと答えた人は四三パーセントで他のすべての将軍たちに大差をつけていた。後に続いたのが、アイゼンハワー（三一パーセント）とパットン（一七パーセント）だった。[17]

マッカーサーの国内での確立された地位とよく知られた政治的傾向は、幾人かの共和党の指導者たちの注意を引いた。一九四二年の中間選挙が共和党に比較的良い結果に終わったことを受け、これらの指導者たちは適任の候補者さえいれば、現職のローズヴェルト〔民主党に属する〕を破ることができると読んだ。当時の共和党の有力者は一九四〇年の大統領候補だったウェンデル・ウィルキーと新進気鋭のニューヨーク州知事、トーマス・デューイの二人だった。しかし、二人とも大部分の共和党員ほど保守的ではなかった。本道からすれば、マッカーサーは、自分の目標は戦争を終わらせることであり、どんなかたちであれ政治に関わるつもりはない、というはっきりとした声明を出すべきであった。しかし、彼がそうすることはなかった。

マッカーサーが、一九四四年の大統領選の大統領候補として立候補するという筋書きの生みの親は、ミシガン州の上院議員、アーサー・H・ヴァンデンバーグだった。彼は自ら自分の「内閣」と呼ぶ、非公式の連合をまとめていた。その連合には、マッカーサーのウェスト・ポイント時代の同級生でシアーズ・ローバック社の社長、そして過去にアメリカ第一運動の指導者でもあったロバート・ウッド将軍も属していた。ウッドは資金を提供していた。この件に関与するようになった共和党の実力者もほかに数人いたが、この動きを強力に後押ししたのが、大手の新聞社の社主たちの一団だった。その一団にはフランク・ガネット（ガネット社の社長）、ロイ・ハワード（スクリップス・ハワード社）、ジョセフ・M・パターソン（ニューヨーク・デイリー・ニュース紙）、シシー・パターソン（ワシントン・タイムス＝ヘラルド紙）、ロバート・マコーミック大佐（シカゴ・トリビューン紙）、それにウィリアム・ランドルフ・ハースト（サンフランシスコ・エグザミナーなど新聞社数社）がいた。ここに名を連ねていないことで目立っていたのは、タイム＝フォーチュンという超大手出版企業のヘンリー・ルースだった。

ウィロビーが、「長時間の話し合い」のためにヴァンデンバーグと会ったのは、一九四三年の六月で、ここには明らかに政治的な含みが感じられる。それ以降、マッカーサー自身はヴァンデンバーグや、彼の仲間たちとの露骨かつ直接的な政治的連絡を努めて避けるが、サザーランド、ウィロビー、私的な副官だったロイド・A・レブラスやフィリップ・ラフォレット中佐のようなマッカーサーの主だった部下たちは、皆ヴァンデンバーグが始めようとしていた運動のためのネットワークに、マッカーサーの代理として加わっていたのである。

同時に、ヴァンデンバーグの「内閣」とは関係なく、マッカーサーを大統領の座に推し進めるために、「マッカーサー・クラブ」ともいうべき大きなネットワークが自発的に作られた。ヴァンデンバーグにとっては迷惑な話だったが、マッカーサー自身は彼らの政治的意見を代弁したことなどまったくなかったものの、多くの急進的な超右派の有象無象が自分たちのなかから大統領候補を出すことを諦め、その代わりにマッカーサーを候補に立てようと動き出したのだ。ヴァンデンバーグ自身は現実的に状況を見極め、マッカーサーが大っぴらに立候補のための運動をすることはできず、また、ウィルキーとデューイには候補者指名を勝ち取るレースで大きくリードされていたため、マッカーサーの唯一のチャンスは党大会で二人が拮抗し、どうにも動きが取れなくなった時にダークホースの候補者として注目される、という筋書き以外にないことを知っていた。

このマッカーサーの立候補の可能性が、軍当局の目を免れるわけはなかった。一九四三年四月、陸軍長官スティムソンは軍に服務する前に公職に就いている場合を除き、現役の士官がいかなる公職に就くことも禁じるという、長く続く伝統的な規則を改めて公式に述べた。これはマッカーサーのいかなる政治的将来をも阻止するためと解釈されたが、それは正確な見方であった。そして一九四四年一月、『アメリカン・マーキュリー』というリベラルな雑誌が、戦争が始まって以来初めて、マッカーサーのリーダーシップに対する詳しい批判を掲載した。その記事は守秘条項には違反しておらず、特に、当時蔓延し過ぎていた架空の話を修正することにもなり、振り返ってみれば、マッカーサーの功績に対し、真っ当な評価を下していたと言える。陸軍省の役人は世界中の陸軍の図書施設で読めるよう、蔵書に加えることを推薦する図書リストにこの記事を加えた。この命令の見え透いた政治的ニュアンスに当惑したマーシャルとスティムソンは、急いで命令を撤回させる処置を取った。

後日、幾人ものマッカーサーの支持者たちは、マッカーサー自身に大統領候補になるつもりは決して、そして微塵たりともなく、そんな運動を促す行動も取ったことはなかった、と主張し、さらに、将軍自身も回想録のなかで、そのように主張している。これは事実ではない。マッカーサーは彼の野望や将来の目標を何度か軽率に口にしたことがあり、よく知られている例としては、アイケルバーガーにそれを漏らしている。そもそも、マッカーサー自身の勧めなしに彼の部下が何人も運動に参加していたとは断じて考えられない。彼の真の意図を示す動かぬ状況証拠が大量にあるのである。戦争中の誇張された公式発表は、彼自身の自我をくすぐるだけではなく、イメージを高めるのに役立った。市民団体からの要請に応えて挨拶などの手紙を送る、マッカーサーの熱心さは他のどんな司令官より抜きん出ており、このような政治的意図を示す片鱗は、枚挙にいとまがない。彼は一九四三年、ローズヴェルト夫人が南太平洋を訪れた時には彼女との公的な接触を避け、共和党の大統領候補者の指名を勝ち取るには重要な支持者層となる過激な反ローズヴェルト派に好印象を与えた。

自分が大統領になることに食指を動かしたことを、マッカーサーがわざわざ否定する主な理由は、これらの運動が決まりの悪い結末に終わったからに他ならない。一九四四年四月四日、ウィスコンシン州の予備選挙の結果が候補者たちの勝敗を分けた。二四人の代表の票を奪い合うのは、トーマス・デューイ、ハロルド・スタッセン（当時人気の高かった、隣のミネソタ州の前知事で、マッカーサーと同様に軍役に就いていた）、マッカーサーとウェンデル・ウィルキーだった。選挙の得票数の多さは前文の名前の記述の順通りで、デューイの得票数は一五票（さらに、浮動票の二票はデューイ支持に傾いていた）で、それにスタッセン四票、マッカーサー三票、ウィルキーが〇票と続いた。これによりウィルキーが候補者レースから脱落することが決まった。予備選挙の結果から、デューイの勢いは止められない、したがってマッカーサーが大統領候補に指名されるチャンスはゼロだとヴァンデンバーグは悟った。しかし、そこで話が終わったわけではなかった。相手が無名の候補だったため、マッカーサーはイリノイ州の予備選挙で勝利する。ネブラスカ州では、同州のある下院議員が、ローズヴェルト政権の政策を真っ向から非難するその議員自身の言葉にマッカーサーが同調し、また、大統領選への出馬を請われれば、それを拒絶はしないという内容の、マッカーサーからの二通の手紙を公表した。これによりマッカーサーは「私は候補者ではなく、そのための運動をするつもりもない」という声明を発表せざるを得なくなった。これは当時、実際に太平洋戦の作戦を指揮している将軍が取らざるを得ないポーズであり、人々が彼を候補に選ぶのであればそれを拒否するわけでもなく、政治的な野心を根本的に否定するものではない、と受け取られたが、それは真っ当な解釈だった。四月三〇日、ついにマッカーサーは、自分は候補者指名を受けないと発表した。これがこのエピソードを実質上終わらせたが、マッカーサーの政治的な野心を断ち切ることにはならなかった。[18]

マッカーサーは、多くのことを習得する能力に長けた非常に鋭敏な知性の持ち主だった。彼は明らかに政治的な大志を抱いていたが、彼が実際の政治の世界で空回りする様子は、彼らしからぬことだが、顕著にその適性のなさを露呈している。この矛盾の原因はおそらく、自分の功績に対する過大評価と運命論的な考えが、大統領職は自分に感謝する大衆から自分の前にうやうやしく差し出されるものだ、とマッカーサーに思わせていたからだと思われる。したがって彼は、自身が見下していた浅ましく日常的な政治の垢にまみれる必要をまったく感じないのである。彼が長い間アメリカにいなかったことも、疑いなく、彼が一般のアメリカ人の動向についてとんでもなく見当違いな見方をしていた理由の一つだっただろう。さらには、アメリカ本土から遠く離れ、また、多くの時間を割くこともなく大統領選を戦うことができるわけがないにも拘わらず、ここでもマッカーサーは大きな思い違いをしていた。彼が担う軍事的な責任の大きさを考えれば、そんな時間があるはずもなかったのである。

第9章　帰還と償還

一九四四年七月二六日、平たい船体の重巡洋艦バルティモアが、大統領旗を誇らしげに翻し、真珠湾の海軍工廠へと静々と進んできた。かっちりとした白い軍服に身を包んだ二六人ほどの海軍将官が、アメリカ合衆国軍の最高司令官に敬意を表し、隊列を組んだ。「右向け右」の号令に、長い間式典の隊形練習をしていなかったためか二人の将官が左を向いてしまい、その場にいた水兵や海兵隊員たちから笑いが起こった。大統領を迎えるため、提督や将軍たちが船に乗り込んだ。それからまもなくして印象的な一台の車が横付けされ、実際の年齢より一〇歳か、ともすると二〇歳は若く見えるダグラス・マッカーサー将軍がトレードマークの何本もの飾り紐で飾られた軍帽、カーキ色の軍服と革のフライトジャケットといった出で立ちで、その車から勢いよく現れ出た。

民主党から前例のない四期目の大統領候補の指名を受けたばかりのフランクリン・ローズヴェルトのホノルルへの旅は、はっきりとした政治的な含意が感じられた。統合参謀本部（JCS）からはレイヒー提督のみが大統領に同行しており、提督自身は、この旅の自分の唯一の目的は、太平洋戦域の司令官たちから戦略に関する意見を直接聞くことだと述べていた。それから数か月後、ローズヴェルトは歴史家のサミュエル・エリオット・モリソンに以下のような会談の主要な場面を再現してみせ、彼を楽しませた。「さてダグラス、これからどこに行くかね?」とローズヴェルトが聞くと、マッカーサーが答える。「レイテです、大統領閣下、それからルソンへ」。定評のある歴史家も含め、この会談がフィリピン解放に向けての、太平洋におけるアメリカ軍の進路を決めたとしている向きは多い。[1]

確かに、伝説的な人物たちが交わした冗談めいた短いやりとりが、一国の運命を形作った、という刺激的でロマンに満ちた歴史的エピソードではある。しかし、モリソンも気付いたように、これは事実に反する。

一九四四年の初め、統合参謀本部がマリアナ諸島の掌握を認可した後も、何か月もの間、太平洋でのその後の戦略をどうするかは紛糾を極めた。キング提督は、合衆国軍はフィリピンを迂回し、台湾を攻略すべきであると主張した。マッカーサーはもちろん、フィリピンの解放を支持していた。この争いにホノルルで決着がついたという意見は、その後二か月も大統領からの命令の気配も見られなかったことを示す統合参謀本部の記録からも誤りであると証明されている。この膠着状態に変化が見られたのは、苛立ったニミッツ提督が九月初旬、これまで認可された命令が実行されようとしている以上、統合参謀本部はこの次の命令を出さなくてはならない、と指摘したからだった。

これ以降はずみがつき、ミミズがのたくるようなスピードから、電光石火の速さで次々と事が進められるようになった。この時まだ膠着状態から脱却し切っていなかった統合参謀本部は九月九日、マッカーサーが一一月一五日にミンダナオ島に、一二月一五日にレイテ島に上陸することを許可した。そうすれば合衆国軍は次に、一九四五年の二月二〇日までにマニラ、一九四五年三月一日までに台湾もしくは中国大陸の沿岸のアモイを攻略する手筈だった。だがこの命令は一〇〇時間も経つか経たないうちに変更された。ウィリアム・F・ハルゼー提督が南太平洋での指揮任務を完了させると、ニミッツは彼を太平洋艦隊の主要戦力である艦隊の指揮を執る地位へと昇進させた。艦隊を構成する艦船はそのままだったが、レイモンド・スプルーアンス提督の指揮下では第五艦隊だったものが、ハルゼーの指揮下では第三艦隊となった。ハルゼーがその第三艦隊の指揮を初めて執ったのは、八月の末だった。九月一二日まで、ハルゼーの空母から飛び立った飛行士たちはフィリピンへの進路上にある日本軍の飛行場を、遠くはビザヤ諸島まで次々と破壊していったが、日本軍からの目立った抵抗は見られなかった。九月一三日、ハルゼーは大胆にも、計画されていた作戦を取り止め、その作戦に配備される予定の戦力を使って直接レイテ島を攻撃することを提案し、ニミッツの賛同を得た。

ハルゼーは、マッカーサーにその旨の電信を送ったが、マッカーサーはその時海上にあり、通信は封鎖されていた。マッカーサーはもともと、サンサポールの次の目標をハルマヘラ島に定めていたが、マッカーサーがニューギニア島とフィリピン諸島の最南端のミンダナオ島の間の中間攻略地点として、ハルマヘラ島の飛行場を使うつもりであることは日本側にも容易に推測できた。無線傍受から得た情報は、マッカーサーに、ハルマヘラ島に日本軍の兵力が集められていることを警告していた。そのため、彼は賢明にも守備の手薄なモロタイ島へと進路を変更した。このような経緯で、マッカーサーはこの時ちょうどモロタイ島に向かう途上であったため、ハルゼーの提案が届かなかったのである。自分の指揮官の心の内を知り抜いていたサザーランドが直ちにマッカーサーの代わりにハルゼーのレイテ作戦に賛成した。九月一五日、統合参謀本部からゴーサインが出ると、その九〇分以内には全員にその旨が伝えられた。マッカーサーは同日モロタイ島に上陸し、島はたちまちのうちに陥落した。工兵隊が一〇月初めまでに空港を設置した。[2]

しかし、このハルゼーの提案には根本的な欠陥があった。彼は抵抗がないことをすなわち守備隊がいないことだと解釈していた。だが日本軍は単に、彼らが捷《しょう》号作戦と呼ぶ最終決戦のために自軍の戦力を温存することを選択していたに過ぎなかった。その作戦は一号から四号までに区分されており、東京の大本営がアメリカの動きをどのように読んでいたかは、フィリピンの防衛がその一号の作戦であるところに明確に見て取れる。フィリピンを失うことは資源の豊かな南方への経路を断たれること、つまり、石油を失うことであり、石油が手に入らなければ、艦隊も役には立たない。帝国海軍はこの戦いに全主力を注ぎ込む覚悟だった。一方、帝国陸軍は航空、地上の両戦力の増援をフィリピンに急送した。[3]

レイテ島への上陸に先立つ何か月間か、暗号解読によってもたらされるウルトラ情報は奔流のように次々と送られてきた。それらは、フィリピンを守ろうと必死に準備する日本軍の様子を詳しく伝えていた。それには、「マレーの虎」という異名を持ち、もっとも有名な日本の将軍の一人である山下奉文大将が、島の全面的な防衛を担うべく新たに編成された第一四方面軍の司令官に任命されるなど、日本軍が指揮系統を一新するという情報も含まれていた。ウルトラ情報は帝国陸軍の地上、そして航空戦力の編成のほとんどを明らかにしていた。レイテには非常に強固な防備体制が布かれ、島内には二万一〇〇〇人の日本人がいる（歩兵一個師団が含まれていた）ことも伝えていた。なかでも日本軍の航空戦力の記述の詳細さには目を見張るものがあり、兵の援護のために日本軍が集めた航空機の数は七〇〇機近くに上ったが、見積もられた数と実際の数の差はたったの二〇機という正確さだった。アメリカ軍の潜水艦がウルトラ情報により日本の増援艦隊の位置を知り、それらを阻止することがなかったなら、日本軍の守備隊はもっと多くの兵と軍備を準備できていただろう。この時点での日本軍の師団はことごとく、主力部隊を失ったか、もしくは装備や物資を失った残存兵をかき集めたものだった。皮肉なことにウルトラ情報は、太平洋戦争において、この時ただ一度だけ、帝国陸軍の部隊の動向を帝国海軍の動向よりも詳しく、探り当てることができていた。[4]

＊

一〇月二〇日、クルーガーの第六軍は、第一〇軍団と第二四軍団とともにレイテ島の東岸から上陸した。その日の午後、マッカーサーはドラマティックな帰還を果たした。上陸用舟艇が岸から離れたところで座礁してしまったため、嶮しい表情で「運命を意識」しつつ、膝までの高さの水を蹴散らしながら岸まで進むマッカーサーの姿をカメラが捉え、その写真はまもなく有名になった。後日、マッカーサーがわざと上陸シーンをセッティングさせたとか、写真を撮らせたという話が出てきたが、どれもまったく根拠が見つからない。マッカーサーは第二四歩兵師団の軍事拠点を視察したが、そこは日本軍の抵抗がもっとも激しく、反撃を試みる日本軍の小銃弾と迫撃砲弾が飛び交っているところだった。マッカーサーはそれから通信隊の用意したマイクに向かい、自分の帰還を宣言し、フィリピン人に奮起するよう、連合軍による解放を支援するよう呼び掛ける内容の演説を行い、その模様はラジオで放送された。それらの時間はマッカーサーの人生における、至極の瞬間だっただろう。[5]

アメリカ軍がレイテ島を掌握したのは、そこにマッカーサーのルソン島上陸の足掛かりとなる飛行場を設置するためだった。地上から運用されるマッカーサーの航空戦力は、モロタイ島の重爆撃機を除いて、どれもレイテには届かなかった。したがって、当初、島内で工兵たちが必要な飛行場の基盤を完成させるまでは、海軍の空母の協力による空からの防御に頼っていた。事前の計画で、マッカーサーの工兵隊は地質と天候のせいで飛行場の建設計画は頓挫する場合があり得ると警告しており、それは上陸作戦の目的そのものが果たせないことを意味した。果たして、やむことのない雨とぬかるみのようになった土の状態により、レイテ島に予定していた航空戦力を確立させるのは、不可能になった。

ここで日本軍の方が、マッカーサーがもっと途轍もない過ちを犯し、致命的な屈辱を味わう前に、その運命から彼を救った。山下は当初、ルソン島を主な防衛戦の地に選んでいた。ルソン島は彼の戦力が集中したところで、また、地形の利と、彼が得られる最強の航空支援が揃っているためマッカーサーの前進を阻む可能性がもっとも高く、またそれは、抜け目のない選択だった。しかし、南方軍の司令官だった陸軍元帥寺内寿一伯爵がその山下の選択を却下し、レイテ島で決戦を行うことを主張した。[6]

この寺内の計画に一致したのが、帝国海軍の計画だった。日本海軍は残存するほとんどの主力戦艦を賭けてレイテ沖海戦（一〇月二三日から二五日まで）を戦った。ハルゼーの第三艦隊とキンケイドの第七艦隊がそれらの敵艦隊を撃破した。だが帝国海軍は、海戦が彼らの大勝利に終わり、その勝利はアメリカ海軍を苦境に立たせ、マッカーサーを立ち往生させた、と発表した。血気盛んな日本軍は幾度にもわたって増援艦隊をレイテ島に派遣し、少なくとも計三万八〇〇〇名の兵士を送り込んだ。ウルトラ情報は、日本本土をはじめ、文字通り日本の支配する帝国の隅々からフィリピンへと押し寄せる、何百機もの日本軍の航空機を列挙していた。[7]
日本軍は、航空戦力の質的な劣勢を補う方策を考え付いた。神風特攻隊である。レイテ沖海戦の少し前に始まり、作戦の終わり近くまで続けられたこの攻撃は、帝国海軍と陸軍のパイロットが操縦機をアメリカ軍の艦船に体当たりさせるもので、これにより沈没した艦船は比較的に見ればほとんどないと言っていいが、ハルゼー麾下の空母のおよそ三分の一を含む、多くの艦船が被害に遭った。これらの特攻攻撃により、マッカーサーがそれまで受けていた上空からの援護は不可能となり、上陸地点のアメリカ軍は度重なる日本軍からの攻撃に晒されることとなった。この経緯から生まれた重大な変化は、マッカーサーが二度と地上から発進する戦闘機の飛行範囲を超える上陸地点を目標とした計画を実行しようとはしなくなったことであるが、それは日本軍も理解していたように、そもそも、作戦上の基本であった。[8]
ウィロビーは、日本軍の「正しい」戦略はレイテ島を退き、ルソン島で抵抗を試みることだと信じていた。何日間も、日本軍の兵がレイテ島の西側にどんどん集結していくのを横目に、ウィロビーはなおも日本軍の意図を認めようとはしなかった。ウルトラ情報は日本軍の優秀な第一師団の到着を完全に見落としていた。クルーガーがのちに認識したように、この第一師団こそがアメリカ軍の作戦を長引かせる原因となった。暦が一一月に変わる頃、日本軍がアメリカ軍の状況を読み間違い、レイテ島をフィリピン諸島の決戦の場所に選んだことを示す証拠はますます動かしがたくなってきた。後日、クルーガーはこの時の慎重さを大いに咎められることになるのだが、クルーガー以前に諜報機関の予測も、上空からの援護が得られないことと悪天候を理由に慎重さを要すると判断していた。[9]

マッカーサー自らも、航空戦力の優勢を失った弊害を被った。彼はレイテ島の首都、タクロバンの個人所有の家に司令部を移したが、そこは普通の構造の、何の補強も施されていない家だった。日本軍はタクロバンの空爆を、時計仕掛けのように規則正しく、特に決まって夕暮れ時に行った。マッカーサーの司令部の周りの至る所で爆弾が破裂し(一つは、隣のフィリピン人の家を破壊した)、弾丸が壁を貫通した。頭上に急速に近づく日本軍の航空機の轟音、爆弾を落としていく際の大きな落下音、また、それらが近くで爆発する音などがマッカーサーと参謀たちの夕食を中断させた。マッカーサーはそれを意に介さないような様子で、騒音が頂点に達した時だけ会話を途切れさせるぐらいだった。音がおさまると何もなかったかのように会話を続けた。ある夜、マッカーサーは自分の寝室でアメリカ軍の対空砲の不発弾を見つけた。翌朝、「ビル、君の対空砲の砲手にもう少し照準を上げるように言っておいてくれないか」と言いながら、マッカーサーは信管を外したその不発弾を配下の防空隊の司令官だったウィリアム・マーカットに手渡した[10]。

レイテ島のぬかるんだ山々で、しぶとい日本兵を相手にした極めて困難な戦いは延々と続いた。一一月、一二月と、ウルトラ情報は、定期的に日本の増援艦隊を警戒するよう伝えていた。アメリカ軍の航空隊員たちは、日本側の約一三万トン級の貨物船二四隻と何千人もの兵、それに加えて一三隻の護衛船を海の底に沈めた。この作戦を遅まきながら最終的に終わらせたのは、一二月七日、第七七歩兵師団がオルモックへの見事な上陸を果たし、レイテ島の裏口を閉ざしたことに拠る。この時、またしてもマッカーサーは、時期尚早だったにも拘わらず、レイテ島の戦いは実質上終わった、と発表した。アイケルバーガーの第八軍がレイテ島での任務を引き継いだのは、一二月二六日だったが、日本軍に対する活発な作戦は一九四五年五月まで続けられた。結局、アメリカ側では、九個の師団がレイテ島で戦った。アメリカ軍の上陸時の死傷者は一万五五八四名で、そのうち死者は三五九三名だった。日本の守備兵の少なくとも四万八七九〇名が命を落とし、それは五個師団かそれ以上に相当する。犠牲者はフィリピン諸島に配備されたなかでももっとも手強い部隊に集中していた。レイテ島の作戦には、マッカーサーが予測したよりもはるかに多くの時間と犠牲が費やされ、アメリカ軍の航空戦力にも彼が期待したほどの恩恵をもたらさなかった。その損失を多大に埋め合わせしたのが、日本軍はマッカーサーを、より長期間ルソン島に引き止めておく最大のチャンスを失った、という事実だった。日本軍は、さらに艦隊も失ってしまった。[11]

*

ニミッツが、台湾攻略の案が現実的ではないことを、遅ればせながらキングに納得させると、一〇月三日、統合参謀本部はようやくレイテ島の次の目標をルソン島に定めた。レイテ島での戦いが長引いたため、必然的にルソン島の作戦は一月九日に延期された。さらに、レイテ島が飛行場として機能しないことから新たに中間的な作戦が必要になった。一二月一五日、マッカーサーは二つの連隊戦闘団をレイテ島とルソン島の中間地点にあるミンドロ島（陸軍の戦史家はこの島のことを「あまり快適な場所ではない」と記している）に上陸させた。これらの部隊が島内の一〇〇〇人の兵から成る日本軍の駐屯隊を素早く島から追い散らし、その後工兵たちが速やかに島をルソン島の攻撃を支えるための航空基地に変えた。（ミンドロ島における作戦は、太平洋において、アメリカ軍の海と空での死傷者の数が地上戦での死傷者の数をはるかに超えた数少ない作戦の一つだった。損害は全部で四七五人の死者と三八五人の負傷者だったが、そのうち二〇人の死者と七一人の負傷者が地上戦でのものだった。）日本軍はこの動きを見て、アメリカ軍が次にルソンを叩くという合図だ、と正しい解釈を下した。[12]

第六軍の参謀将校だったホートン・V・ホワイト大佐とウィロビーは、ほとんど同じデータを材料としていたにも拘わらず、ルソン島の日本軍の戦力を推定するにあたり、大幅に異なる結論に達している。ウィロビーは守備兵の数をわずか一七万二〇〇〇人としている。一方のホワイトは、二三万四〇〇〇人と見ていた。その実際の数は二八万七〇〇〇人だった。クルーガーの参謀であるクライド・エドルマン准将が、ホワイトが導き出した数をマッカーサーに報告した時、マッカーサーはそれを「戯言」だと真に受けようとしなかった。マッカーサーは、このような脅威的と映る課報データが、マニラの解放という、自分の目指す目標の前に立ちはだかるのを許さなかった。しかし、この直後、マッカーサーはエドルマンを私室に連れて行き、歴史上偉大な課報将校は三人いるが、「私の部下はその一人ではないんだ」と言ったという。この挿話は、マッカーサーが部下を統率するテクニックとして、それぞれの部下に、自分だけが特に信頼されていると信じさせることによってお互いを競わせる、といった方法をいかに活用していたかを表している。[13]

ルソン島の作戦は、マッカーサーの主な参謀たちが、たとえそれがマッカーサーにとって個人的に重要な事柄に関してであっても、それに異議を唱えることを恐れなかったことを証明している。長引いたレイテ作戦は彼らの間に強い警戒心を呼び起こし、サザーランドからは地上戦力の不足、ケニーからは航空戦力の欠点について立て続けに懸念が寄せられた。さらにキンケイドは、大量の部隊を乗せてフィリピン諸島の真ん中を横切る輸送船が神風特攻隊に狙われる危険性を指摘し、計画の遅延を全力で説いた。部下たちが異口同音に説得力のある反対を唱えたため、マッカーサーは上陸の予定日を二週間遅らせた。[14]
一九四四年一二月一六日、アメリカ議会は、七人の将軍を五つ星のランクに昇進させる法令を承認し、ローズヴェルト大統領がそれに署名をした。法令には先任年数の順に、海軍と陸軍からそれぞれ注意深く交互に（アーノルド以外は）列挙されていた。それらの将軍の名前は、ウィリアム・レイヒー（大統領参謀）、ジョージ・C・マーシャル、アーネスト・J・キング、ダグラス・マッカーサー、チェスター・W・ニミッツ、ドワイト・D・アイゼンハワー、そしてヘンリー・H・アーノルド（陸軍航空軍総監）だった。陸軍の将校たちの公式の肩書きはジェネラル・オブ・ザ・アーミー（陸軍元帥）だった。のちほど、ウィリアム・F・ハルゼー（一九四五年）、オマール・N・ブラッドレー（一九五一年）も五つ星の階級に昇進し、第二次世界大戦でのそれぞれの軍役を讃えるため、全部で九人の将校がアメリカ軍の最高位に列せられた。[15]
山下は、自軍に不利な状況のなかでうまく戦いを運んだ。山下には、圧倒的な優位を誇るアメリカ軍の機動力と火力を相手に回してルソン島の平原で戦うのが愚かなことであると分かっていた。その代わりに彼が選んだのは、山間部での長期戦にできるだけアメリカ軍を引き止めておく戦法だった。山下がマニラを東洋におけるスターリングラードにしてしまうかどうかを逡巡している一方で、山下の配下の一人、岩淵三次海軍少将にそんなためらいはなかった。岩淵は自分の部下の水兵たちとともに最後までマニラを守り抜く覚悟だった。アメリカ側の無線諜報はその岩淵の決意まで探ることはできず、また、山下がマニラの司令部を引き上げたという情報が入ったため、マッカーサーは、日本軍はマニラで戦うつもりはない、と判断した。
クルーガーの第六軍は一九四五年一月九日、リンガエン湾に上陸した。第一四軍団の二師団がその右側面、第一軍団の二師団が左側面を固めた。山下は彼の軍をルソンの平原に散らばる岩地に配置した。山下自身はクルーガーの左、もしくは東の側面に対峙した一五万の尚武集団とともにいた。クルーガーの右、クラーク飛行場とバターンの付近には建武集団の三万の兵、さらには、八万の守備兵から成る振武集団が、マニラの東と南に配置されていた。[16]

ルソン島上陸の瞬間から、マッカーサーと彼の野戦指揮官たちの間に、のちに語り継がれることになった激しい衝突が起こった。マッカーサーはとにかく早く、できることなら自分の誕生日である一月二六日までにマニラを解放することを望んでいた。マニラの解放が政治的に象徴するもの、さらにそれがもたらす名声を望む以上に、マッカーサーにはクラーク航空施設（実際、その時すでに一五もの飛行場があった）を占拠するという、戦術的にも理屈に合った目標があったからである。そうすれば、ケニーがこのルソン島作戦だけでなく、二月一九日に予定されていた、来たる硫黄島への侵攻を援護するための、航空戦力を推進することができた。しかし、クルーガーは自軍の死傷者を極力出さずに山下軍を破ろうと努めていた。マッカーサーとクルーガーの意見の相違は無線諜報によりもたらされた情報により、ますます広がった。マッカーサーは、日本軍の全体的な兵力を低く見積もったウィロビーの推定を信じ、日本軍はマニラを放棄すると見ていた。あるいは少なくとも、そうではないと警告する諜報情報に、耳を貸そうとはしなかった。クルーガーは自身の諜報将校であるホワイトの推定を信じており、したがって、日本軍はウィロビーの報告をはるかに超える数であり、彼らはマニラを守ろうとするだろうと見ていた。クルーガーは、山下の主力が自軍の左側面に張り付いていることから、増援の二個師団と一連隊が一月末に到着するまでは、マニラに進軍を急ぐことは無謀であると判断した。

早くも上陸の三日後、マッカーサーはクルーガーに会って、マニラへの電撃的な進軍を説いている。両者の間に熱を帯びた応酬が交わされたが、クルーガーが決断を翻すことはなかった。その後、傍受された日本の外務大臣からの外交通信により、日本軍がクルーガーの軍の長く伸びた側面から反撃を試みるかもしれないという、クルーガーの危惧があたっていたことが確認できた。マッカーサーはそれでもあとに引かなかった。彼はあからさまに飴と鞭を使ってクルーガーを説き伏せる手段に出た。マッカーサーはクルーガーを四つ星の階級に推挙するとほのめかしもしたが、クルーガーは自分の意見を変えようとしなかった。すると今度は自分の参謀を送り、クルーガーが解任されるかもしれないと明確に受け取れるようなことを言わせてみた。それでもクルーガーは意見を変えようとはしなかった[17]。

待っていた増援部隊が到着し、また特に、日本軍がクルーガーの側面を突くことはないとホワイトからも進言されたため、クルーガーはようやく腰を上げ、マニラに向けてより果敢な進軍を開始した。マッカーサーは、クルーガーのライバルであるアイケルバーガーの指揮する第八軍隷下の第一一空挺師団——一月二八日、マニラの西に上陸した——を投入した。この時、ウルトラ情報によって示される日本軍の戦力と配置は明確ではなかった。第六軍は日本部隊の位置を確認、または予測できないという失敗を重ね、さらに、ウィロビーの推定した日本軍兵力が、事実よりも大幅に下回っていたことは、ますます周知の事実となっていった。二月一日、帝国陸軍は新しい暗号帳を採用し、ウルトラ情報は一時的に途絶えた。次の日、クルーガーはマニラへの進軍を第三七歩兵師団と第一騎兵師団（「騎兵」の名は尊称的なものであり、歩兵として戦っていた）の間で競わせることにした。

これまでのクルーガーの慎重さに腹を据えかねていたマッカーサーは、彼に恥をかかせる行動に出た。自分の戦域司令部を、クルーガーの第六軍の司令部よりも四〇キロメートルほどマニラに近いところに移動させ、自分は、マニラへ進軍するアメリカ軍の先鋒をジープで訪れるようになったのである。そのうちの一回は、ジープが、文字通り交戦中のアメリカ軍と日本軍の真っ只中に紛れてしまうという事態となった。二日以内には第一騎兵師団のうちの一隊がマニラに到着し、民間の被収容者と捕虜を解放した。そのあとまもなくマッカーサー自身もマニラに到着し、一九四二年三月、彼がマニラを去る時に別れ、今や飢えに苦しみ、骸骨のようになった幾人かの人々と非常に感動的な再会を果たした。[18]

岩淵提督は、最終的に二万六〇〇〇名に上る日本兵を集め、マニラの旧市街と近代的なビルを要塞にして戦った。戦いが進み、絶望的になった日本兵たちは組織的に、そして大々的な規模で、フィリピン人の男性を殺戮し、婦女子を虐待、強姦し始めた。マッカーサーはここに及んで再び騎士道精神的な態度を示し、戦闘方法を限定した。彼は区域ごとにマニラの市街を掃討するライフル銃兵の援護爆撃のため、アメリカ軍が航空機を使用するのを禁じた。マッカーサー配下の現地の司令官はその損失を無制限の砲撃で補った。岩淵が自殺をした二月二五日まで続けられたこのマニラ戦では、一〇万人のフィリピン人が亡くなったと言われている。ある研究は、死者の四〇パーセントはアメリカ側の誤射によるものだと報告している。しかし、フィリピン人の怒りは、それ以上大規模な虐殺を防いだアメリカ軍には向けられなかった。人々の怒りは、大戦中、連合軍の都市のなかでもっとも被害を受けたワルシャワに次ぐ壊滅状態にこのマニラ市街を陥れた日本軍に向けられた。[19]

マニラの攻略とともに、新たに厳しい問題が持ち上がった。戦争協力の問題である。戦前のフィリピンのエリートたちが全面的に日本軍に協力したことは議論を俟たない。行動のみを基準に審理するとすればエリート層のほぼ全体の粛清は免れなかったが、そうなるとフィリピン政界の既存の指導者たちのほとんどが含まれることになった。それらの人々をすべて免職するのは、国民の安寧に影響を及ぼす多大な実際問題だった。そして、それらの人々の行動の裏の動機を見ようとすれば、よりいっそう複雑な問題が絡み合っていた。協力者だと疑われた人々は、ただフィリピン国民の利益のために行動した、と主張することもできた。一人一人の審査が始まると、責任の所在は再三曖昧になった。

戦争中、マッカーサーは、日本軍の協力者だと疑われた人々は収監され、戦争の終わりを待って、それらの処遇が決められる、とする法令を発布した。これがセルヒオ・オスメーニャ大統領に難題な疑問を突き付けた（ケソンはマッカーサーがフィリピンへの帰還を果たす少し前に亡くなっていた）。自分の血を分けた息子さえも協力者とされるかもしれない可能性に、亡命中のオスメーニャは躊躇し、はっきりとした政策を立てることをしなかった。やがて道義的、そして実際的な戦争協力の問題を極端にまで浮き彫りにしたような特別なケースが出てきた。それがマニュエル・ロハスのケースだった。ロハスは才能溢れるフィリピン人の政治家で、マッカーサーとは少なくとも一九二〇年代からの知り合いだった。戦争が始まった頃は、マッカーサーの参謀に属する中佐として軍務についていた。彼はケソンに亡命することを説いたが、自分は後に残った。彼はまた、ケソンがマッカーサーに金を支払ったことを知っていた。のちに日本軍に捕らえられ紙一重の差で極刑を免れ、その後傀儡政府のために働いた。ケソンもマッカーサーも、オスメーニャよりもロハスに好感を持っていた。ロハスがアメリカの占領地域を訪ねてきた時、マッカーサーは直ちにロハスを迎え入れた。

しかし、これが、その人物が戦争協力者だったかどうかを、行動よりも動機を基準に判断する先例となった。この先例が一旦確立してしまえば、例外を言い立てるのは非常に難しい話である。やがて、ロハスはフィリピン大統領となった。マッカーサーの行動は、彼の立ち入るべき範囲を超えた、民事問題への明らかな介入であり、その行動に異議を唱える十分な理由がある。それに、その他のフィリピンに関する多くの問題においてもそうだったが、ここでもマッカーサーは、フィリピンの国益よりも合衆国の国益を優先させていただけでなく、自分が個人的に好意を持つフィリピンのエリート層を自分の地位を利用して支援したことになる。[20]

マニラの攻略がルソン島における作戦の終わりを意味するものでは決してなく、その後も、第一四軍団（二個師団と一連隊）がルソン島南部を掃討した。マッカーサーは、マニラの主要な給水施設を三万の兵力を持つ建武集団から奪うために、前述の二個師団とは別の二個師団から引き抜いた複数の分隊を派遣した。最初、マッカーサーの司令部はとんでもない手違いから別のダムに部隊を送ってしまう。激しい戦いのなかで第一騎兵師団の司令官は負傷し、第六師団のエドウィン・D・パトリック少将が命を落とした。その後、ホール〔チャールズ・P・ホール中将〕の第一一軍団が任務を引き継いだが、この戦いは、最初投入されていた個々の攻撃師団が入れ替わってのちにやっと勝利を収めることができた。六月の末近くにはマニラへの給水源も確保され、敗れた建武集団の残存兵はその後食料の獲得に血眼になった。[21]

ルソン島作戦の間に起きた一つの素晴らしいエピソードは特筆に値する。マッカーサーと彼の昔からの取り巻きたち、通称「バターン・ギャング」の面々には、コレヒドールに対して特別、感傷的な思い入れがあった。アメリカ陸軍の戦史の執筆者が記しているように、マッカーサーたちはコレヒドールの奪還を「熱烈に」望んでおり、「それがドラマティックな方法——たとえばパラシュート降下のような方法——を使って実現できるならば、なおさら良い」と思っていた。二月一六日、第五〇三パラシュート歩兵連隊がコレヒドールのトップサイドと呼ばれる狭い場所に、目を見張るほど見事なパラシュート降下をやってのけた。輸送機が降下地点の上空にいたのは、たったの六秒だった。二個歩兵大隊の上陸攻撃がそれに続いた。ウィロビーは、彼らが「ザ・ロック」と呼ぶコレヒドールにいる日本兵の数を、わずか八五〇名と見積もっていた。攻撃の翌日、暗号解読から、実は少なくとも三〇〇〇人——攻撃側のアメリカ軍とほぼ同数となる——の日本兵がコレヒドール島内で野営をしていることが分かった。空挺兵は、低地から上に向かって戦うよりも、高地から下に向かって戦う方が有利であるという、戦術上の強みを大いに生かして戦闘を進めた。その戦闘は残酷なものだった。最後に残った日本軍が自殺を選び、手榴弾を炸裂させ、その大きな爆発音が何度か響き渡った後に、戦いはやっと終わりを迎えた。島内にいた日本人は、実際は四五〇〇名(約一〇〇〇名の労働者が含まれていた)だったが、生き残ったのは、そのうちわずか二〇名で、その二〇名は捕虜となった。三月二日、島に再びアメリカの旗を翻すという、感動的な式典に出席するため、マッカーサーはちょうど彼が脱出した時と同じように高速魚雷艇でコレヒドールに戻ってきた。彼がコレヒドールを去ってから、あと九日でちょうど丸三年になろうとしていた。[22]

第10章　回帰、侵攻、そして降伏

マッカーサーは司令官として偉大である、という相応しい評価が下される背景には、三本柱として彼が取った近代的な航空及び上陸作戦と、それに加え、日本軍の拠点をうまく回避する大胆な飛び石作戦があった。しかし、そのどれもが、彼自身が考え出したものではなかった。むしろ、ジョージ・ケニー、ダニエル・バーベイ、ウィリアム・F・ハルゼー・ジュニアなどからの根気良い手ほどきを受け、また、辛い経験を経て学び取ったものだった。これらの作戦の組み合わせが、一九四四年二月から一九四五年三月までの間、マッカーサーが比較的多くの代償を払うことなく、驚くほどの猛進を成し遂げることができた所以だった。ゆえに一九四五年の春から夏にかけて、マッカーサーがいわゆるこの飛び石作戦を完全に放棄したことは、彼の軍歴のなかのもっとも大きなパラドックスになっている。

このことが最初に顕著になったのは、ルソン島の作戦においてだった。クラーク飛行場の航空施設群、マニラ、そして来たるべき日本への侵攻の準備のために必要となる地域をクルーガーが掌握した後は、さらなる攻勢作戦は戦略的にはあまり意味がなかった。しかし、なおも日本の戦力を過小評価していたクルーガーは、山下指揮下の尚武集団を相手に、ルソンの北東の遠く離れた山地に広がるジャングルを舞台にした痛ましく困難な進攻を許可した。（ブナを出発した第三二歩兵師団は、このルソン北東部で最後の作戦に従事した。皮肉にも、マッカーサー自身はアイケルバーガーに第三二歩兵師団は「使い物にならない」と漏らしていたが、戦後、彼が戦ったなかでもっとも優秀なアメリカ軍の部隊はどれかという質問に応えて、山下は第三二歩兵師団だ、と答えている。）山下との戦いを終わらせるには、最終的にアメリカ軍の四個師団とラッセル・W・ヴォルクマン大佐の率いる一万八〇〇〇の兵力を持ったゲリラ部隊の名高い活躍を要した。（マッカーサーは、彼らゲリラ部隊のことを通常の一個師団に匹敵すると公言していた。）八月中旬の日本降伏の際、当初は一五万だった尚武集団は六万五〇〇〇人になっていた。その兵力をもって、山下は当時なおもアメリカ軍の三個歩兵師団に加え、別の一個連隊、数個の戦車大隊を足止めしていた。[1]

さらに印象的だったのは、ルソン以降の作戦だった。統合参謀本部（JCS）が認可した作戦はレイテ、ミンドロそしてルソンだけだったが、マッカーサー自身は、早くとも一九四四年九月にはフィリピン諸島のすべてを解放することを思い描いていた。彼は、ワシントンからの明確な許可のないまま、自軍がマニラに到着するその前に、フィリピン中央部、南部の残りの地域も掌握せよ、という命令を出していた。それらの作戦のうち八つは統合参謀本部の公式の認可が下る前にすでに実行に移されていたが、マッカーサーが統合参謀本部から咎めを受けた記録はない。このエピソードは、マッカーサーの上官にあたる人々が彼に命令服従を強制する義務を怠ったもう一つの例であり、一九四二年の不服従の一件と対となる出来事である。[2]

マッカーサーがこれらの作戦を命令するにあたっては、多面的な理由があり、少なくとも一部の理由には、戦略的な重要性があった。第一の、そしてもっとも説得力のある理由としては、フィリピン奪回の目的そのものが、まず日本と資源の豊かな南方との交通を断つことだったということである。日本の海路を完全に断ち切ることは、日本が必然的にクラーク飛行場とミンドロ島周辺以西の飛行場に依存せざるを得ないことを意味した。さらにこれらの飛行場は、これから予期される東インド諸島への作戦を援護するための航空機を陸から発進させる場所ともなる。とすれば、パラワンやザンボアンガの作戦は戦略的な正当性を持つ。また、日本本土への上陸に備え、三〇師団にも上る兵を維持できる基地が必要となることも、たとえばセブ市（良好な港があり、フィリピンでは二番目に大きな都市であった）やその周囲の都市を掌握することに価値を見出す理由だった。

だが、これらの論理的な根拠のほかに、マッカーサーによる理由付けには他の要素が存在していた。彼の行動を後押しする、複雑に絡み合った重大かつ人道的、そして個人としての良心に関わる理由が存在したのだ。アメリカ人捕虜がこれらのいくつかの島々に拘留されていると見られていたが、彼らが虐殺される危険があったのである（実際にパラワンでは、日本軍によって防空壕に集められた一五〇人のアメリカ人捕虜が焼き殺され、辛くも九人のみ生き残るという事件があった）。マッカーサーはこれらのアメリカ人兵士に対して、指揮権だけでなく、彼らの命運を預かる個人的な責任があった。さらには、日本軍によりフィリピンの民衆に対し繰り返される残酷な報復行為が、可能な限りのフィリピン人を解放する必要性を浮き彫りにしており、マニラでの大虐殺はこの理由を大いに裏付けていた。これらの理由のほかにも、問題の島々にはマッカーサーが支援するフィリピン人政治家を支持すると見られる有権者が散在していると思われた。加えて、レイテ、ミンダナオそしてルソンの解放は一九四一年から一九四二年にかけての大失態によって失墜したアメリカの威厳を大いに回復したが、日本軍が残りの島を支配するのを放っておくのは、アメリカ（そしてマッカーサー自身）の名誉において汚点となると思われた。[3]

早くも二月六日には、マッカーサーはパラワンとそこにある、その後非常に有用となる飛行場用地を掌握することを命じた。一週間後にはサンボアンガ半島とスールー諸島も攻撃目標に加えられた。六月末、マッカーサーは第六軍と第一軍団を日本上陸の準備に専念できるよう戦闘任務から解いた。同じ頃、第八軍がフィリピン諸島各島の日本軍の掃討任務にあたった。第八軍には五個歩兵師団と、別の第五〇三パラシュート歩兵連隊が所属していた。第七艦隊と上陸用舟艇を保有する二つの特別工兵旅団が海上輸送を、陸軍所属の第一三空軍が航空支援を行った。非常に強力なゲリラ隊、特にパナイ島とミンダナオ島でのゲリラ隊の働きが、アイケルバーガーの任務遂行に大いに助けとなった。しかし、それには大きな代償がついた。マッカーサーはこの時、三師団をクルーガーの第六軍からアイケルバーガーの第八軍に移したが、その三師団は、最小限の時間と死傷者数ですべての任務を完了するために、クルーガーがどうしても必要としたものだったのである。

第八軍は、一中隊から、果ては二個師団から成る一軍団までによる、五二回にもわたる上陸作戦をもってフィリピン南部から日本軍を一掃した。これらの作戦の主な日程はパラワン（二月二八日）、サンボアンガ（三月一〇日）、スールー諸島（三月一六日）、パナイ島（三月一八日）、セブ島（三月二七日）、ネグロス島（四月二日）、ボホール島（四月一一日）、ミンダナオ島東部（四月二二日）、ミンダナオ島西部（四月三〇日）であった。総体的にいえば、アイケルバーガーの行った作戦は、アメリカ軍の上陸作戦のやり方と、また、それまでの概ねの作戦で見られる高度な戦術、その両方の完成度の頂点ともいうべき出来栄えだった。しかし、状況から判断して、正当と思われる以上に日本軍を執拗に追撃した例も数例あり、不必要な死傷者を出す結果となった。[4]

二回目のフィリピン作戦では、約四五万の日本兵が地上戦で戦った。その戦闘力は九個師団と、その他六個師団に相当する混成兵力だった。終戦を迎えた八月一五日、フィリピンには約一一万五〇〇〇人の日本人（民間人も含む）が生存していた。彼らに注意を配るにはアメリカ軍の（ルソン島とフィリピン南部で戦ったおよそ一六師団相当の兵のうち）五個師団の兵力と約一一万八〇〇〇のフィリピン人ゲリラ部隊を必要とした。レイテ島での死傷者数を除き、マッカーサーの指揮下では、約四万七〇〇〇人の戦闘死傷者を出し、そのうち死者は約一万三八〇名に上った。非戦闘被害者の大部分は疾病によるものだったが、その数は九万三四〇〇人に上り、それには二六〇名の死者が含まれた。ルソン島だけでも、少なくとも一一〇〇名のフィリピン人ゲリラ兵が命を落とした。[5]

＊

一九四四年の秋までに、ニューギニア島、ニューブリテン島、そしてソロモン諸島北部の日本軍が他の作戦に参加できないよう封じ込めていたアメリカ軍の六師団は、すべてオーストラリア軍に取って代わられた。しかし、一九四五年三月から、オーストラリア軍は日本軍が「立ち枯れる」までただ封じ込めておく方針を変更し、アメリカ軍が避けて排除しなかった日本軍勢力を積極的に掃滅し始めた。ブレーミーはそれらの日本軍の部隊は脅威になるという誤った考えや、消極的な姿勢はオーストラリア軍部隊の士気を損なうという、妥当な点も含む理由を使い、これらの作戦を正当化しようとした。だがブレーミーは同時に、マッカーサーがフィリピン諸島全体を解放することを選び、フィリピンで飛び石作戦を放棄したのは、やはり政治的な理由からであるということを理解していた。ブレーミーは、日本軍をすべてのオーストラリアの領土から排除することがフィリピンの場合と同じようにオーストラリアの国益に資すると信じていた。

その頃には、兵としてははるかに熟練していたオーストラリア軍の「ディガー」〔オーストラリア兵の別称〕たちは、ブーゲンビル島にいた日本の第一七軍とニューギニア島の第一八軍を突破し、実質上両軍を撃退した。慎重を期し、よりリスクを抑えた攻勢はニューブリテン島西部から日本軍を駆逐したが、オーストラリア軍は九万の日本兵を擁していたラバウルには手をつけようとはしなかった。これらの作戦中、九九一名のオーストラリア兵が戦闘中に死亡した。日本軍の被害は約一万八五〇〇名の戦死者で、加えて二万三〇〇〇名が餓死か病死に至った。[6]

一九四五年二月、マッカーサーは、ボルネオ島北部を掌握するため、オーストラリア軍第一軍団（歴戦のオーストラリア軍第六、第七、第九師団で構成されていた）を投入することを計画し始めた。上陸の暁には、その九〇日後に連合軍の作戦に使う石油を供給できるとしたのがその理由だった。ワシントンの陸海軍合同石油委員会はこの提案は甚だしく間違っていると指摘し、供給できるまでに一年はかかると概算した。三月、マッカーサーはオーストラリアの首相カーティンに対し、作戦の規模を広げた、より挑戦的な計画となるジャワ島の奪回計画を告げていた。「私がこの計画を企画する目的は、アメリカ領やオーストラリア領でなされたように、オランダ領東インドの支配権を本来の政府の所在に返すことにある（以下省略）」とマッカーサーは書いている。

統合参謀本部は、マッカーサーのオランダ領東インドについての計画には明々白々な欠陥があるにも拘わらず、これに同意した。五月一日、オーストラリア軍の第一軍団（第六師団を除く）は、予定通りにボルネオ島の北東岸沖に浮かぶタラカン島に、指揮下の第九師団の一旅団を上陸させた。

六月一〇日、第九師団の二個旅団がボルネオ北西部のブルネイ湾を攻撃した。日本軍は、オーストラリア軍の次の目標である、バリクパパンでの戦いの準備を周到に整えていたため、マッカーサーは上陸を行う前に敵に壊滅的な打撃を与えるべく一六日間にわたる爆撃を行うよう命令した。第七師団はバリクパパンに七月一日に上陸したが、ここで被った損害は非常に少なかった。この不必要だったボルネオでの作戦で、オーストラリア軍は少なくとも五六九名の死者を出し、日本軍の死者の数は四八〇〇名に上った。[7]

戦争末期、マッカーサーは、ジャワ島という強固に守られた広大な島にオーストラリア軍の第一軍団を上陸させるという、驚嘆すべき計画を抱いていた。これが実行されていたなら、太平洋における凄惨な流血戦の一つになっていただろう。オーストラリアの優れた軍事史家デイヴィッド・ホーナーは、一九四五年のオーストラリア政府の方針の基本的転換と、それと相まって統合参謀本部も反対の態度を硬化させていくだろうという理由から、マッカーサーは結局、ジャワ島占領の計画を諦めるに至ったに違いないと推論している。[8]

しかし、責められるべきはマッカーサー一人ではない。アメリカ政府、オーストラリア政府、統合参謀本部、オーストラリアの軍上層部がすべて、日本の降伏には本質的に何ら寄与しない一連の作戦を黙諾していたというのは、今振り返ってみてもただ驚きである。さらに、オランダの植民地統治を再興するためにオランダ領東インド全域を奪回するという提案は、それがもたらすであろう外交政策への多大な影響に鑑みれば、もっと厳しい吟味がなされるべきであったのに、どうやらそれもなかったのである。

一九四五年四月、統合参謀本部は、太平洋戦域の新たな指揮系統を発表した。一九四二年三月と同じ理由から、またしても陸軍と海軍は、合同で一人の最高司令官を選出することができずにいた。しかし、新しい体系は、戦域ごとにそれぞれの統合軍の司令官を選ぶのではなく、軍種ごとに指揮権を統合するかたちとなった。こうして、マッカーサーは陸軍に属するすべての地上軍、後方支援部隊、航空部隊（B－29戦略爆撃機の第二〇空軍は含まれなかった）の総司令官となった。そしてニミッツがすべての海軍部隊の総司令官となった。[9]

＊

日本との戦争をどのように終わらせるべきかという意見は、陸軍と海軍の間で依然として相違があった。突き詰めて見ていくと、彼らを隔てていたのは、軍事的な問いではなく、政治的な問いだった。アメリカ国民は、日本の無条件降伏という、国を挙げての目標に達するまで戦い抜こうとしていたが、そのアメリカ国民の意志を挫くのは、一体どの要素であるか？　というのがその問いであった。マーシャルが率いる陸軍は、その答えが時間であると信じた。したがって陸軍は、日本の本土占領のみがアメリカ国民が許容できる期限内に戦争を終結させると説いた。史上最大の上陸作戦を指揮してみせると意気込んでいたマッカーサーは、頑なまでにこの意見に固執した。キングが率いる海軍は、決定的な要素は犠牲者の数である、という意見だった。何十年にもわたる研究の結果から、海軍指導者たちは、日本の本土上陸は確実にアメリカ国民の許容範囲を超えた犠牲者を生むと思っていた。そのため海軍はその代案として、爆撃と補給線の封鎖という戦略を主張した。この戦略は、何万、何十万という日本人を空爆で死なせ、また、何百万もの日本人を餓死させ、あるいはその瀬戸際まで追い込み、最終的に日本を降伏させるということを意図した戦略だった。（戦後、海軍と一部の航空部隊の将校たちは自分たちの主張した戦略ならば原爆を使わずに戦争を終わらせることができただろうと断言した。彼らは正しかったかもしれないが、彼らが支持する空爆と補給線の封鎖という戦略には、原爆で亡くなったよりも、はるかに多くの日本の非戦闘員を死なせることが含まれているのである。）

この陸軍と海軍の間の軋轢は、不安定な妥協案という結果を生んだ。一九四五年五月、統合参謀本部は二段階から成る日本上陸作戦の一段階目であるオリンピック作戦の命令を出した。目標期日は一九四五年一一月一日（Xデイと名付けられた）だった。日本の四島のうち、最南の島である九州の航空基地及び海軍基地を掌握する予定になっており、それらの基地は、暫定的に一九四六年三月に予定されていた関東地方への上陸作戦、コロネット作戦の足場となるはずであった。しかし、キング提督は、自分はオリンピック作戦の実施そのものには賛成しておらず、ただ一一月に日本の本土に上陸ができる可能性を保持するための命令が出されることに賛成したに過ぎないという内容のメモを、同僚の将校たちに送っていた。彼は統合参謀本部が、日本上陸を行う案が妥当かどうかという問題を八月か九月に再度検討することを期待していた。[10]

オリンピック作戦では、マッカーサーが地上軍の指揮を、ニミッツが海軍の指揮を執ることになっていた。マッカーサーは、実際の上陸作戦を率いる任務にクルーガーの第六軍を指名した。クルーガーは一四の師団と別の二つの連隊戦闘団、その他大勢の支援部隊から構成された四個軍団に属す、計六九万三二九五人の兵力を有するはずだった。Xデイの一日前に、一師団と一つの連隊戦闘団が上陸地点への進路に沿った九州沖の島々を制圧する予定だった。そしてXデイ当日には、陸軍の一軍団が九州の南東部である宮崎に、別の軍団が有明湾に上陸することになっていた。同時に、三つの海兵師団から編成された三番目の軍団が九州の南西部に位置する串木野〔二〇〇五年に隣接する市来町と合併、いちき串木野市となる〕に上陸するはずだった。四番目の一軍団は第一一空挺師団とともに予備軍となる計画だった。[11]

　アメリカ側は、Xデイ当日、九州内の日本軍の守備隊は全部で六師団であり、そのうちの三師団は目標となる九州南部に配置されているだろうという推定をもとに、これらすべての計画を立てていた。諜報による推定は、日本軍は最終的には八個から一〇個師団、合計約三五万の兵を九州に送るだろうが、それらの兵は断片的に送られてくるだろうというものだった。また、それらの推定は日本全土の航空戦力は二五〇〇から三〇〇〇機だという楽観的な数字を挙げていた。[12]

　オリンピック作戦は、一つの進路を取る戦術に生じる典型的な問題を抱えていた。合衆国がどこを、いつ、どの戦力を使って攻撃して来るかを正確に計算することは、日本軍にとって難しいことではなかった、ということである。日本軍の上層部は一九四五年一月、アメリカ側は補給線の封鎖と都市への爆撃だけでは飽き足らず、日本への上陸を試みるだろうという、抜かりない判断をしている。さらに、帝国陸軍と帝国海軍の指導者たちにとっても、自分たちの敵が九州を戦闘機の飛行範囲に入れるため、沖縄を攻撃してその飛行場を掌握しようとするだろうという推測を下すのは容易なことであり、まさしくその推測は、マッカーサーが行ってきた作戦の特性そのものを映し出していた。地図を調べれば、アメリカ軍が九州のどこを上陸地点に選ぶかは自ずから分かってくる。日本軍は九州に（同じく東京の手前にも）兵力を集中し始め、相手の動きを待った。彼らは、自分たちが敵の最初の上陸を阻止できるか、もしくは敵に甚大な被害を与えることができ、その結果、無条件降伏よりも、はるかに許容できる条件で、アメリカ側の方から戦争終結の交渉が持ちかけられるだろうと自信を持っていた。[13]

もっとも重要であるにも拘わらず、もっとも知られていない課報活動の貢献の一つとして、こんな情報があった。七月半ばから終戦にかけて、無線課報は、日本本土全体にわたって驚愕するほどの数の兵力が集められているという事実と、九州の上陸予定地点には、さらに圧倒的な数の兵力が配置されているという、アメリカ軍を動揺させるような証拠を摑んでいた。終戦までには、課報情報は九州にいた一四師団(そのうち九個師団は九州の南半分に配置されていた)のうち一三師団と一一の旅団のうち五つの旅団を特定できていた。八月二〇日付の最終的な、修正された推定は、日本軍はこの一四師団に加え、総計六二万五〇〇〇の兵力を九州に配置しているとしているが、実際の総計は九〇万近くに上った。[14]

日本の航空戦力に関しては、課報機関によって数にばらつきがあるが、どれも楽観できる数ではない。降伏の日までに新たに作られた、日本の航空戦力に関する陸海軍合同委員会の推定に拠れば、日本本土の日本軍の航空戦力は五九一一機を数えた。[15] ニミッツの課報機関は八月一三日までの報告で、日本軍は一万二九〇機の本土防衛に投入できる航空機を保有していると計算している。[16] 実際の総数は一万七〇〇辺りになると思われる。[17]

ウィロビーが、このまま九州での日本軍の増加が抑えられなければ、「敵兵力:一に対し味方兵力:一の割合での攻撃になる危険性があり、勝利は覚束ない」と単刀直入に注意を促したことは評価に値する。[18] 統合参謀本部では、事務局がこの根本的な状況の変化を考慮に入れ、オリンピック作戦の見直しという困難な作業に着手した。計画担当者たちは代理案を検討することにし、代理案のなかでも知られているのが、日本の本州北部からの上陸だった。

統合参謀本部のスタッフが戦域担当の司令官たちに直接意見を聞くのを躊躇している一方で、マーシャルとキングは躊躇などしていなかった。八月七日、マーシャルはマッカーサーに、個人的にこの状況をどう判断しているかを尋ねた。マッカーサーの返事はなんと、このような諜報情報を信じないといった内容のものだった。彼はオリンピック作戦を実行すべきであると主張した。ここで、キング提督が切り札を持ってこれに介入しようとした。五月以来、キングは、ニミッツが当初約束していた陸軍への支援、少なくともオリンピック作戦への支援は、これを取り下げるだろうという確信を持っていた。八月九日、キングはニミッツに、そのニミッツの意向をワシントン並びにマッカーサーに告げるように命令する。だがニミッツは陸軍、そしてマッカーサーと大きく対立する事態を引き起こすのを恐れ、また、日本の降伏が近いことを示す証拠が初めて出てきたこともあり、一旦それを思いとどまった[19]。

日本上陸の作戦案にまつわる世間一般の通念を覆す、このような驚くべき話は、無線諜報に関する徹底した秘匿性のため、マッカーサーの存命中にはまったく知られていなかった。ソヴィエト連邦が、戦争直後に日本の四島のうち、最北の島である北海道を占領する準備をしていたということが一九九〇年代に明らかになり、話はより複雑になった。これらの出来事のもっとも考えられる結末は、おそらく、海軍からの頑強な反対と、諜報により新しく入手した情報に基づき、トルーマンがオリンピック作戦への支持を撤回するという筋書きだろう。また一方、ソヴィエトが北海道に上陸するならば、陸軍、海軍、そしてマッカーサーも支持すると思われるこの本州北部に上陸する案が、オリンピック作戦の代案として採用されるという可能性はあった[20]。

後年マッカーサーは、二つの虚偽の発言により、自らの評判を貶めた。興味深いことに、一つは、右派の定見となり、もう一つは、左派の定見となった。一九五〇年代、マッカーサーは、ヤルタ会談においてソヴィエトの参戦を条件にスターリンにした譲歩、また、ソヴィエトの参戦そのものも必要なかったと主張した。果たして実際には、一九四五年二月、陸軍省の代表、それも一人ではなく、二人のそれぞれ異なる代表に、また、一九四五年三月には海軍長官に、マッカーサー自ら、ドイツ降伏後、できるだけ早い時点でソヴィエトを参戦させることを自分は支持する、と告げていたというのが事実だった。一九四五年六月、彼はこの意見を、彼自身の戦略的展望の概略を述べたメッセージのなかでも繰り返していた。[21]

一九四五年の時点での自分の実際の意見を、戦後になってから偽ろうとするこのようなマッカーサーの姿勢は、原爆の使用に関する問題と、日本の降伏が近いと予測したという自らの自信に関する問題にも及んだ。一九四五年六月、マッカーサーは陸軍航空軍の参謀長であったヘンリー・〝ハップ〟・アーノルドと話す機会があった。アーノルドの記述に拠れば、マッカーサーは「空爆は戦争を終わらせるのに非常に役立つだろうが、最終的にはGIたち〔原文ではdoughboysという第一次世界大戦中に使われた別称を使っている〕が東京へと侵攻しなければならないだろうと思ってい」た。さらに、彼が八月九日（広島と長崎への原爆投下の後）になってもオリンピック作戦の実行の可能性をマーシャルに熱心に説いていた事実は、マッカーサーが日本の降伏が近いと予期していたとする考えと完全に矛盾する。日本の降伏以前、彼が自分の上官に対し、原爆の使用に関して良心の呵責を見せた形跡はまったくない。マッカーサーと彼の追随者たちが、日本は降伏する寸前だった、原爆の投下は不必要だったとする、フーヴァーが行ったような保守派の批判（のちに左派によって使われるようになる）と同調する話を捏造するようになったのは、戦後のことである。[22]

＊

八月一五日、天皇はそれまで前例のない肉声での放送で、戦争の終結を発表した。彼は、日本が降伏したとは言わなかった。同日トルーマンは、マッカーサーが占領軍の最高司令官になることを公式に彼に伝えた。日本の将校たちが降伏と占領についての詳細の調整のためにやって来た。将校たちは日本軍のいくつかの部隊では反乱の動きがあり、占領軍部隊の第一陣の到着が予定されていた飛行場がある東京近郊の厚木の部隊もそれに含まれる、と警告した。マッカーサーは自分の到着日を延ばし、日本側に三日の猶予を与えた。八月三〇日、マッカーサーは厚木に到着した。その時アメリカ兵は一〇〇〇人ほどしかおらず、その数をはるかに上回る大勢の日本兵に囲まれていた。ウィンストン・チャーチルは次のように言った。「戦争中の素晴らしく勇敢な行動のなかで、私はこのマッカーサーの厚木到着をもっとも勇気ある行動だと評価する」。マッカーサーは、八月一五日の天皇の玉音放送が日本兵に降伏の決定に従うことを納得させたと思い込んでいたが、実は八月一〇日から少なくとも一七日にかけて、多くの日本軍の指揮下で、特に海外の部隊では、反乱寸前の事態になっていたのである。[23]

降伏文書調印式はマッカーサーの経歴のなかでも大いなる瞬間の一つであった。彼は芝居がかった尊大さと深遠な象徴性、そしてもっとも重要な要素、寛容さで手際良く式を司った。枢軸国のドイツの代表が並んだ降伏文書調印式が、夜半の暗闇のなかでほとんど隠れるように執り行われた不名誉な式であったのに比べ、この対比は際立っていた。

調印式の舞台となったのは、トルーマン大統領に敬意を表して彼の出身地の名を冠し、また、ハルゼーの旗艦でもあった戦艦ミズーリだった。アメリカとその他の連合国の海軍将官たちが、アルファベットのLの字型に並び、そのLの字に囲まれるように降伏文書の置かれたテーブルが設置されていた。ヨーロッパでの調印式と違い、参加したのは上級将官だけではなかった。ミズーリの艦上の見渡す限りのすべてのデッキ、台や足場、砲塔には、この勝利に寄与した多くの兵を代表して白い水兵服に身を包み、世紀の瞬間を待っている下士官たちの姿があった。

九月二日午前九時、日本の代表たちを乗せた駆逐艦が到着した時にミズーリの上に翻っていたアメリカ国旗は、一九四一年一二月七日に米連邦議会議事堂に翻っていたものであった。日本の代表たちが会場の所定の場所に並ぶと、マッカーサーが現れた。彼の傍らと背後にはコレヒドールで日本軍に降伏したジョナサン・ウェインライト中将、シンガポールで降伏したアーサー・E・パーシヴァル中将がいた。両者の明らかに憔悴し切った容貌は、無言のうちに日本の行った戦争のもっとも悲惨な部分を露呈していた。それからマッカーサーは、彼の経歴のなかで、おそらくもっとも人々の記憶に残るスピーチを行った。

我々は、主要な交戦国の代表として、平和を取り戻す厳粛な協定を取り交わすため、今日ここに集まりました。理想や信条の相違による問題はすでに戦場において決着がなされ、もはや議論や論争の対象ではありません。また、地球上の大多数の人々を代表する我らがここに集う理由は、不信や敵意、憎悪ではありません。勝者も敗者もともに、我々が今から臨む神聖な目標に唯一相応しい、より尊い頂《いただき》に登り、ここで公式に交わされる合意にすべての人々が全力で、そして忠実に従うことを誓うために集まっているのです。

私はこの厳かな式の後、あの過去の流血と殺戮のなかから、人間の尊厳や、自由、寛容、正義の希求という人間のもっとも枢要な願いを実現できる、より良い世界が生まれることを切に望んでいます。そしてそれは、人類全体の望みでもあるのです。[24]

日本の全権団の一員だった加瀬俊一《としかず》（一九〇二〇年外務省入省の加瀬俊一（しゅんいち）とは別人）は、英語に堪能な外務省官僚だったが、彼は、マッカーサーが日本の代表や国そのものに対し屈辱を与えるような言説をまったく避けていたことに深い驚きと安堵を覚えたという。加瀬は、マッカーサーの言葉はミズーリの甲板を「平和の祭壇」に変えてしまったと述べている。日本側が署名した後、まるでそれが合図であったかのように、鉛色の空に突然光が射した。その眩しい日差しのなかを四〇〇機のB－29と一五〇〇機の艦上機が大々的な儀礼飛行を行い、その耳をつんざくような轟音は式の進行の間、ミサの最後を飾る賛美歌のように響き渡った。[25]

＊

マッカーサーの第二次世界大戦中の指揮官としての評判の拠り所の一つは、ニミッツ提督の指揮下の中部太平洋で被ったと伝えられる多くの死傷者数と比較すると、南西太平洋方面軍は、マッカーサーが巧みな指示を与えたことでそれほどの死傷者を出さずに済んだのだとする主張である。マーシャル将軍と他の多くの陸軍将校もこの説を信じていた。これは戦争中もそれ以降も、マッカーサーによる宣伝活動で繰り返されていた定番とも言うべき主張で、マッカーサーの熱心な崇拝者たちもそれに同調した。彼に批判的な者でさえ、大抵は反論しようともしなかった主張であるが、現実はかなり違っていた。[26]

この論争のなかで覚えておかなければならないのは、まずこれが、地上作戦の死傷者に重点を置いているということである。確かに、合衆国海軍が帝国海軍や日本の商業船を駆逐するための戦闘において、太平洋での二万九二七〇名の死者を含む、合計五万七一四九人にも上る大量の犠牲者を出していることに議論の余地はない。[27]海兵隊に配属された合衆国海軍に属する医療関係者の犠牲者とその他のほんのわずかの地上での犠牲者を除き、海軍の犠牲者は合衆国が太平洋において、進路を一つにしたとしても二つにしたとしても、どちらの場合にも発生していただろう。

これをより複雑しているもう一つの問題は、被害者となった戦争捕虜の問題である。捕虜となったアメリカ兵の間で、日本軍のおぞましい残虐行為により大量の死者が出たことをマッカーサーの個人責任とするのは、公平ではない。したがって、戦争捕虜の被害は他の被害と分けて考えるべきである。あと一つ、ニミッツの場合と違い、地上戦でのマッカーサー軍には、他の連合国、特にフィリピンとオーストラリアからの非常に大勢の援軍が含まれていたことも考慮に入れるべきである。戦争という有事の状況下だったため、フィリピン軍の被害の場合、それにまつわる推定以上の正確なデータは出されていない。

このような但し書きはつくが、次頁の表1は二つの戦域の地上作戦における合衆国軍の死傷者、表2は連合国軍の死傷者を表している。

これらの数字をもとに見てみると、合衆国陸軍の太平洋戦域の作戦における全体的な戦闘被害の

表1　マッカーサーとニミッツ指揮下の地上作戦における米軍の戦闘死傷者[28]

軍　種	マッカーサー		ニミッツ	
	総死傷者	死　者	総死傷者	死　者
合衆国陸軍（陸軍航空軍を含む）	112,331	37,227	36,131	10,265
海兵隊	5,276	1,880	70,007	17,802
海軍医療関係者	107	30	2,743	628
死亡捕虜	—	11,159	—	143
合計（死亡捕虜を含む）	117,714	50,296	108,881	28,838
死者合計（死亡捕虜を含まない）	—	39,137	—	28,695

表2　マッカーサーとニミッツ指揮下の地上作戦における連合国軍の戦闘死傷者[29]

国　別	マッカーサー		ニミッツ	
	総死傷者	死　者	総死傷者	死　者
カナダ	—	—	25	21
オーストラリア	18,547	6,631	—	—
ニュージーランド	400	222	—	—
フィリピン共和国（捕虜を含む推定数）	60,000	10,000	—	—
フィリピン共和国（捕虜を含まない推定数）	—	2,500	—	—
連合軍の総死傷者（フィリピン人捕虜を含む）	78,947	16,853	25	21
連合軍の総死者（フィリピン人捕虜を含まない）	—	9,353	—	—

表3　太平洋における地上作戦の戦闘死傷者の総数
マッカーサーとニミッツの比較[30]

	マッカーサー		ニミッツ	
	総死傷者	死　者	総死傷者	死　者
合計（死亡捕虜を含む）	196,661	67,149	108,906	28,859
死者合計（死亡捕虜を含まない）	—	48,490	—	28,716

総計は、五万五一四五人の死者を含む一六万二七六人であると算出される。これらの死者のうち、少なくとも一万一一六三人は戦争捕虜となっていた二万七一八一人中の被害であり、全体の死者数のおよそ五分の一を占めている。それに比べ、ヨーロッパ、地中海一帯の作戦における合衆国陸軍の被害は死者一七万四〇九〇人を含む、総計七四万九八三二人の戦闘死傷者となっている。この地域での被害者のなかで、九万五九九七人が敵に捕らえられ、そのうちの死者はわずか一〇七四人だった。[31] 海軍と海兵隊は太平洋において一二万七二九四人の死傷者を出し、そのうち死者は四万八四二六人だった。[32] このように、アメリカ軍の太平洋における戦闘死傷者を全部合わせると（商業船の被害は含まない）、フィリピンの作戦での被害者であった二八万七五七〇人、死者はそのうち一〇万三五七一人となる。そのなかのおよそ三分の一はフィリピンの作戦での被害者であった。

このような数字を調べていくと、戦争捕虜の被害を数えようと数えまいと、マッカーサーの指揮下で行われた地上作戦には、ニミッツの指揮下での被害数よりも、多くの被害数があることが分かってくる。この両者の差は捕虜の被害を数に入れればより大きくなるが、入れなくともその差は大きい。

この結果には、いくつかの要因が挙げられる。第一に、一九四二年下半期から一九四三年初頭にかけてのニューギニア島でのココダ～ブナ～ゴナ（パプア）一帯での作戦におけるマッカーサーの指揮下での死傷者は、ガダルカナル島で同時期に行われた作戦における陸軍と海兵隊の死傷者数よりも、数字的にも割合的にも多かった。[33] 第二に、フィリピンの奪回にて生じた死傷者の数は、硫黄島と沖縄での死傷者数にほぼ匹敵する。第三の要因としては、そしてこれがもっとも重要だが、マッカーサーを支持する人々はだいたいにおいて、他の連合国の死傷者、特にニューギニア島でもっとも重い負担を担ったオーストラリア軍の部隊や、マッカーサーの指揮下で命を落としたフィリピン兵などの死傷者を見落とすか、もしくは考慮に入れていないことである。

この考察が、マッカーサーの指揮下での数字の上での被害が、ニミッツの指揮下でのそれよりも少ないとする主張は根拠がない、ということを示している一方、被った被害はそれだけで痛ましいものだが、作戦の規模の大きさと、アメリカ軍の指揮官たちが対戦した敵軍の獰猛さを考えれば、この両司令官の指揮下での被害は意外なほど小さいことも示している。それがよく分かる一つの方法は、日本軍の被害と比較することである。ある記録に拠れば、帝国陸軍は対アメリカ軍の戦いだけでも、四八万五七一七人の死者数を数え、他方帝国海軍の死者は四一万四八七九人で、そのほとんどが対アメリカ戦での犠牲者である。かくて帝国陸海軍の戦死者の合計は九〇万五九六人に上る。[34]ということは、日本軍と戦い命を落としたアメリカ兵一人に対し、九人の日本兵が亡くなっているということである。

第11章　青い眼の大君

マッカーサーの日本統治はどのようなものであったのか。それをよく体現しているエピソードがある。あるアメリカ人将校が、皇居の濠沿いに佇む第一生命ビルにマッカーサーのオフィスを設える任務にあたった。彼がビルの支配人のもとにマッカーサーのオフィス用の絨毯を持ってきたところ、絨毯は使用する部屋には大き過ぎることが分かった。当然、部屋の大きさに合わせて絨毯を切るように言い渡されると思った日本人の支配人に対して、その将校は、絨毯はマッカーサーの私物であるため、絨毯のサイズに合わせて部屋の壁を移動させるようにと言ったのである。ここでのメッセージは明白であった。「慣習による制限にマッカーサーを従わせることはできない」ということである。[1]

日本統治中のマッカーサーは、ずっとアメリカ大使館に住み続けた。オフィスとした第一生命ビルから車で五分の距離である。一九四六年にマニラ、また、一九四八年にソウルを訪れた際を除き、祝日などにも関係なく、週七日、一日二回オフィスと大使館の間を往復するという彼の日課に変わりはなかった。信じがたいことだが、自身が支配する国をその目で見てみようと東京から出ることもなかったらしい。訪日する要人などを昼食に招くことはあっても、夕食をともにすることは稀であった。ＧＨＱ（連合国軍最高司令官総司令部）の対敵諜報部隊長であったエリオット・ソープ准将だけは例外で、時折夕食に招かれたという。ソープは内通者、郵便物の開封、盗聴活動など、各所に張り巡らされた情報網を監督する立場にあった。ソープの語る、「整然と見える日常の裏側で実際は何が起きているかを垣間見させてくれる」話を、マッカーサーは非常に楽しんだ。しかし、だいたいにおいてマッカーサーが、中間または下位レベルの職員と接することは、まったくと言っていいほどなかった。直属の補佐官や取り巻き以外は接触を厳しく制限された。しかし、一つだけ特異な例外があった。自分に宛てられた手紙はすべて自分自身で開封したことである。さらに、形式的な返事では対処できない手紙には、自身で返事を書いた。このように、誰でも手紙を書くことでマッカーサーに各々《おのおの》のメッセージを届け、その返事を得ることができたのである。[2]

東京において、マッカーサーは二つの指揮権を持っていた。一つは、大戦中から引き続いての西太平洋方面アメリカ軍の指揮権であり、後にそれは極東軍の指揮権となる。もう一つは、名目上は〔アメリカ単独ではなく〕国際的なもので、連合国軍最高司令官（ＳＣＡＰ）としての指揮権である。その上部組織として設置された極東委員会（ＦＥＣ）は一一か国の代表で構成され、表向きは占領を管理するものとされていた。マッカーサーはこれらの指揮をＧＨＱにて一括して執り行った。ＧＨＱの人事にあたっては戦時中の彼の部下がそのまま移行され、結果的にお馴染みの側近の上級将校たちの顔が並んだ。

マッカーサーは、最終的にこの組織に一三の専門部署を配した。各部署は総じて日本政府の構造に対応するようになっており、彼自身がワシントンからの命令を注意深く分析した結果がよく現れている。GHQは多い時で五〇〇〇人ものメンバーを抱える大所帯となったが、マッカーサーは自分に忠実な一握りの将校らがすべてを掌握できるようにすることで常に自分の目が届くようにした。それぞれの部署のなかで、その働きが特に傑出していたものは、民政局（GS）である。民政局の少数精鋭のスタッフを指揮したのが、有能なコートニー・ホイットニー少将であった。戦前はマニラで弁護士として裕福に暮らしていたホイットニーは一九四三年からマッカーサーの下でゲリラ活動を行い、その後フィリピンの民政に携わるようになる。そしてやがてマッカーサーのもっとも親しい友人ともいえる存在となっていった。

GHQ内の言及すべき部署は、そのほかに二つある。一つは、ウィロビーが率いる参謀第二部（G2）である。彼は大戦中に引き続いて対外諜報活動を主導し、日本国内の情報を握る機構を組織することによって、その影響力を強めていた。また、GHQ内部と国内の共産主義者、急進派を極度に警戒していた。もう一つは、ウィリアム・マーカット少将が長を務める経済科学局（ESS）である。マッカーサー自身がこのウィットに富み、勤勉で信頼のおける男を局長に任命した。ここでのマーカットはアメリカン・フットボールのコーチのような存在であった。彼は対空防衛についてはは詳しかったが、新しく自分が担当することになった分野に関する知識はほとんどなかった。しかし、自分の部下の適切な助言をうまく取り入れることにより、評価の厳しい日本の研究者からでさえ「驚くほどの成果を上げた」と評されている[3]。

日本占領は六年半の長きにわたり、日本のおおよそすべての事象に影響を及ぼした。占領期の資料はアメリカ、日本両国の書庫に群島のように散らばり、一人の歴史家の手で読み解くことはとうてい不可能なほど膨大なものである。だいたいが政治、経済、文化についてであり、どれも間違いなく重要で、また、非常に興味深いテーマであり、学ぶところが大いにあるだろう。しかし、マッカーサーの功績を検証するには、ひとまずは主眼を別のところに置くことから始めるべきである。マッカーサーは占領中、日本における壊滅的な人災の被害を防いだが、もしそれを防ぐことができていなかったとしたら、占領がもたらした他の多くの変革の意義も矮小化されていただろう。まずは、マッカーサーがその惨事を防ぐために実際にどういう役割を果たしたかを理解することが肝要である。

*

戦争は、日本の公衆衛生制度を混乱、そして悪化させ、戦争末期には、栄養不良により日本のほぼ全人口が、疾病に感染しやすくなっていた。さらに終戦後は、およそ六五〇〇万の日本の軍人と民間人が、外地から日本本土に引き揚げてくることになっており、彼らが媒介となって致命的な伝染病を運んで来る可能性があった。この二つの状況が重なり、日本は、死に至る伝染病が猛威を振るう危険に満ちた、最悪の事態に直面していた。占領の最初の三年間の間におよそ六五万の人々が伝染性の疾病に感染し、一〇万近くの人々が命を落とした。それらの死は痛ましい悲劇だったが、実は日本人が直面していた危機のほんの一部でしかなかった。それらの危機を食い止めたのが、日本側の医療関係者と非常に緊密で効果的な連携を保ちつつ、医療活動に尽力した占領軍当局の働きだった。[4]

クロフォード・F・サムス大佐は陸軍軍人であり、経験を積んだ神経外科医でもあった。占領軍の医療方面を統率していたのが、このサムスだった。サムスは独裁的で融通がきかず、また、極めて精力的で上に超がつくほど有能な人物だった。しかし、彼がどんなに強烈な個性の持ち主であったとしても、何百万人もの命を脅かす壊滅的な伝染病の蔓延を食い止めるという任務には、最高の適任者だったことは間違いない。[5]

サムスが着任したのは、日本にいた多くの朝鮮系の人々の間で発疹チフスが爆発的に広がり始めた時だった。大阪がその発疹チフスの発生の中心地だったが、それが一気に日本全土に広がる危険があった。[6] サムスは、アメリカ側と日本側を合わせて八万人に上《のぼ》る公衆衛生に携わる医療従事者を速やかに組織した。彼らは伝染病を食い止めるため、新たに設営された八〇〇もの保健所に散らばった。サムスは自ら大阪に赴き、四日間にわたり五〇万の人々にDDTを散布する作業を監督した。この発疹チフス対策において、およそ五〇〇〇万の日本人（人口のおよそ三分の二にあたる）がDDTの散布を受け、一三〇〇万人が予防接種を受けた。発疹チフスの患者数は一九四六年の三万一一四一人から一九四九年には一二一人へと急落した。[7]

一九四六年、中国からの引揚者とともに、極めて致死率の高い伝染病であるコレラが国内に入ってきた。国内最初のコレラの発生は、朝鮮半島への帰国の途に就く朝鮮系の人々の間で起こり、感染した一万七〇〇〇人のうち一万一〇〇〇人が瞬《またた》く間に亡くなった。コレラの蔓延が戦後日本で最初に確認されたのは、一九四六年八月のことで、被害地の大部分は日本各地の港がある都市だった。サムスは三五〇〇万の人々に対するワクチン接種を推進し、接種者の数は日本の人口のおよそ半分に匹敵した。コレラの発症は一九四六年一二月以降、見られなくなった。それは、天然痘など医学の教科書にある他のあらゆる伝染病についても同様だった。[8] サムスの医療活動の影響は日本の全人口の推定九六パーセントの人々に及んだ。占領において、こんなにも多くの日本人に直接の影響を及ぼした分野はほかになかった。[9]

サムスが伝染病の防止の次に取り組んだのは、日本の医療制度の改革だった。彼の指示の下、医師、歯科医師、薬剤師、看護師、獣医師を育成する教育制度の質、それらの職業の免許制度、それらの人々が従事する医療行為の基準が大々的に改良された。彼は病院制度から軍事主義的な色彩を排除し、また、公衆衛生制度の改善や、その他医療における多方面の改善を促進した。サムスが多くの領域において、日本側の医療従事者の旧来の努力を礎石とし、これらをより一層発展させた点は強調されなければならない。[10]

日本とアメリカの公衆衛生当局者の相互の努力によって、主要な疾病の罹病率は、一九四六年から一九四九年の間に劇的に減少した。腸チフスとパラチフスは九六パーセント、ジフテリアは八六パーセント、赤痢は七九パーセントの減少を見た。占領開始以前の日本では、長年の間結核が流行しており、日本は結核の致死率が世界でもっとも高い国々の一つだった。結核は一九三〇年代半ば以降、日本人の死因のうち、一二から一五パーセントを占めていた。結核に対する集中的な対策により、一九四六年から一九四九年の間に日本における結核の致死率は四〇パーセントも減少している。[11]

総体的に、日本の公衆衛生制度を改善し、向上させるために払ったサムスの努力は劇的な成果を上げた。一九三三年から一九四〇年の間——日本とアメリカ間の戦争以前に遡るが——の日本国内の死亡率は年間一〇〇〇人あたり一八・七人だった。一九五〇年から一九五一年にかけての日本の年間死亡率は一〇〇〇人あたり八・一人であり、文字通り半数以上減少している。[12]日本の占領期の研究者としては第一世代で、傑出した研究を行った竹前栄治は、サムスの尽力が三〇〇万人の日本人を救ったとしている。[13]

驚くべきことに、占領期にこれよりも多くの人命を救った活動があったのである。

*

日本の降伏以前に、アメリカの諜報筋は、日本国内で食料が不足しているらしいという情報を手に入れていたが、それが日本の特定の地域に留まらず、全国的な問題であると示す証拠は摑んでいなかった。一九四五年六月の、日本の全体的な状況についてのもっとも包括的な査定報告では、日本の食料供給が破綻する可能性はまったくないとの判断が下されていた。[14]

初期の占領政策は、日本が食料危機に直面しないという前提をもとに形作られており、また同時に、これらの占領政策の根底には、日本は自らこの苦境に至ったわけで、それを改善するのは部外者ではなく、日本人の仕事であるという前提もあった。このような考察から、マッカーサーに下された命令は、米国占領下において、日本の全人口に食料を供給することも含めて、その経済の責任を担うのは日本政府である、としていた。[15] 命令には、アメリカ軍の保有する食料の「無償の」――それが実際に使われた言葉だった――日本への分配をマッカーサーに禁じる項目が含まれていた。[16] さらに命令はマッカーサーに、日本政府に対し、占領軍の食料を提供するよう要求するかどうかの決定権を与えていた。ただしそれには、もしそれを要求することによって、日本国民を「飢餓」に至らせないならば、という条件がついていた。この但し書きは戦争中、常に陸、海の皇軍の兵隊たちに食料を提供する責任を、占領した地域に課した日本の方針を映し出している。このような方針が、大勢の人々の困窮を引き起こし、特にベトナムのような地域では、大規模な飢餓を生んだ。[17]

マッカーサーとサムスは、日本が直面する深刻な食料危機のことを、最初は伝え聞きで、のちに公式に知らされることとなった。一九四五年一〇月、参謀将校たちはマッカーサーとサムスに対し、一九四六年後半には日本の供給と流通システムが完全に破綻し、占領任務の達成が危うくなるだろうと警告した。[18] マッカーサーは直ちに三つの措置を講じた。第一に、彼は帝国陸軍と海軍が有する、食料も含めたすべての貯蔵物、軍備品を日本の文民政府の所有に移すことを命じた。これも役には立ったが、推定されるところでは、敗戦後すでに七〇パーセントは略奪された後だった。[19] 第二に、彼は占領軍の食事をアメリカ合衆国の供給による食料で賄うことを命じ、この行為は確実に多くの日本人の命を救った。[20] 第三に、彼はアメリカ合衆国の食料を日本人に与えることを禁じる先述の命令に逆らい、戦争末期に日本上陸作戦に備えて備蓄されていたアメリカ軍の三五〇万トンの食料を日本に送ることを命じた。[21]

当時の食料事情に関する二つの基本的な事実が、この時のマッカーサーの見解を形成していた。一つは、差し迫った危機に瀕していたのは、農村部の人口ではなく、都市部の人口だったことである。農村部の「自給者」は、裕福ではないにしても、どうにか生活していくことはできていた。二つめは、農村部に蓄えられていた食料や、各地で横行する闇市に流れる食料がどのぐらいあるのかという正確なデータが存在しなかったため、日本で入手できる食料の全体量を割り出すことが不可能だったことだった。

日本の主食は米であった。その収穫は九月から一〇月で、その年の収穫高の集計は一一月一日から始まった。一九四五年は、冷害、台風、肥料の不足、洪水に見舞われ、米の収穫は絶望的だった。

日本政府は米の収穫がわずか六四五万トン、通常の量の六〇パーセントだと報告した。間違いなく、一九一〇年以来の凶作だった。食料の輸入は完全に絶たれており、通常、食料供給の一五パーセントはその輸入に頼っていた。一九四五年一〇月、日本の大蔵大臣は、食料援助がなければ一〇〇〇万人の日本人が餓死するだろう、と公式に発表した[22]。

SCAPは当初から日本側の出した数字に疑問を持ち、日本政府は生産を最大限にするよう努力すべきだと主張していた。しかし、食料難の基本的な問題は、そうしている間にも人口の流動、交通の混乱、食料の買占めや闇市への横流しなどの付加的な問題によりどんどん悪化した。九月、マッカーサーは占領に必要なアメリカ軍の兵力は二〇万であると発表し、それは「我々の息子たちの帰国」を願うアメリカの国民の間では好評だった。しかし、それはSCAPにとって、ほとんどの食料調達と配布を、アメリカ軍ではなく日本政府の力に頼らなければならないことを意味した[23]。

いくつかの研究は、一九四七年以前のSCAPには、はっきりと名指しできる経済政策がなかったという見方を続けているが、より最近の研究はSCAPには占領の最初から経済政策があり、それは食料政策だったと強調している。マッカーサーと彼の参謀たちは、日本国民に食料を提供することはワシントンにより掲げられた民主化と非武装化という目標を達成するための基本的な前提条件となると理解していた。この二つを切り離して考えるのは不可能だった。スティーヴン・フックスが述べているように、「アメリカ合衆国には日本人を食べさせる義務があるのだ、と主張するマッカーサーよりも大きな声を上げた者は誰もいなかった[24]」。

当初マッカーサーは、アメリカに食料支援を求める要請を、「疾病と社会的不安を防止するため」という穏当な言い方で行っていたが、「ぬるま湯のような反応」しか返って来ないことが分かると、「彼らを心の底から震え上がらせる」次の計画に移った。彼は米の収穫をこの三〇年で最悪なものだと表現し、一九四六年五月以降は、都市部の配給である一日一〇四二キロカロリーを維持することが不可能であると警告している。そしてこの配給を維持するため、二六〇万トン分の米の代用品をアメリカ政府に要求した。これが得られない場合は大惨事、貧困、飢え、そして疾病が日本を襲い、「大規模な反乱」を誘発すると断言している。また、マッカーサーはワシントン政府に対し、食料か、もしくは現状以上の兵力のどちらかを自分に提供するよう要求した。彼はさらに、食料が提供されないなら、その責任の所在が最終的にどこにあるかがはっきりと分かるよう、この要請を大統領に見せるようにという辛辣なコメントも付け加えた。[25]

マッカーサーのこの多少芝居がかったメッセージが、即座に食料の調達に繋がることはなかったが、アメリカ政府の注意を日本の食料事情に向けることにはなった。ワシントン政府は世界中が食料難に喘いでいることを考慮に入れ、マッカーサーの食料の要請は日本政府の算出した疑わしい数字に基づいており、彼が伝える状況は誇張されていると考えた。[26]

一九四六年三月、アメリカ合衆国の国務省、陸軍省、農務省は、日本の食料事情が果たしてマッカーサーが報告したような憂慮すべき状態なのかを確かめるため、レイモンド・ハリソン大佐を団長とした食料使節団を日本に派遣した。ハリソンは直ちに外電で、事態はマッカーサーが報告したほど壊滅的ではないが、非常に重大であると報告した。その後まもなくして、元大統領のハーバート・フーヴァーが連合国食料調査使節団として日本に立ち寄り、状況が深刻なことを確認し、食料が輸入されなければ、日本人は「ブーヘンヴァルトかベルゲン・ベルゼン強制収容所」のような状態に置かれるだろうというリアルな説明をしている。このままでは経済回復どころか、社会秩序を保つことも不可能だった。[27]

しかし、ハリソンとフーヴァーの報告にも拘わらず、ワシントン政府に大量の食料を送ることをなおも躊躇させる要因があった。それは世界的な食料不足であり、また、当時日本がおかれていた立場、特に日本が戦争中、敵国という立場にあったこと、また、連合国の国々と解放された地域にも食料支援が必要だったこと、などだった。もう一つの懸念として、日本を優遇することに対し、他の連合国の反感を買う危険性もあった。[28]

＊

ここで、公式の配給が、生命の維持にはまったく十分なものではなかったことを強調しておかなくてはならない。平均的な日本人がこの危機を乗り切っていくには家庭菜園や、親族などの縁故、闇市、慈善団体、緊急の食料配布、そして海外からの輸入などのあらゆる手段を通じ、公式の配給食料以上のものを手に入れることが必要だった。[29]

日本政府は、配給制度のための収穫米の集配が危ぶまれるという危機に直面していた。通常、政府は、二月の終わりまでに収穫米の八五から九五パーセントを回収していたが、一九四六年は、六〇パーセントの徴収しかできていなかった。配給制度そのものが崩壊する恐れがあった。[30]食料を多方面に均等に配分するため、まずＳＣＡＰは、日本各地の食料が余っている地域から不足している地域へと食料を移動させ始めた。食料の移送を渋る地方の役人を動かすには天皇自らの訴えかけと、ＳＣＡＰからの、食料を不足地域へ輸送するプログラムが完了しないうちは食料の輸入が認められないという警告を要した。これに加えて取られた他の処置も功を奏し、徴収状況は改善したが、こ

表4　1946年5月から10月にかけて
アメリカからの食料支援に頼った日本人の数[33]

月	全人口	食料支援に頼った日本人の数	食料支援に頼った人が全人口に占める割合（%）	支援物資が東京都内の配給に占める割合（%）
5月	74,024,000	1,878,000	2.5	—
6月	74,679,707	5,307,000	7.1	74
7月	75,322,946	18,630,000	24.7	100
8月	75,683,324	20,353,000	26.8	100
9月	75,904,563	15,243,000	20.1	62
10月	76,155,553	5,319,000	7.0 (6.98)	—

の徴収の遅れが配給制度に混乱を生んだ。五月、東京都民が手にした一日の公式配給量はわずか七七五キロカロリーだった。食料を求めるデモが全国的に多発し、一九四六年五月一九日には、東京の皇居前で二五万人以上の人々が「米をよこせ」と要求する抗議集会を開いた。八月、サムスは、日本が大量の餓死者が出る一歩手前の状況にあるのではないかと危惧している。[31]

このような危機に臨んで、日本政府は一九四六年、都市人口への支給用に一五万トンの食料代用品を生産した。それは次のようなものだった。

> サツマイモの葉と茎、桑の葉、どんぐり、片栗粉抽出後の残留物、海藻類、大根の葉、蓬《ヨモギ》、リンゴとブドウを圧搾した後の残り滓、カボチャの種、真菰《マコモ》、葛、蚕《カイコ》、そしてイナゴなど、これらを乾燥させ、摺りつぶし、小麦粉と混ぜた。[32]

結局のところ、大量の餓死者が出たかもしれない事態を阻止したのは、アメリカからの食料輸送だった、という証拠は明白なようだ。それには議論の余地はなさそうだが、アメリカの食料支援の正確な数字についてははっきりしない。上の表4は、食料支援の与えた影響がだいたいどの程度のものだったかを表している。

国民は量的に適切な食生活を欠いていたものの、日本の人口は一九四七年、一九四八年を通じ、横ばいに推移した。一九四六年一一月、栄養失調対策として、初めての画期的な取り組みが始まった。サムスは、七〇〇〇万人に及ぶ日本の就学児童の栄養摂取状況を改善するため、日本が始めた学校給食の実施の試みを大きく発展させた。[34] 占領軍当局は壊滅的な食料難を回避したことにより一一〇〇万人の命が救われたとしている。この緊急時を乗り切るために、隠匿され、公表されないまま消費された食料もあったことから、一一〇〇万人という数字は、おそらく現実より大きいと思われる。しかし、もっと明確な基準となる数字がある。太平洋戦争での日本の戦死者の総計はだいたい三〇〇万に上る。保健衛生分野でのサムスの尽力により三〇〇万の命が救われた。占領軍当局による食料難への対処は、おそらくこれに加えてあと三〇〇万の命を救ったことになり、したがって助かった人の合計は前述の数の倍の六〇〇万になる。[35] このようにアメリカの日本占領はざっと見ても戦死者と同じ数の日本人の命を救い、それに加え、助かった人の総数は少なくともその倍になる計算になる。これは驚くべき業績である。

この時の、食料難の解決に尽力したマッカーサーの役割は重大だった。この戦後の混乱期に一〇代だったある日本人は、のちにこの時のマッカーサーの働きを「占領を通じ、もっとも気高く、おそらくもっとも重要な功績」だと表現している。[36] そしてこれが、占領の成功に絶対不可欠な下地となったのである。

＊

日本による侵略の跡には、少なく見積もっても一七〇〇万人の犠牲者が横たわっていた。その大多数がアジア諸国の非戦闘員であった。戦勝国と被害国はヨーロッパの場合と同じように戦争犯罪人の裁判を要求した。約五七〇〇人の日本人の戦犯容疑者は三つの種類に分けられた。二八人のA級戦犯の被告人は主に他国への武力侵略を首謀したかどで告発された。これらの人々は東京で開かれた極東国際軍事裁判（IMTFE）の法廷で裁かれた。残りはB級（通常の戦争犯罪）とC級（人道に対する罪）に振り分けられた。これらの被告人は日本だけでなく、アジア各国の、嫌疑をかけられたそれぞれの場所で裁かれた。B級、またはC級戦犯として連合国の法廷で裁かれた日本人のなかで、ソ連による裁判を除き、四四〇五人が有罪となり、九〇四人が極刑に処せられ、四七五人が終身禁固刑となった。ソ連は、日本軍への関与が他の連合諸国と比べて限られた状況だったにも拘わらず、約一万人の日本人を裁き、三〇〇〇人を極刑に処した。

マッカーサーは、自分がフィリピンで戦った二人の日本人の将軍の裁判に個人的に興味を持っていた。山下将軍〔山下奉文〕が一九四四年から一九四五年にかけてのフィリピンの民間人に対して行われた大虐殺を命令、またはそれを認可した容疑をかけられる確固とした根拠はなかった。しかし、その代わり山下は、一九四五年の一〇月初め、指揮官責任という裏付けに乏しい容疑で裁かれることになる。裁判は法的な専門知識を持たない五人のアメリカ人将校を陪審員としたマニラの法廷で行われた。マニラは日本軍の残虐行為が行われたその中心地であった。一二月七日、予想された通り、陪審団が下した判決は絞首刑という軍人には侮辱的な方法での死刑であった。フィリピンとアメリカの最高裁とトルーマン大統領への嘆願書はすべて却下された。二月二三日、山下の絞首刑は執行された。

本間将軍〔本間雅晴〕の裁判は、一九四六年の一月に始まった。こちらも法律的な専門知識のない五人のアメリカ人将校が陪審団として裁判を取り仕切った。主な容疑はバターン死の行進における本間の責任についてであった。司法手続きに不備はあったにせよ、山下の例と違って、本間が責任を問われるもっともな根拠は存在した。行進ルートの近くに彼の本部がおかれ、本間自身もその行程を通ったことがあった。何が行われていたのかを彼が知らなかったとは考えにくく、また、何も手を施さなかったのは明白であった。本間は有罪判決を受け、一九四六年四月、山下の処刑と比べれば名誉を重んじた銃殺刑に処せられた。マッカーサーのこれらの裁判との関わりは彼の経歴のなかでもっとも恥ずべき汚点だと言っていい。しかし、その責任はマッカーサーだけでなく、アメリカの最高裁を含む他の司法機関にもあった。

極東国際軍事裁判で裁判長を務めたサー・ウィリアム・ウェッブ〔裁判後、のちにナイトの称号を授与される〕は、マッカーサーと友人関係にあったものの、彼からの干渉は受けないことを明確にしていた。二年半続いた裁判の間に、A級戦犯の被告人のうち二人は死亡し、一人は精神障害が認定された。一九四八年一一月、判事団はA級戦犯の被告七人に絞首刑、一六人に終身禁固刑、二人に有期禁固刑を言い渡した。多くの日本人はマッカーサーが減刑を命じることを期待していたが、彼がそうすることはなかった。極東国際軍事裁判は、正義が行われたことを日本国民に納得させるという、最大の目標を達成することはできなかった。行われたのは「勝者の裁き」であった、という後味を否定できなかった。日本がこのような運命を辿ったのは政府の上層部のせいである、という国民の当初の怒りは、戦犯に対する憐れみに変わってしまっていた[37]。

戦争犯罪をめぐる法的処置のなかで、最大の問題は天皇の処遇であった。アメリカの大衆と議会は天皇が裁判にかけられることを要求しており、多くは死刑を予想していた。マッカーサーは当初、ワシントンからの承認がない限り天皇には手出しをしないように命令されていた。マッカーサーの部下の間でも意見は分かれていた。一方は、天皇は裁かれるべきだと言い、もう一方は占領における改革を進めるために利用すべきだと主張した。

一一月三〇日、統合参謀本部は、天皇が裁判にかけられる可能性は依然としてあるとし、ワシントンの関係者が判断できるよう、証拠となる材料を集めることをマッカーサーに命じた。それに応えてマッカーサーは一九四六年一月二五日、長文の返答を送っている。そのなかで、彼自身が証拠を調べたとして、戦争の終結時に至るまでヒロヒトの権限は儀礼的なもので、下からの進言に従うことに制限されていたことが分かった、と述べている。彼はまた、天皇が裁判にかけられることが公表されれば、日本に「途轍もない騒乱」が起き、その「混乱」を収拾するには一〇〇万人の占領軍兵力を要するだろうと推定しているが、そんな兵力を配置することが不可能なことは自身がよく知っていた。さらに、「ヒロヒトを破滅させることは国の崩壊に繋がる」と続けている。このメッセージには一見して大きく誇張された部分もあるが、ワシントンの軍部と政府の高官たちはこの脅しめいた言葉に黙って同意する他なかった。

その結果は功罪相半ばするものであった。天皇の戦争責任を追及することなく、他方で彼の名において戦争行為を行った彼よりも下位の人物を裁き、結果、何千もの者が極刑に処せられたことは、本来あの戦争裁判が人々に植え付けるはずであった教訓の価値そのものを損なうことになった。その失敗はその後何十年も、日本の超保守派が日本の行ったおぞましい暴虐に対する責任の所在を曖昧にし、また、その責任自体を否定する絶好の糸口を与えることになってしまった。しかし、同時に、天皇は占領中の改革を履行するのに極めて従順で便利な存在となる。その改革は日本を封建的で侵略的な軍事国家から、問題を抱えながらも平和的な民主主義国家へと変貌させたのである。[38]

マッカーサーの信奉者も、また彼に対して批判的な者も長い間知らなかった事実が、今日《こんにち》、明らかにされている。それは一九四五年八月、日本帝国海軍の情報を傍受したことにより、アメリカ当局者は、天皇の介入が日本を降伏に導く重要な鍵となったという、紛れもない証拠を持っていたという事実である。この証拠と、占領において、天皇が日本側の協力が不可欠となる数々の改革の履行に役立つだろうという可能性、この二つが天皇を戦犯として裁かないという初期の決断を後押しした。後知恵になるが、一九四八年あたりまで裕仁天皇を皇位に留め、その後、皇太子に即位させるため天皇の退位を要求することは、国民にも戦争責任の所在を理解させ、より公平な処置となったかもしれないが、実際にそうなることはなかった。[39]

＊

日本国民の存続以外に、最初に占領の最優先課題とされたのは、日本軍の武装解除と復員の二つである。だいたいにおいて、両方とも順調な進捗を辿った。約六四〇万の日本兵が民間人としての暮らしに戻った。アメリカ軍は日本軍のしぶとい抗戦派による武器の隠匿を引き続き何年か捜索することになるが、やがて隠蔽されていた帝国陸軍の武器庫は大方が処分された。帝国海軍の船舶は引き揚げ作業に従事したあと海没処分になるか、または賠償として譲渡されることになった。小型のものは、漁業に使用されるかその他の民間利用のため日本側に引き渡された。惜しまれるのは、ワシントンが、日本が持っていた五機のサイクロトロン〔荷電粒子加速装置〕を破壊するよう命じたことだった。[40]

より悲壮だったのは、慣れ親しんだ土地を離れることを余儀なくされた八〇〇万人の人々であった。そのなかの六六〇万人は日本人で、その半分は軍人だった。強制労働に駆り出されていた朝鮮人や中国人など、日本が占領していたアジア各国の一〇〇万人以上の人々が帰国を果たした。しかし、すべての人が速やかに故国に帰ることができたわけではなく、また、帰ることのできなかった人々もいたのである。満州、朝鮮半島、サハリン、千島列島において、ソ連軍に捕らえられた日本人の数は「だいたい一七〇万人」から二七〇万人と言われている。そのうち、約七〇万人が強制収容所に送られ、記録で確認できる数だけでも六万人が死亡した。あわせておよそ三〇万人から五〇万人の日本人がソ連軍の管轄下で命を落とすか、あるいは「行方不明」となった。ある推計は一九四五年から一九四六年にかけての冬の間に、満州で六万六〇〇〇人の軍人と一七万七〇〇〇人の民間人が亡くなったことを示唆している。このようにソ連の非人道性が目立つが、その一方で、ポツダム宣言に明記されていた規約に反して、イギリスは一一万三五〇〇人、中国は一〇万人、アメリカは七万人の日本人を強制労働に従事させるため拘留した。さらにソ連は、歴史的そして法規的に見ても日本の領有だとされる南千島の島々を占領した。このように、ソ連側により非常に多くの日本人が虐げられ、大量の行方不明者を出したことと、ソ連に千島列島を占拠されたことは、日本の共産主義者に、彼らの日本国内での人気を落とすという多大な重荷を課した。[41]

＊

マッカーサー神話は、占領中に遂行された広範な改革の計画はすべてマッカーサー自らの発案により生み出されたものだとしている。しかし、現実には、占領の基本方針は予め決められており、マッカーサーはそれらを記した三つの命令をワシントンより受け取っていた。そのうちの二つ、ポツダム宣言と「降伏後における米国の初期対日方針」と題された八月二九日付の文書には、占領の目標が概略的に述べられている。その一方で、〔一一月一日に国務・陸・海軍三省調整委員会が承認し〕一一月三日にペンタゴンが承認した公式文書、「日本占領及び管理のための連合国軍最高司令官に対する降伏後における初期基本的指令」は非常に具体的な指示を定めている。この三つの文書では、表面上は連合国が共同で行うとされていた占領が、現実にはアメリカ、したがってマッカーサーが、連合国軍最高司令官として実質的に支配、統治することが明らかにされている。ワシントンの青写真は日本の政治と経済の民主化を目標としていた。[42]

そのほかに、ワシントンにより定められた二つの基本方針が占領計画を形作った。当初ワシントンは、日本の降伏は無条件であり、マッカーサーは基本的な改革を行うのに日本側と交渉することは不要だとしていた。だがのちに、ドイツの場合と異なり、マッカーサーは日本に既存する政治機構を通した間接的な統治をするべきであるとのさらなる命令を出して前文を修正する。マッカーサーにもワシントンにも、アメリカによる改革を武力によって日本に強制できるほど強大な占領軍兵力を維持する費用を、アメリカ国民が負担するつもりはないことは明白であった。一九四六年末までにアメリカ陸軍の兵力は八三〇万人から一三〇万人に縮小した。したがって、マッカーサーとアメリカの壮大な占領計画の成功は、根本的に日本の協力が得られるかどうかにかかっていたのである。[43]

あらゆる地位にいたアメリカ人が、それぞれに日本人の協力を得ようとした。平均的な日本人にとっては、マッカーサーの行為よりも、GIの態度や振る舞いが占領の評価を判断する材料となった。占領期を通して、アメリカ軍の素行は非の打ちどころがないとはまったく言いがたいものだったが、ソ連軍や皇軍に比べれば品行方正の模範のように見えた。確かにアメリカ人は日本人に対して横柄な態度を取った。しかし、同時に、あるオーストラリア人が指摘するように、キャンデーやガム、タバコを湯水のようにバラまき、日本人に気安く親しみやすい態度で接する気質を持ったGIたちは、オーストラリア人兵士よりも、ひときわ眩しい存在だった。[44]

一方、マッカーサーは、天皇を彼のところに出頭させたらどうかという提案を賢明にも退けていた。そして天皇からの要請により、九月二七日に彼に会うこととなる。この会見はマッカーサーの、人を惹きつけることも不快にさせることもできるという二面性をあらわにする。彼はのちに、この時天皇が戦争の全責任を自分が負うと述べたと偽りの証言をしているが、実情は無血進駐がうまくいっていることをお互いに喜び合うような会話が交わされたのではないだろうか。会談の前に、マッカーサーは天皇に、並んで写真を撮るように指示した。写真では、小柄で疲れ切り、緊張した面持ちの天皇が、地味で窮屈そうな正装のモーニングコートとネクタイ姿で、聳えるように背が高くリラックスした様子のアメリカ人の占領地総督の横に立っている。対照的にマッカーサーはカーキ色の襟の開いたシャツとズボンというカジュアルな出で立ちであった。写真は、日本と天皇のおかれている立場について衝撃的なメッセージを伝えていた。ひと目でそれを理解した日本側の関係者は、その公表を差し止めようとした。しかし、アメリカ側は公表を主張した。マッカーサーは降伏の調印式での演出と同様に、百万言を費やすよりも、説得力のあるメッセージを日本国民に届ける方法を見事に考え付いたのである。その写真は、マッカーサーの地位が当時の日本の最高位にあることと、同時に、戦争の怨讐は今や過去のものだと日本国民に伝えていた。[45]

以来、占領の重要な政治的展開は、次から次へと怒濤のように繰り広げられた。一〇月四日、連合国軍最高司令官は権利章典または大憲章の日本版ともいえる、「自由の指令」を発令した。それは、思想、言論、集会、出版物の自由を制限していたあらゆる法令、そして出自、人種、国籍、また、思想による差別を生み出す法令をすべて廃止するものである。これらの法令によって、罪を問われ、収監されていた者は釈放されることになり、また、これらを執行していた警察組織は解体された。東久邇稔彦総理大臣と彼の内閣は発令の翌日、抗議の表明として総辞職した。続いて内閣総理大臣に就任したのは、幣原喜重郎男爵であった。

一〇月一一日、マッカーサーは幣原を呼び、五大改革指令を読んで聞かせ、その内容を日本政府が迅速に制定することを命じた。それには婦人解放、労働組合の結成の奨励、児童就労の撤廃、教育改革、経済制度の民主化、そして住居、食料、衣類などに関する、緊急かつ「精力的な」国民への援助活動が含まれていた。興味深く、また、マッカーサーのある特質を雄弁に物語っているのは、このリストを作成したのはワシントンだが、マッカーサー自身が婦人解放を最優先課題にしたことである。これは突然の思い付きなどではなく、彼は現に一九一九年、第一次大戦後のアメリカ占領下のドイツでの任務中、ウィリアム・アレン・ホワイトというジャーナリストに女性の解放を支持すると話している。その二六年後、彼は日本政府に婦人解放を命じたのである。そのことを、マッカーサーが自分の母親や二番目の妻のジーンのような強い女性に対して持っていた尊敬の念と結び付けるのは、難しいことではない。そしてそれは、正しい推測であろう。

一二月一五日、国家神道は廃止された。この指令に続いたのが、天皇の神格を否定した宣言であった〔いわゆる「人間宣言」と呼ばれているものである〕。一月一日、ヒロヒトはその詔書（天皇が発する公文書）のなかで一見、自らの神格を否定したように見受けられる発言を行った。同時にこの詔書が日本国民に伝えたのは、国民もまた天皇のように、マッカーサーに抵抗するのではなく協力するべきである、というメッセージであった。詔書の巧みに書かれた文面は西洋の概念における神格を放棄しているように見えるが、現実には、天皇が天照大神の子孫であるという神話を否定している箇所はどこにもない。また、明治天皇こそが日本国民に民主主義を授けたと述べ〔五箇条の御誓文〕、それを国民に思い起こさせることにより、改めて天皇が君主の座に留まることを正当化することとなった。[46]

すでに超国家主義者は追放され、軍国主義的な団体や教育内容などは撤廃されていたが、一九四六年一月四日、マッカーサーは、幅広い領域にわたっての超国家主義者や軍国主義者の公職追放を発表した。フィリピンにおいての敵国の協力者の扱いとは著しく対照的に、この追放は個々のケースごとではなく、カテゴリーごとに進められた。九〇パーセントの国会議員が再選を阻まれ、一九三七年七月から一九四五年九月の間に公職についていた者はほとんど全員、排除された。その後に続く一九四六年と一九四七年の追放令により、官界、経済界、産業界、言論界における膨大な数の関係者が追放された。全部で二一万七八七七人が追放に処せられた。（ドイツ内のアメリカ占領区域では、公職追放により四一万八三〇七人が排除された。割合を見てみると、日本人全体の〇・三パーセント、アメリカの司法管理下〔ドイツにおけるアメリカ占領区域内で〕にあったドイツ人の二・五パーセントとなる。）マッカーサーはその回想録で、自分は追放政策に懐疑的だったと述べているが、一九四八年に国家安全保障会議（NSC）から追及の手を緩めるべきだと提案された時はそれに反対している。[47]

占領における政治改革のなかの最重要事項は、紛れもなく新憲法だろう。ワシントンの指令に従い、マッカーサーは日本側に大日本帝国憲法の見直しを要求した。しかし、日本の保守派と改革派はその草案をめぐり、拮抗状態に陥った。さらに悪いことに、改革派までもが主権は国民にあるのではない、あくまでも主権は天皇に残すとしていた。マッカーサーは、ワシントンから干渉しないようにという明確な命令を受けていたにも拘わらず、それに逆らうことを決意した。一九四六年二月三日、彼はウィットニーに「憲法の草案に取り掛かる」ことを命じる。その際にマッカーサーは自らが考えた三つの基本方針を挙げた。（一）天皇は国家の元首であるが、主権は国民にあり、天皇の権限は憲法に基づく、（二）日本は国権の発動たる戦争は「自国の安全を守るためであっても」これを放棄する、（三）日本の封建的な制度は廃止される、の三つである。ウィットニー傘下の民政局の二四人のアメリカ人たちは、あいにく日本の政治史に関する深い知識は持ち合わせなかったが、翻せば、その枠に囚われることもなかった。目まぐるしい一週間ののちに、新憲法は書き上げられた。新憲法はマッカーサーの三原則を網羅しただけでなく、貴族制度の廃止、議会制度の上に確立した政府機構と独立した司法組織、そしてアメリカの憲法と比べても、さらに拡張された自由を備えていた。この外国人たちの手で作られた草案は日本の支配層を驚愕させた。彼らは決してそれを称賛に値すると思ったわけではないが、それを受け入れることが占領を早く終わらせ、天皇制を存続させるだろう、また、他の連合国が作成の過程に関与するようになって、事態をもっと悪化させるようなことを防ぐだろうと見込んだのだった。

この新憲法には、後々まで論争の的になる特徴が二つある。一つめは、憲法が天皇制を維持しながらも、天皇に実質的な権限を与えていないことである。天皇の存在は名目だけのものであっても、これからも穏健中道主義と保守主義の拠り所となっていくだろう。二つめは、マッカーサーはのちに日本側の発案だと主張したが、実はマッカーサー自身が戦争と武力の放棄を謳った有名な憲法九条の作者であることである。マッカーサーの原案は日本に自衛の権利を認めていなかったが、最終的に憲法に書かれた条文とその解釈は、日本の自衛を可能にすると同時に、解釈の余地についての終わりのない議論を生み出している。[48]

占領の間に全部の政治的目標が達成されたわけではなく、また、マッカーサーのやり方すべてが成功を収めたわけではなかった。アメリカの改革者たちは日本の権力の集中化を押し戻そうとし、地方に自治権を渡そうとしたが、それらの努力は根付かなかった。それ以上に成功裡に進んだ改革は日本の司法組織においてであった。しかし、この改正はマッカーサーとも彼の上級スタッフとも無関係であり、ひとえにアルフレッド・C・オプラーの功績であった。アメリカの判事であり、また、ドイツからの亡命者であったオプラーは、日本のそれまでの先例を引き合いに出して日本人を納得させるという巧妙な手段を使い、様々な司法改革を可能にしていった。[49]

第12章　勝利と課題

占領開始以前のアメリカの日本占領計画において、日本の帝国主義的膨張は、未発達な国民経済と国民所得の不平等から、日本が輸出で利益を得やすい状況だったために、社会に歪みを生んでいたことに由来すると判断されていた。広義の農奴であった日本の農業従事者たちは都市部に大挙して流入し、そこで安く従順な労働力として、大企業が安い輸出価格を人為的に作り出すことを可能にする無尽蔵の担い手となっていた。経済の民主化という旗の下に、連合国軍最高司令官総司令部（SCAP）はこれらの原因となる三つの課題のそれぞれの改善に取り組んだ。[1]

経済改革のなかで、もっとも広範囲にわたったのが、農地改革だった。マッカーサーが日本に到着した頃、日本の農業従事者の一〇人に七人は、マッカーサーが文字通りの農奴制だと非難した大地主制度における小作人だったが、彼のその非難は誇張ではなかった。マッカーサーからの命令を受け、日本政府は小作人の三分の一だけに影響を与える改革計画を提案した。その後、アメリカ、日本双方の農業関連の専門家たちの働きにより、自作農創設特別措置法が制定された。それは一九四六年一〇月に可決されたが、マクマホン・ボールというオーストラリア人の尽力により、対象範囲を大幅に拡張するという重要な変更が加えられていた。不在地主は認められなくなった。営農していない地主の耕地は政府によって買収され、長期的かつ有利な支払い条件で小作人に売り渡された。このような非集権的な施行法は、民主主義を実際に経験するという機会にもなった。一九四九年一二月までには日本の農地の八九パーセントを自営農が所有するようになり、これは一九四五年の大地主と自営農の割合の数値を入れ替える以上の変化である。マッカーサーの個人的な影響力と援助がこの改革に不可欠だったことは議論を俟たない。占領期についての優れた研究で知られる竹前栄治は農地改革を評して「前近代的な社会関係を一掃し、日本の農村を刷新した平和的な農業革命」〔引用は英訳の日本語訳〕であるとしている。[2]

経済の民主化の二段階目は労働運動だった。SCAPの関係者は、マッカーサーの明らかな支持もあり、労働運動の活性化を推し進めた。労働組合の組合員の数は、一九四五年一〇月では、ごく少数の七〇七人だったものが、その後天文学的な数の増加を示し、一九四九年六月には六六〇万人を記録した。しかしながらマッカーサーは、差し迫った一九四六年のゼネストに関しては一線を引いた。彼の観点からいえば、鉄道、通信、そしてその他の公共企業体の労働組合に加入していた大量の労働者たちが問題だった。食物の流通にとって欠かせない役割を担っていた鉄道システムの混乱は、文字通り何百万もの日本人の生活が脅かされることを意味した。マッカーサーの指示により、日本政府は公共事業に従事する労働者たちのストと労使間の団体交渉を制限する法律を制定した。[3]

農地改革と労働組合法での大成功とは対照的に、経済の民主化の三本目の柱であった財閥の解体においては、ささやかな成功しか収められなかった。日本では一八五〇年代から、財閥（文字通り、「財政上の派閥、連合」を意味する）として結び付いていたおよそ一五の一族が、会社の所有や理事会の連結、財政上の取り決めなどを通し複雑に絡み合う、ベールの下に隠されたネットワークで日本経済を完全に牛耳っていた。日本の金融、産業、商業活動の七五パーセントは事実上財閥によりコントロールされていると見られていた。多くの西洋人は財閥こそが日本の軍国主義者と結託し、侵略行動を助長したと非難していた。

財閥解体の試みは、複雑で陰鬱な筋書きを辿った。財閥側が共同で巧みに制度の廃止に対抗する一方で、財閥を解体に追い込もうとする勢力は能力と団結に欠けていた。ただでさえ弱体化していた経済は、財閥が解体されることで日本の生産性がますます落ち込むのではないか、という危惧に拍車をかけた。連合国軍最高司令官総司令部内部の改革を支持する者の間でさえ、財閥にどう対処するか、解体をどこまで進めるかについては意見の対立があった。さらに、この重要な時期に日本の政権を担っていた社会党内閣では、産業や企業の国有化を進めることを検討しており、このような巨大な経済力の集中形態は将来的に国による介入を導入していく良い取り掛かりであると思われた。

この件に関しての事の経緯は、マッカーサーの役割が占領においていかに重要であったかを示している。竹前も認めているように、マッカーサーは「大規模な財政には根強い不信感を持っていた」〔引用は英訳の日本語訳〕が、当初の彼には財閥をどうにかすべきであるという熱意は見られなかった。非難に促されたかたちで、またおそらく、政治的な考慮を踏まえた上で、マッカーサーは一九四七年、財閥を根こそぎにし、また、二二〇〇名もの財界人に影響を及ぼす公職追放を行う法律の制定を支持した。この改革のうねりは最終的に四大財閥のうちの二つを解体することとなった。この二つの財閥、三井と三菱はそれぞれ約二〇〇〇社を抱える大財閥だった。しかし、その結果、日本の資本主義が損なわれるのではないかと恐れる、合衆国内の経済団体からの激しい反発が起こった。財閥側の慎重な遅延工作が功を奏し、ワシントンは命令の変更を指示するに至った。[4]アメリカ側は、超国家主義と戦争讃美が日本の侵略行為を招いた主因であると判断していた。教育、宗教、情報がこれらの概念を普及させたとして、SCAPはこの三つの領域の全面的な改革に取り掛かった。最終的には、根本的に日本の文化ともいうべきところをも変えるという、驚異的なスケールの目標があった。一八〇〇万人の児童と学生、四〇万人の教師の属する日本の教育制度を変えようとするアメリカ側の試みは、その構造と教育内容の両方の変更を要した。戦前の教育制度は男女別学で義務教育は六年間とされていた。日本側の改革担当者たちが、男女共学の六・三・三制度（小学校六年、中学校三年、高校三年で、小・中学校が義務教育）を考案した。しかし、占領中の他の多くのケースとは逆に、日本側は自分たちの案をアメリカ側の提案としてアメリカ側から発表させ、国内の反対を回避した。一方で、日本の教育における一極集中を排除する試みは失敗した。エリート主義、特に、多くの役職が東京帝国大学の卒業生とその学閥で占められる状況を変えようとする取り組みは、ある程度の成功しか収めなかった。

教育内容を変更しようとする動きは、進歩的な日本の教育者たちの熱烈な支持を得たため、SCAPは公式の法令を発布することを取り止めた。後々まで続くことになったこの教育改革において、日本の教科書からは超国家主義的、軍国主義的な箇所が排除され、その内容は民主主義的な理念が推し進められたものとなった。従来は機械的な丸暗記に重点を置いた学習法だったが、新しい改革の波は、実際の授業により多くの問題解決の要素を導入した。中国由来の複雑な漢字表記を廃止し、ローマ字表記にすべきであるという人々と、廃止に反対する人々との衝突は簡略化された当用漢字という折衷案に落ち着いた。このような改革の過程において、二四パーセントの教師が公職追放されるか、もしくは辞任して教室を去って行った。

興味深いことに、政治的、経済的改革によって、自らの統治が広く認められ成功を成し遂げたにも拘わらず、マッカーサー自身は、この占領期は後世において必ず、占領者と被占領者という暗い歴史の一部分として断じられるだろうと密かに説いていたという。それを少しでも避けるには占領期間が短いことこそが肝要だと唱えていた。彼は早くも一九四七年には平和条約の帰結と占領の終結を呼び掛けていた。その動機が純粋である可能性はあるが、この時、大統領への階段を登る可能性が視野に入っていたことから、政治的な理由が動機であったことの方が考えられる。現実的に見て、彼にとってこれが、大統領への階段を登る最後のチャンスだった。一九四八年、トルーマンの不人気振りと共和党の政治家たちからの奨励が、マッカーサーにホワイトハウスへの道のりを踏み出すことを決意させた。不当にマッカーサー有利に偏っていた世論調査やニュースの分析、また、一九四四年の出馬騒ぎの時の同志たちに促され、一九四八年三月、彼は大統領選の指名候補者として立候補することを公式に宣言する――それは彼が一九四四年にはしなかったことだった。

この実を結ばなかった運動の興味深く皮肉な事実の一つは、アメリカの保守派の一部にとって、マッカーサーが行った日本での経済改革が、社会主義的だと見なされていたことである。彼の選挙運動には資金、支援組織、支持者のどれもが不足していた。選挙運動は一九四八年四月、ウィスコンシン州の予備選挙で不名誉な終わりを迎えた。ハロルド・スタッセンが一九票を獲得し、マッカーサーは八票を獲得するに留まった。共和党の党大会で、感動的にもマッカーサーの形だけの立候補の動議を支持したのは、あのジョナサン・ウェインライトだった。彼は一九四二年にマッカーサーによって不遇に処されたにも拘わらず、解放後すぐさま彼と親交を結んだ。[6]

*

ヨーロッパを最優先地域とし、それに地中海地域が続くというワシントンの考え方は、戦争後も中断することなく続いていた。一九四五年九月以降アメリカの指導者たちが直面していた膨大な諸問題のなかで、日本の優先順位は第三位であり、確かにそれが、各占領改革の詳細や時期に関しては彼の裁量に任されるという、かなりの権限をマッカーサーが与えられていた一つの重大な理由であろう。しかし、一九四七年までにソヴィエト連邦との衝突がその後冷戦として知られる状態にまで硬直し、中国国民党の凋落が避けられなくなると、長期的安定のために日本を太平洋の外壁とする可能性が現れてきたのである。

このような新しい展望により、日本を強化し、国内外からの脅威から護るために、アメリカの日本占領下政策を見直す必要が出てきた。この政策の転換は一九四八年六月に五億三〇〇〇万ドル相当の日本への経済援助をアメリカ議会が可決したことに如実に現れている。「封じ込め政策」の生みの親であるジョージ・ケナンは、マーシャル・プランに次ぐ自分自身の公務在任中の第二の貢献は、日本の復興に向けた同様のプログラムの作成であった、という評価を下している。彼の見解は一九四八年一〇月に国家安全保障会議で採択された、「アメリカの対日政策に関する勧告（NSC 13/2）」に表されている。これは一九四五年九月に承認された、「降伏後における米国初期対日方針」と並び、もっとも重要な日本占領の基本方針二つのうちの一つとされている。[7]

新政策の要旨は、すでに実施された改革を優先させ新しい改革を削減する、日本の経済を再生させる（「合衆国の安全保障上の利益のみに次ぐ」目標とされた）ことにより日本の国力を強める、公職追放と戦犯追跡の手を緩める、アメリカと日本の国民の相互理解を深める、SCAPの規模を小さくしていく（一九四八年から一九五〇年の間に三五〇〇人から二〇〇〇人へと縮小された）、破壊活動対策として国内の警察隊を増強する、などだった。

これと同時に官僚的にマッカーサーが介入、工作する余地はなくなった。以前はワシントンの混乱と、彼自身がアメリカ軍内だけではなく、国際的にも司令官としての権限を有していたせいで、もしも彼が、自分の気に入らない措置を回避したいと思えば、その重複する権限の間に彼が利用することができた隙間があった。しかし、アメリカの安全保障の構造が再編成されることによって一枚岩の共同戦線が生まれ、さらに、マッカーサーの国際的な役割がワシントンにより否定されたことで、総体的にも具体的にも、マッカーサーが新しい政策に異議を挟む余地はまったくなくなってしまった。[8]

一部の歴史家は、この一連の出来事を「逆コース」と定義し、それぞれに程度の差はあるが、占領初期の理想主義的な目標を放棄した現れだとしている。だが日本の歴史家である竹前は、この時期を「重点の変化、進路修正、またはギア・チェンジであり、一八〇度の方向転換ではない」〔引用は英訳の日本語訳〕と、より正確に分析している。総じて一九四七年までには、明白な失敗に終わった財閥解体を除き、占領はそのもともとの目標の大部分を達成していた。ワシントンからの相次ぐ新しい命令は、法的あるいは政治的な改革、土地の再分配、婦人参政権、保健福祉の保証のような中核的な領域にはわずかな、もしくは何の変化も強要しないものだった。ワシントンの新しい指示は主に経済と共産党に関係する政治関連問題に影響を与える範囲に限られた。[9]

そのリストの八〇パーセントが軍隊の元将校だったが、およそ二二万人にも上る日本人をブラックリストに載せた公職追放は、一九四八年秋から解除が始まり、ゆくゆくはほとんどすべての対象者が復権を果たした。共産党員に煽動された暴力活動の高まりは一九五〇年のメーデーの後にピークを迎え、それまで例を見なかった米軍人が襲われるという事件も発生した。マッカーサーは共産党中央委員会のメンバーと共産党系のジャーナリストたちを公職追放するという報復処置を取った。

日本の荒廃した経済状態を考慮して、当初からマッカーサーは、戦後賠償問題には抵抗する姿勢を取っていた。賠償が課せられるかもしれないという恐れは、疑いなく日本の経済復興にとって妨げとなる。なぜなら資本投資しても賠償として押収される危険があることから投資には慎重にならざるを得ないからである。一九四九年五月、合衆国は一方的に賠償権を放棄し、他国がそれぞれ日本との補償条約を結ぶのに任せることとなった。前述のNSC 13/2が採択されたのと時を同じくして、内閣総理大臣吉田茂の民主自由党が衆議院議員総選挙で大勝し、彼らはSCAPの、それまでの理想主義をやめて実践主義に重点を置いた方針に足並みを揃えていく。[10]

経済路線の変更を象徴する新しい顔は、アメリカの銀行家、ジョセフ・ドッジだった。ドッジの「占領期の日本人への影響力はマッカーサーの次に大きい」とは、ある占領軍当局の職員の弁である。新通貨の発行に関わった赴任先のドイツから直接やって来たドッジが日本に着いたのは、一九四九年二月のことで、その後、マッカーサーの反対を押し切ってワシントンから一九四八年一二月に下された経済安定計画に着手した。その計画はだいたいにおいて、占領の経費を抑え、日本の経済を再生させ、日本の企業が再び国際間の競争に参加できるようにする、ということに目標が置かれていた。

のちにドッジ・プランとして知られるようになるこの計画は、極めて厳格な多くの経済政策が含まれており、それらはインフレを収拾し、通貨を安定させ、日本に超均衡予算を実施させ、日本政府の各産業への援助を打ち切り、日本の企業が国内市場から海外市場へと参入するように促すことが意図されていた。このプログラムの恩恵を受けたのは、大企業、多くは財閥に連なる大企業だった。反対に、打撃を受けたのは中小企業であり、その多くは倒産し、また、過激な労働運動にも打撃を与え、当初は大量の失業者を生んだ。これらの措置の影響下で、一九五〇年六月までに工業生産は一九三一年の三分の一、投資は一九四九年の二分の一に落ち込んだ。これらの現象は「安定恐慌」だという正しい見方がされている。

沈滞する日本経済が、経済大国の地位へとついに歩み出すきっかけとなったのは、朝鮮戦争における米軍からのドルの大量流入だった。一九五〇年後半だけでも一億八四〇〇万ドルで、一九五二年には八億二四〇〇万ドルにもなった。朝鮮戦争勃発時、日本の製造業指数は一九三四年から一九三六年にかけての平均のだいたい三分の一ぐらいに留まっていた。一九五〇年末にはその九四パーセントにまで上がり、一九五三年半ばには一七一パーセントになった。[11]

占領当初、マッカーサーは共産主義者に対し、概して驚くほど許容的であり、一九四八年から一九四九年あたりまでは、その存在を重要視しない姿勢を保っていた。しかし、占領方針が変わるにあたり、民主化を推進し、過激な労働運動の指導者たち、特に、共産主義者を排除するための基盤にするという目的で、自由主義的な要素と保守的な要素を組み合わせた一連の法的措置が生み出された。さらに、ドッジ・プランの下で産業と公共事業、両分野での大量解雇が行われたが、それは全般的に、過激派の労働者を排斥し、共産主義者の支配力を弱めるために実施されたものだった。[12]

内閣総理大臣吉田茂は、一九四九年一月の衆議院議員総選挙で圧勝し、ここに強力な内閣が誕生した。極左勢力は政府に対抗する準備を始めた。吉田は共産党を無力化する措置を相次いで取り始めた。彼は参議院内の左派の議員をパージし、大規模なデモを引き起こした。四月、新しい法律により、「破壊的な組織」を非合法化する権限が吉田に与えられた。続いて吉田は左派の主だった破壊的、または「反民主主義的」な組織の追放に乗り出した。多くの歴史家はこのいわゆるレッドパージを厳しく非難している。推定するに、その権限は一九四六年のSCAPの指令に帰せられるものだが、その時の対象は左派ではなく、右派であった。このレッドパージに対する批判は根底にある思想の問題を考えれば正当性を失う。つまり、この措置が右派に向けられた時には許容できるものならば、同じ措置が左派に取られた時だけ反対するような原理基盤は存在し得ないということである。この一件は占領を通してずっと「破壊分子」を追及していたウィロビーの熱心な支持を得た。今や彼は、自分の意見をより多くのアメリカ、日本両国の当局者が共有していることを発見したのである。[13]

日本の再軍備という非常にデリケートな問題は、あることを物語っていた。日本を、冷戦におけるアメリカの本格的な同盟国にしようとするワシントンの意向には制限が付きまとう、ということである。一九四八年から、ワシントンの政策文書はアメリカが日本の再軍備を望んでいることを示していたが、その実現には数々の障害があった。その第一の障害が日本国憲法第九条、いわゆる平和憲法と呼ばれるものである。それに加えてマッカーサーの反対もあった。しかし、朝鮮戦争勃発のほんの数日前、マッカーサーは遅ればせながら、日本の再軍備と引き換えに早期の平和条約締結と占領の終結が可能であると認めると、自分の意見を変えた。もう一つの問題は保守的な吉田首相でさえ、日本の再武装をまったく受け入れがたいものと見ていたことだった。[14]

一九五〇年六月に、北朝鮮がその隣国に侵攻しなかったならば、果たしていつ、どの程度の再軍備を日本が独力で成し遂げていたかは分からない。しかし、第八軍のすべての戦術部隊が韓国に移動した後、日本は地上戦力のまったくない、文字通りの無防備状態のまま残された。七月八日、マッカーサーが国連軍の司令官となったその日、彼は現存の一二万五〇〇〇人の警察力を増強するため、七万五〇〇〇人の警察予備隊を創設するよう吉田首相に指示を出した。「警察予備隊」という名称にも拘わらず、中隊規模の軽歩兵部隊が編成され、訓練された。重火器はほとんど装備されず、少数の戦車（「特車」と呼ばれた）が配備された。一方、ウィロビーは密かに有能な元帝国陸軍将校たちを支援していたが、彼らは他の元陸軍将校たちと繋がっており、したがってこれらの元将校らが次々と幕僚になり、再生した地上戦力の中核を占める可能性もあった。マッカーサーはウィロビーのこの動きが日本の地上戦力の再創設と同調することを禁じた。[15]

＊

広範囲にわたり成功を収めた占領改革だったが、それでもなお、重要な思想的課題と成し遂げられていない領域が残っていた。おそらく、改革の最大の矛盾点は、民主主義的な目的を果たすためにマッカーサーが課す支配的なやり方そのものだっただろう。しかし、竹前は以下のように結論付けている。「これは避けられないことであり、また、必要であった。占領において進駐軍が不在だったならば、ＧＨＱと進歩的な日本人が、一時的にでも、強力で根強い旧体制の軛を断ち切ることはできなかっただろう。その旧体制には、深く染み込んだ観念や確立された政治的利益などがあり、国の機構には鋼のように硬い枷がしっかりとはめられていた。連合軍の進駐という推進力がなければ日本の戦後の変革を始めることはできなかっただろう」[16]〔引用は英訳の日本語訳〕。このように日本占領は、「武力で民主主義を強制することはできない」（この「武力」という言葉を「上からの命令」に置き換えてもいいかもしれない）などという短絡的なスローガンを否定する明白な例となっている。

一方、民主化という公言された目標に、日常的に矛盾した行為である検閲も、占領を支えていた。SCAPの当局者は、日本の情報媒体がマッカーサーに対して批判的な内容を扱うことを厳しく禁じた。（もう一つの固く禁じられた項目は原爆についてだった。）アメリカ人記者を含め、外国特派員でこの禁を破った者は孤立させられるか、一七件のケースでは、追放の憂き目を見た。同時に、SCAPは主要な日本の新聞社の質をいささか向上させ、また、占領開始以前にあった非常に煽情的な風潮を多少改善することに貢献した。

これらの理論的な矛盾以上に実際的な欠陥もあった。軍事基地の確保のために、アメリカの日本占領は硫黄島と沖縄を政府の管轄から切り離し、この二島は政治改革の対象から大部分は除外された。占領当局者はまた、社会的少数者、特に日本の先住民族、そして朝鮮系の人々を隔てる、古くから続く高い差別の壁を取り払うことができなかった。総体的に見て、輝かしい成功を収めたのは保健福祉の分野ではあるが、アメリカ側の記録には、二つだけこの分野において拭い去れない汚点が存在する。帝国陸軍は石井四郎中将の指揮の下、生物化学兵器の研究のために悪名高い七三一部隊を設置した。日本軍は資金の不足を、少なくとも三〇〇〇人が犠牲となった人体実験という、非情な手段で補おうとした。恐ろしい研究から得られた資料は、これから冷戦が起ころうとしていたその時、アメリカ当局者たちにとっては貴重な情報の宝庫に思われた。石井は狡猾にもそのおぞましい研究結果と引き換えに戦犯裁判での起訴を逃れた。サムス同様、マッカーサーもこれに関与していたが、もともとの原動力となったのはワシントンの指示である。

アメリカ政府は、原子爆弾の人体に対する影響を研究する、のちに原爆障害調査委員会となった組織を創設させた。表面上はアメリカと日本の共同で運営されるとなっていたが、アメリカ側の当局者が委員会を支配した。そしてこの状況を利用して多くの研究結果を機密扱いにし、特に原子爆弾の被害者たち（被爆者と呼ばれた）の治療に役立つかもしれなかった有用な発見を、日本側と共有することを拒否した。調査委員たちの独裁的な態度と、被害者の人々に治療を施さないという公式命令は、当然のことながら大いに反感を買った。

しかし、根本的な改革がまったくなされなかったもっとも重要な制度は、おそらく、日本の官僚制だった。実際、歴史学者ジョン・ダワーは、「日本型」と呼ばれるようになったこの官僚制の発達のそもそもの中核部は一九四五年以前に遡り、そして占領軍はこの制度と軍国主義との繋がりを排除する一方で、その中央集権的要素を助長したと説いているが、説得力のある意見である。[17]

マッカーサーが公式の命令の範疇を超えたところで試みたプロジェクトは、非常に非現実的なものだった。マッカーサーは敗戦後、多くの日本人は精神的な虚脱状態にあると見て、彼らの虚無をキリスト教で埋めようという、十字軍のような使命感を持ち行動に出た。マッカーサーは定期的に教会に行くような人間ではなかったが、聖書には精通していた。その主な動機は自民族中心主義的かつアメリカ的な考え方、そして民主主義とキリスト教は相互扶助の関係にあるという確信にあった。彼は公式、または非公式の、布教団体や聖書を支援する大々的な活動、さらに、キリスト教の普及を意図した数え切れないほどの公式、公共の活動を行った。しかし、一九四八年までにはマッカーサー自身もそのような努力が実を結ばなかったことを自覚していた。彼もおそらく知らなかっただろうが、日本のキリスト教信者の数は依然として一九四一年時点の数とほぼ同じだった。[18]

再び話は天皇に戻る。一九四五年九月の最初のマッカーサーとの会見の後、マッカーサーが皇居での謁見への誘いを断って以来、天皇がマッカーサーに会いに来ることが常となった。マッカーサーと天皇の間には紛れもなくお互いへの好意があった確かな形跡がある。天皇の方は、マッカーサーが、天皇が戦犯裁判で裁かれることと彼の退位を拒否したことに感謝していただろう。また、天皇が占領の成功の立役者であったことに疑う余地はない。彼はそれまで前例のない自らが日本各地を巡るいわゆる巡幸を始め、それによりその人気は大幅に上昇した。[19]

*

マッカーサーの人生と経歴のあらゆる面がそうであるように、彼の日本占領における功績も議論を呼ぶ対象である。実際、一人の歴史家はマッカーサーの占領における役割が重要であったかを疑問視するところまでその持論を発展させている。[20]

この見解とは反対に、マッカーサーの功績は実在し、そして重要だった。しかし、実際にそれがどんなもので、彼がどのようにそれを成し遂げたかは正確に特定されなくてはならない。彼の熱烈な支持者の幾人かの主張とは裏腹に、占領中の文字通りすべての指令を創案したのは、マッカーサーではなくアメリカ政府である。しかし、マッカーサーは下った命令に判を押すだけの末端の職員であったわけではまったくなかった。彼は譬えて言うなら、極めて風変わりなオーケストラの指揮者のような存在だった。そのオーケストラでは、彼はただ指揮をすることより、主としてむしろ楽員を鼓舞することを求められていた。優れた作曲家がマッカーサーに素晴らしい楽曲の楽譜を提供した。だが楽譜は、それだけでは、ただの黒い点である音符とテンポやアクセントの記号を記した紙に過ぎない。最終的な成功には指揮者による、大いなるエネルギーの注意深い注入が不可欠だった。さらに結果的に、上演時には指揮者自ら作曲し、付け加えられた重要な部分があった（憲法の改正や食糧危機を食い止めたことなどである）。同じように、戦争賠償問題など、もともと作曲家により楽曲に含められていたにも拘わらず、結局、演奏からは消されてしまった他の部分もあった。

このマッカーサーを指揮者に譬えた比喩は、その独自のスタイルと、象徴を巧みに使うやり方という、マッカーサーの二つの強みの重要性を浮き立たせるのにも効果的な比喩である。降伏文書調印式の美辞麗句の並んだスピーチの内容、わざと周囲から距離を置いて際立たせていた自らの神秘性、また、一九四五年九月の天皇と一緒に撮った写真で彼が取ったポーズにより示された非常に影響力のあるメッセージを見ても、マッカーサーが、優越性、高い理想、そして寛大さを自ら体現していたことが分かる。彼のオーラこそが、日本の国民の恒久の利益のために、賢明に、また、節度を持って行使された強大な力だった。また、日本占領中のマッカーサーの行動は同時に、常習となっていた命令の不服従という問題を露呈している。しかし、マッカーサーのもっとも偉大な二つの功績、食糧難への対応と憲法への貢献は、ほぼ間違いなく、ワシントンからの命令に彼が従わなかったことから実現した。このように、命令に従う「良い」マッカーサーと命令に従わない「悪い」マッカーサーという分け方で彼の業績を区分することは不可能なのである。

第13章　朝鮮半島での勝利

一九四五年八月から一九五〇年六月にかけて、米国内の政策委員会において、朝鮮半島の将来が言及されたことは何度かあった。日本の三五年間に及ぶ苛酷な植民地統治の終わりが目前になると、アメリカによる二つの重要な決定が急場しのぎになされた。一つめは、将来的にソヴィエトによって占領される区域とアメリカによって占領される区域を独断的に分ける境界線として、地図上で三八度線がアメリカの将校たちにより選ばれ、設定されたことである。二つめは、その適性よりも、輸送の関係と単に投入可能だったという理由から、ジョン・ホッジ中将麾下の第二四軍団が朝鮮半島の占領軍として送られたことであった。実戦における司令官としては有能なホッジだったが、占領軍の司令官としては、政治的な傾向の違いを問わず現地の人々すべての不興を買った。

ソヴィエト軍の占領地域では、のちに喧伝されるほどの活躍振りではないにしても、ゲリラ隊のリーダーとして活動していた金日成が、共産党勢力の主導者として権力の座に収まった。南では国連の管理下での選挙の後、齢《よわい》を重ねて権威主義的な傾向を強め、また、長年祖国独立を唱えていた李承晩が大韓民国（ＲＯＫ）の初代大統領に就任した。彼らは二人ともそれぞれのライバルを指導者として不適格だと非難し、それぞれ祖国の統一の意思を宣言し、必要なら武力の行使も辞さないことを明らかにしていた。この二人の間の究極的な違いは、アメリカ政府は李に北朝鮮を攻撃するのに必要な手段の提供を拒んでいたのに対し、ソヴィエトは金に膨大な量の武器を提供し、中国は訓練された五万から七万の朝鮮系の軍人を中国人民解放軍（PLA）から朝鮮人民軍（KPA）に移籍させ、それにより金には韓国を攻撃することが可能だったという点である。

金日成は当初、韓国内の共産党主導の反乱を支援していたが、それが一九四八年四月、ゲリラ戦へと発展した。これが事実上の朝鮮戦争の発端である。頻繁に起こる境界線をめぐる小競り合いのような騒乱において、南北ともにそれぞれの側を援助し合った。李の新政府は経済的にも政治的にも苦戦を強いられたが、徐々に内乱を収拾し始めた。一九四九年末から一九五〇年一月の間に金日成はスターリンから、韓国への通常攻撃の許可を取り付けることに成功していた。金はアメリカが介入する前に韓国を制圧すると請け負っていた。アメリカがどう出るかという危惧を抱きながらも、中国の毛沢東もこれに同調した。[1]

一九五〇年一月、国務長官ディーン・アチソンがアメリカの防衛線を明らかにしたが、一見、その圏内に韓国は含まれていないように見えた。実際、アチソンはもし韓国が攻撃された場合、アメリカ合衆国が単独で介入することはないと述べたが、多くの人々はこのニュアンスを正しく捉えなかった。マッカーサーは韓国の防衛に立ち上がることを公言したが、これは公式の命令を待たずに合衆国の政策を発表するという彼の傾向を示す、またもう一つの例だった。しかし、内部での政策討論会においては、マッカーサーは、既存のアメリカの軍事力から考えれば韓国の防衛はその限度を超えている、という意見に賛成していた。トルーマンが採用したケナンの封じ込め政策は、依然として構想だけ先走りし、実行に必要な手段を欠いていた。一九五〇年度のアメリカの防衛費の予算は一三五億ドルに留まった。この額では一〇個師団（ドイツの二師団と日本の四師団を含む）を賄うのがやっとだったが、その一〇師団は定員を満たしていなかった。マッカーサーの第八軍は八万七〇〇〇人（戦闘部隊の兵は二万七〇〇〇に満たなかった）しか有しておらず、明らかに戦力不足だった。空軍は全体で四八飛行群を有していたが、その中核である戦略航空軍団の行使できる核戦力は非常に限られていた。マッカーサーの極東空軍は三万四〇〇〇人の兵と一一七二機の航空機で編成されており、その航空機の半分が戦闘機と爆撃機だった。世界各地への関与が重い負担となっていた海軍が西部太平洋に投入できるのは、戦闘艦二三八艇のうち一八艇だけだった。[2]

朝鮮人民軍は六月二五日の朝、七個歩兵師団と二二五両の戦車、一八〇機の航空機による航空支援をもって、韓国に対し多方面からの攻撃を仕掛けてきた。韓国軍は、攻撃された各地点で、その兵力が北よりも下回っていただけでなく、アメリカから戦車、対戦車兵器、航空機どころか、わずかな火砲以上の武器も支援されておらず、今後もされないことがアメリカ側から明らかにされていた状態だった。ウィロビーがこのような北朝鮮からの侵攻を警告したことはあったが、彼は例の如く断定的な言明を避け、矛盾した予測を述べてみせるなどはっきりせず、彼から先の見通しを得ることは不可能だった。しかし、CIAや国務省を含め、他のアメリカの諜報機関もこの点に関してはウィロビーに勝る働きをしたわけではなかった。[3]

朝鮮人民軍は韓国軍を圧倒し、韓国軍の実質上の兵力は四日の間に九万八〇〇〇人からわずか二万四〇〇〇人へと急落した。マッカーサーが受け取った最初の報告は、韓国軍はまもなく武器弾薬を使い果たすだろうということを強調していた。マッカーサーは、いつものようにワシントンからの許可を待たず、弾薬を積み込んだ船艇を朝鮮半島に向かわせ、空軍と海軍に護衛させた。彼はさらに、隷下の空軍指揮官に南北の境界線を越えて攻撃に出るように指示を出した。そのどちらのケースも公式の認可がその後すぐに続いたが、このような行動は、マッカーサーが指揮を執ればまさしくどのようなことになるのかを物語っていた。問題行動は他面でも認められた。ワシントンにいた陸軍参謀総長のJ・ロートン・コリンズ将軍とテレタイプ端末を使いリアルタイムで会話を交わしていた時、マッカーサーは、コリンズからの長々と続く質問にいちいち答えることを拒否するという不遜な態度を見せた。[4]

マッカーサーは六月二九日、韓国へと飛んだ。自ら韓国軍の窮状を目にし、その後実行に移す計画の全体像をその時に構想した、と後日主張している。アメリカ側の地上軍は北朝鮮の侵攻を遅らせ、最終的にはそれを阻止し、その後、上陸作戦によりその背後に回って北朝鮮軍を粉砕することになる。マッカーサーはワシントンに対し、合衆国の地上部隊の投入を促す文書を送った。トルーマンはすでに空軍と海軍を投入することを認可しており、北朝鮮に対して戦力を行使する承認を国連から取り付けるよう、迅速で巧妙な工作を展開していた。[5]

北朝鮮に対する戦力の行使を国連から承認されると、トルーマンは、統合参謀本部（JCS）に国連軍の司令官の適任者を推薦するよう依頼した。マッカーサーにはその時すでに多くの重任があり、ニューヨークタイムズの特派員、ジェイムズ・レストンも指摘したように、この司令官の任務には「他の人々の意見や微妙な思惑に深い考慮を払うことができる」人物が必要であり、また、マッカーサーには、命令不服従のれっきとした前歴が——直近ではその数日前にも——あるにも拘わらず、JCSはトルーマンにマッカーサーを推薦してきた。（もしマッカーサーの代わりにその時す

ソヴィエト
連邦
中華人民共和国
ヤールー川(鴨緑江)
チョンチョン川(清川江)
チャンジン湖
(長津湖)
朝鮮民主主義
人民共和国
フンナム(興南)
ウンサン(雲山)
ピョンヤン
(平壌)
ウォンサン(元山)
日本海
38度線
ソウル
インチョン(仁川)
ハン川(漢江)
ウォンジュ(原州)
スウォン(水原)
大韓民国
ナクトン川(洛東江)
テジョン
(大田)
クンサン(群山)
テグ(大邱)
プサン(釜山)
0 50 100 150 200
miles

地図 5：朝鮮半島

でに実戦での優秀さが認められていたマクスウェル・テイラーかマシュー・リッジウェイがＪＣＳによって国連軍の司令官に推薦されていたらどういう結果になっていたかという仮説は興味深いが、今となっては想像の域を出ない。）七月八日、トルーマンはマッカーサーの国連軍司令官就任を正式に推薦した。[6]

七月を通し、そして八月に入ってからも、朝鮮人民軍の猛進撃の前に、日本から移動してきたアメリカ軍部隊の敗北は続いた。マッカーサーは兵力を小出しにすることを迫られていた。戦争当初、アメリカ兵は朝鮮人民軍の戦車に対抗するための武器を持たず、いくつかの部隊では、訓練、士気、規律に深刻な不足があった。これらの責任はマッカーサーにも幾分あったが、その責任の所在の多くはトルーマンの、防衛費の緊縮調整という方針そのものにあった。アメリカ軍と残存している韓国軍は朝鮮半島の南東部、釜山周辺の防衛線内まで後退した。彼らはそこで、度重なる北朝鮮からの攻撃に晒されながら九月まで持ちこたえた。

マッカーサーは第八軍の一師団を解体し、他の三師団（第一騎兵師団、第二四、第二五師団）の増強に充て、また、独立した第二九歩兵連隊を朝鮮半島へと派遣した。ＪＣＳはマッカーサーの増援の要請に応え、最終的に第八軍の全部隊（第七歩兵師団を含む）、それに加えて、さらに二個師団（第二、第三歩兵師団）、第一海兵師団、第五歩兵連隊、第一八七空挺歩兵連隊を朝鮮半島に投入した。第八軍は第二次世界大戦当時の基準に比べ、甚だしい火砲の不足に苦しめられ続け、必要な支援部隊の三分の一しか得られなかった。国連軍に属する他の一六か国からも戦闘部隊が派遣されたが、主だった貢献は英国とイギリス連邦からだった。[7]

国の政策を勝手に作りかえようとするマッカーサーの傾向は、度々語られるところであるが、この時期の二つのエピソードには、そんな彼の傾向にまつわる神話と真実がそれぞれ浮き彫りになっている。まずはJCSが、ソヴィエトとの国境からわずか二七キロメートルほどの距離にある羅津《ラジン》港を目標の一つに含む、北朝鮮各地の広範囲にわたる戦略爆撃を命じた時のエピソードである。偏執的な意見はマッカーサーに限ったことではないとしつつ、外交官ジョージ・ケナンはその回想記のなかで、その爆撃はマッカーサーが戦争拡大のために命じたものであるという、事実とは違う非難をマッカーサーに浴びせている。現実には、羅津はJCSが選んだ目標であっただけでなく、実際にはマッカーサーは、B－29は、広範囲の戦略的目標に対してではなく、特定の目的のために絞られた、戦術的な攻撃目標に用いられるべきであると主張していた。

第二のエピソードは、八月にマッカーサーが退役軍人の会合で読み上げられるコメントを求められ、それを承諾した時のことである。彼は当たり障りのないテーマを敢えて避け、蔣介石に対するアメリカの支援を呼び掛けるという、あからさまに外交政策に踏み込んだコメントを送った。トルーマンは当然、これを自分に対する真っ向からの挑戦だと受け取り、後日、この時にマッカーサーの罷免を一時的に考えた、と言っている。そうする代わりにトルーマンは、マッカーサーに発言を公式に撤回することを命じ、マッカーサーは、結局その通りにした。トルーマンはマッカーサーが広めたマッカーサー自身の見解の内容ではなく、それをマッカーサーが公式の場で発表したことに激怒したのであった。だが当のマッカーサーは、一〇年にもわたりワシントンに挑発行為を取ってきた自分に対し、今回トルーマンが、公式に従属を強要したことをさほど気に留めていなかった。[8]

＊

マッカーサーは早くも七月二日には、ソウルのすぐ西に位置する仁川への上陸作戦により朝鮮人民軍を包囲し、撃破するための具体的な計画を進め始めた。七月一三日、彼はその計画の構想をJCSに知らせている。第二次世界大戦中、このような上陸作戦により数多くの勝利を収めてきたマッカーサーにとって、この作戦の着想は自然な思い付きだった。この時のJCSはヨーロッパ中心主義的な考えの持ち主であったオマール・ブラッドレーやコリンズにより支配されていた。彼らにとって敵の背後深くに回り込み包囲する上陸作戦という戦術の判断基準は、マッカーサーが一九四四年四月にニューギニアのホーランジアで収めた輝かしい勝利ではなく、一九四四年一月にイタリアのアンツィオにおいて、危うく大失敗に終わりかけた経験だった。作戦は本来、ローマを守るドイツ軍を破り、迅速にローマを攻略することを意図したものだったが、戦いは膠着状態に陥り、連合軍側はもう少しで壊滅的な敗北を喫する寸前まで追い込まれた。のちにクロマイト作戦と命名されたこの仁川の上陸作戦の指揮にあたった指揮官たちでさえ、マッカーサーに仁川の代わりに、仁川から三〇キロメートル南下したポサンミョン〔現在は平沢市〕を目標地点にするよう説いた。ある海軍の参謀将校が仁川のことを皮肉めいてこう解説している。「我々は考え付く限りのあらゆる環境的な問題点を兼ね備えた土地ばかり選んでリストにしたが、仁川はそのなかでもすべての悪条件を備えていた」。

第一海兵師団と陸軍の第七歩兵師団が混成されて第一〇軍団となり、野心家のエドワード・アーモンド少将がその指揮官となった。マッカーサーはアーモンドをあからさまに贔屓し、第八軍のウォルトン・ウォーカー将軍ではなく、アーモンドを第一〇軍団の指揮官に自ら直々に指名した。

八月二三日、マッカーサーは陸軍参謀総長コリンズ、海軍作戦部長フォレスト・P・シャーマン、その他の上級将校の代表たちの前で、彼の人生における最高の演説の一つとなった名演説を行った。九人がそれぞれクロマイト作戦の決定的な問題点となる詳細についての報告を終えた後、マッカーサーが立ち上がり、四五分間滔々と喋り続けた。マッカーサーが喋り始める前の議題の中心は仁川の水路学上、そして戦術的な問題点であった。狭く曲がりくねった水路から接近すること、敵にとってはそこに機雷を設置することも容易であり、接近時に沿岸砲からの攻撃に晒される可能性も高く、約九・四メートルと干満差が大きいため最初の上陸部隊は夜が明けるまで孤立してしまうなど、難問が山積みだった。しかし、マッカーサーは、かえってこれらの数多くの難点のために、敵軍のどんな司令官も仁川を奇襲しようとする正気の指揮官がいるとは思わないだろう、だからこそ、奇襲が可能なのだという点を指摘し、議論を見事に自分に有利な方向へと持っていった。また「私が信頼するほど海軍は自らの軍に信頼をおいていないらしい」などと辛辣な意見を付け加えた。その場にいた何人かは後日、彼は次のコメントで演説の終わりを飾ったと記録している。「仁川作戦は、勝算が五〇〇〇分の一のギャンブルだ。しかし、私はこのぐらいのリスクには慣れている。我々は仁川に上陸するだろう。そして私は必ずや敵を粉砕してみせる」。

＊

九月一五日、マッカーサーが見守るなか、第一海兵師団が仁川に上陸した。マッカーサーが予見したように、作戦は異例の成功に終わった。マッカーサーの軍歴のなかでも、もっとも見事な作戦だった。第八軍と第一〇軍団は九月二七日に合流し、次の日、激戦の後、ソウルは制圧された。北朝鮮軍は大打撃を被り、それ以降、軍団規模以上の戦闘力を展開することはできなくなった。[9]

進軍を続ける国連軍は、各地で北朝鮮の行った虐殺により少なくとも八三〇〇名の韓国人と四八五名のアメリカ人が犠牲になったことを発見した。復讐心に駆られた韓国人は、同じような方法で北側の同胞者に報復した。この事件は、マッカーサーが三八度線を越えるべきかどうか、もし越えるならどんな目的で越えるのかという、火種となりかねない問題を深刻化させた。マッカーサーと李の間には明確な共通の目的があった。それは朝鮮半島を武力により李の統治下に統一させることであった。彼らは、さらに国連軍が侵攻を進めていくに従い、その後に生まれる権力の空洞に乗じ、それを都合よく利用していった。対照的に、この動きに反対するアメリカとその他の外国の勢力は、目的という点で一致することがなく、また、外側から傍観しているに過ぎなかった。一九四七年以来、国連での決議は建前としては朝鮮半島の統一を裁可してはいたが、実際に李の下で統一がなされるかもしれないという見込みは、統一の可能性を再考すべきだという意見を生み、特に、中国が介入してくる恐れがその意見を後押しした。マッカーサーも認めていたように、三八度線を越えて侵攻する作戦に国連の裁可が必要かどうかを決めかねているトルーマンの煮え切らない態度が、イギリスのような主要なヨーロッパの同盟国やインドのような国連の重要な構成国の浮き足立った態度を軸とする、真の懸念を払拭するわけはなかった。結局、国連が南北の和解と中立を目標とした妥協案を捻出する結果となった。しかし、国連は南北双方を従わせる政治的な強制力を行使することはできず、このような国連からの命令はやがて現実的意味を失った。

九月二六日、JCSは、ソヴィエトと中国の大々的な戦力が北朝鮮に介入して来ない限り、という条件付きで、マッカーサーが北朝鮮に侵攻する作戦を行うことを許可した。JCSはそれらの作戦は占領目的ではなく、また、ソヴィエト、中国との国境付近で投入するのは韓国軍の部隊に限る、という注意をマッカーサーに与えた。しかし、二日後の二八日、その頃には国防長官となっていたジョージ・マーシャルが非常に思慮に欠けた私信をマッカーサーに送った。そのなかでマーシャルは、マッカーサーに「三八度線を越えて北に侵攻するにあたり、貴公には戦略的にも戦術的にも制約を感じる必要はないと心得てもらいたい」と伝えていた。マーシャルはしかし、李の権限は依然として韓国内に留まるとも付け加えていた。

仁川の勝利の後、大いに自信過剰になったマッカーサーは、ひどくお粗末な統率振りを露呈した。彼はアーモンド麾下の第一〇軍団に仁川から撤退し、朝鮮半島の東岸に上陸することを命じていたが、それは時間を浪費し、また、兵站の面では悪夢とも言うべき任務で、さらに、ウォーカーが率いる第八軍の進軍を不利にし、おまけに韓国軍部隊がその目標の上陸地点を掌握したため、まったくの徒労に終わった。マッカーサーがアーモンドを依怙贔屓したからというのがその大部分の理由だったが、戦術的には奇異なことに、マッカーサーは第一〇軍団を第八軍から遠ざけ続けた。前者を朝鮮半島の背骨ともいえる山岳地帯の東側へ、後者を西側へと向かわせた。ついには、マッカーサーはアメリカ軍を北朝鮮中央部の地形的に狭まった「ウェスト」の部分にあたる地帯で留まらせる代わりに、無謀にも北部の中国との国境近くまで進軍する許可を与えてしまった。そしてJCSはこの時、韓国軍以外の部隊を国境近くに進ませないという命令に従わない、このマッカーサーの明らかな命令違反を容認してしまう。JCSの一人がのちに評するところに拠れば、これはJCSからの直接の命令に対するマッカーサーの最初の明白な命令違反だった。

トルーマンはマッカーサーとの会談を指示し、マッカーサーの提案する一〇月一五日という日程とウェーク島という場所を承諾した。朝鮮半島での戦闘状態の終わりが見えてきたことから、それに伴う多くの深刻な軍事的、政治的な問題について話し合う場が設けられるのはもっともだったが、この会談には政治的な含みが感じられた。後世のマッカーサーにまつわる神話において脚色され、付け加えられた箇所も多い。書物や戯曲、一九七〇年代のテレビ番組に見られる話では、トルーマンとマッカーサーの飛行機がそれぞれ同時にウェーク島上空に差し掛かり、通常の手順では、マッカーサーの飛行機の方がまず着陸し、マッカーサーの方が到着する大統領を迎えるべきなのだが、トルーマンは、マッカーサーを従わせるために自分より先に着陸しろと命令しなければならない羽目になり、それからまた、マッカーサーに対し、自分を出迎えに来るよう主張したことになっている。事実はどうだったかといえば、マッカーサーは前夜のうちにウェーク島に到着し、翌朝自らトルーマンを温かく迎えた。このような神話を進んで受け入れようとする聴衆がいるという事実は、マッカーサーを中傷する人々も、また彼を支持する人々も、自分たちの見解に基づいた歴史を躍起になって主張する点では同様だということを示している。

会談の実質的な内容はといえば、両者とも朝鮮戦争が速やかで安全な終結に向かっているという途方もなく大きな確信を持っていた。とすれば、会談の筆記録が示しているように、議題が広範囲にわたるが非常に浅薄なもので、その多くは戦争後の復興に関する問題であったことは驚きにはあたらない。ソヴィエトや中国の介入の見通しについて聞かれると、マッカーサーは、もし彼らが最初の二か月の間に介入していたならアメリカ側は敗北していたでしょう、と答えている。この時点では、介入の危険性はほとんどないと判断しているが、もし中国が「平壌に向かおうとすれば」、圧倒的に優勢な合衆国の航空戦力が「彼らを殲滅してしまうでしょう」とトルーマンに請け合っている。D・クレイトン・ジェイムズが下した以下の評価がこの上なく的確にこの状況を描写している。「このウェーク島の会談内容のなかでもっとも多く引用されている部分について一番に驚くべきことは、出席者が当時の〔国連軍の〕攻撃が北京やモスクワの政策決定者に与える甚大な影響について思い及んだ考察がただこれだけしかなかったということだ。トルーマンが一度質問をし、マッカーサーがそれに答えただけだった。その後には、何の質問もなく、異議を唱えることも、それについて意見を述べることもまったくなかったのである！」[10]。

第14章　朝鮮半島での敗北

信頼できる情報が非常に不足していたことから、歴史家は総じて四〇年近くにわたり、アメリカ軍が三八度線を越えたことが中国側の朝鮮戦争への参入を招いた、と見なしていた。しかし、新たな発見がなされ、一九九四年以降は、中国のこの戦争への参入の意図と計画を促した原因は、一九五〇年七月、トルーマンがアメリカ軍を朝鮮半島に送る決意をした時に遡ることが証明されている。毛沢東はアメリカ軍が北朝鮮の侵攻を阻止するだけでなく、時勢を逆転させて一気に中国の国境まで押し寄せるのではないかと恐れた。彼は中国人民解放軍（PLA）に、朝鮮半島における戦闘に向けて部隊の配置と兵站の準備を始めるよう命令した。毛沢東は仁川作戦のはるか前、一九五〇年八月には自軍の準備を整えることを計画していた。このように中国軍の参入の最終的な決断は結果的にアメリカ軍が三八度線を突破した時と一致し、それは過程の上では一つの段階だが、その起源はずっと以前にあったのである。

毛沢東が一〇月二日、スターリンに宛て、自ら起草した長い電報がある。彼は結局、それをスターリンに送ることはなかったが、そのなかには彼の目標、方策、憂慮していた事柄などが記されている。それに拠れば、毛沢東は明らかにこの衝突が核戦力を用いることのない、せいぜい局地的な戦いに終わると予想していた。彼は自分たちにとってもっとも望ましい戦略的目標は、中国の国境を防御するだけに留まらず、これを契機に極東一帯に共産革命を広めることだと強調している。彼はまた、自軍が数において優っていることから、マッカーサー軍を壊滅させ、朝鮮半島全土を席巻できるという自信を持っていた。彼はスターリンに対し、航空支援や重装備、火砲などの中国軍の明らかな不足を補ってくれるよう要請している。彼はまた、アメリカの空軍と海軍による中国本土への直接の攻撃に中国が耐えられると思っていた。そしてマッカーサー軍を敗北させられなかった場合、朝鮮半島での戦いが膠着状態に陥り、それが中国国内の情勢に深刻な弊害をもたらすかもしれないことも分かっていたが、それは起こりうる状況のなかの最悪のシナリオに過ぎないとも判断していた。結局、毛沢東はこれとは別の電報をスターリンに送ることにした。毛沢東自身は中国国境の防衛と、それに加えて共産主義の波をアジアに広げることを意図してこの戦争に参入することをすでに決意していたが、他の中国の指導者たちは依然として半信半疑だった。毛沢東が書き直したスターリンへの電報には、介入に関して中国にためらいがあったことと、彼らの選択はソヴィエトの支援、特に航空支援の如何にかかっていたということを示している。スターリンは朝鮮半島での航空支援をひとまずは約束するが、のちにそれは撤回された。中国の首脳陣は、一旦は介入への動きを止めるが、その後一気に動き出す[1]。

一〇月三日、中国の外交筋はインド政府を通じ、中国は大韓民国の進出ではなく、アメリカ合衆国の介入に抵抗する旨のメッセージを送った。諜報に拠れば、三〇万から四五万もの中国軍が満州に結集しているという。ワシントン政府とマッカーサーは、それは中国軍の脅しに過ぎず、その部隊行動は守備のためだと見なして警告を無視した。一〇月一九日から二二日の間に最初の二六万の中国の「志願兵」が北朝鮮に進軍してきた時、ウィロビーもワシントン政府もそれを察知することができなかった。[2]

マッカーサーが、朝鮮半島にその月の半ば過ぎに侵攻していた中国の共産軍の部隊を認めたのは、一〇月二六日に最初の中国軍の戦争捕虜が捕らえられてから五日後のことだった。一一月四日、マッカーサーは中国の全面的な介入に対しては懐疑的であることを示したが、そのわずか二日後には、中国共産軍の大量流入を止めるため、鴨緑江にかかる橋を爆破する許可を要請した。一一月七日、マッカーサーは、中国軍の全戦力を把握することはできないが、彼らは西部において優勢に戦闘を行うのに十分な戦力を保持している、と報告している。ここに至り、JCSは朝鮮半島内に五、六個の中国軍部隊がいると見ていたが、現地の司令官に采配の判断を任せるという伝統を守り、マッカーサーに進軍を止めるべきかどうかを聞くだけに留まり、はっきりと止めるようにとは命令を下さなかった。

一一月九日、マッカーサーは、中国軍の戦力を探るため、一一月二四日に第八軍を前進させると、JCSに知らせてきた。彼は、「クリスマスまでには故国《くに》に帰る」という見通しを公式に述べていた。二四日、マッカーサーはその自分の見通しを現実に可能にすべく、北朝鮮の占領に向けた最終攻撃を開始した。翌日の夜、およそ一八万の中国軍の兵がウォーカー率いる第八軍に襲いかかってきた。二日後、おそらく、一二万はあると思われる兵力の中国軍が、今度はアーモンドの第一〇軍団を襲った。第八軍は混乱と恐慌のなかで多大な被害に遭い後退を余儀なくされ、ソウルは敵の手に落ちた。一方の第一〇軍団は、配下の第一海兵師団が長津湖からの見事な撤退戦を繰り広げて中国軍に多くの死傷者を生じさせた後、興南区域に向かって退却した。一九五〇年一二月、ウォーカーが自動車事故で不慮の死を遂げ、マシュー・リッジウェイ中将が後任におさまった。その後の何週間かの間に、リッジウェイはアメリカ人の陸軍野戦司令官としては、おそらく二〇世紀最高の指揮能力を見せるのである。彼は中国軍の戦線が延び切って、物資の補給が著しく不足しており、したがって中国軍は限られた反撃に対しても脆弱であることに気付く冷静さ、そして優れた手腕とカリスマ性をもって、第八軍をどん底から復活させた。この同じ数週間の間にマッカーサーの方は、自らの地位を葬り、その軍歴と評判にも壊滅的な打撃を与えてしまう。

一一月二八日、マッカーサーはアメリカ政府に、「我々は今、まったく新しい戦争に直面している」と告げる。彼がその時最初に立てた計画が、彼がどんなにショックを受けているかを表していた。それは、第八軍を釜山橋頭堡へ、第一〇軍団を興南区域まで後退させるというものだった。また彼は、それまでの自分の意見を翻し、中国国民党軍の参入を要請した。ワシントンは、後退は承認したが中国国民党軍に関する要請は却下した。一二月六日、コリンズが到着すると、動揺していたマッカーサーは彼に対し、援軍を寄こすか、自分の指揮行動に対する制限を排除しないことには朝鮮半島から撤退するしか道はないと説いた。コリンズには事態がそれほど切迫しているとは思えなかった。[3]

ワシントンでは、トルーマンと彼の補佐官たちが、この戦争で目指すべきアメリカの目標を検討し直していた。彼らの意見は、事態はソヴィエトとの地球規模の戦争に発展しかねない、朝鮮へこれ以上軍隊の派遣はするべきではない、と一致していた。一九五〇年四月にアメリカ国家安全保障会議により作成された文書（NSC-68）は、中国共産党の出現と一九四九年八月のソヴィエトによる核実験の成功により生まれた新しい現実に対応するため、大々的なアメリカの軍備計画が必要であると呼び掛けている。中国の朝鮮半島への軍事介入は、それがなければ起こらなかった状況を生んだ。その状況とは、トルーマンがその軍備計画を承認し、その計画がその後四〇年間、冷戦におけるアメリカ側の姿勢に影響を及ぼしたということである。一九五〇年度に一三五〇億ドルだった防衛費は次年度に五二〇〇億ドルになり、四倍に跳ね上がった。イギリスの首相、クレメント・R・アトリーとの話し合い（トルーマンが、必要と判断すればマッカーサーに核兵器の使用を許す、とほのめかすような失言を公式の場で行ったことから設けられた話し合いだった）において、トルーマンは、封じ込め政策のため、北朝鮮を解放するという目標を放棄することに同意した。しかし、このことをマッカーサーに伝えた者はいなかった。[4]

中国の介入と自らの計画の頓挫は、老いつつあるマッカーサーを、知力の面でも情緒の面でも疑いなく追い詰めていた。それまでの人生においてどんな状況でも眠ることができたマッカーサーが眠れなくなっていた。中国の介入の当初から、マッカーサーは内々、この戦争が破滅的な終わり方をすると繰り返し、韓国から自軍を撤退させなければならないと説き、公的にはだんだんと声高になる弁解や釈明を盛り込んで自己の行為の正当化に努めた。自分ではなく周りに、特にワシントンの自分の上官たちに、責任をかぶせようとしていた。一二月五日、怒り心頭のトルーマンは、表向きにはすべての政府内の組織の長に向けて（未だマッカーサーだけを特定してはいなかった）、外交政策に関する発言はすべて国務省の承認を経なければならない、という通達を出した。[5]

マッカーサーに対しJCSからは、増援は送れないこと、マッカーサーの指揮行動における制限、特に中国を真っ向から叩くことについての制限は引き続き有効なままである、という素気ない返事が返ってきた。マッカーサーは、それならば可能な選択は韓国からの撤退か戦争の拡大かの二つに一つであると応酬した。戦争の拡大については具体的に、中国国民党軍の起用と、加えて中国に対する海上封鎖、中国本土への艦砲射撃と空爆を行うことを勧めていた。

このようなマッカーサーの提案はほとんど錯乱に等しい、とよく描写されるが、今日明らかになっているメッセージのやりとりから、実は、危機に臨んで信頼できる堅実さを保つと常に評されるリッジウェイが、この中国国民党軍を参入させる提案を自ら進んで支持したことが分かっている。さらに、リッジウェイは一月六日、自分の使命は国連軍を撤退させることなのか、韓国に留まることなのか、どちらであるのか知らせてくれるようJCSに要求している。JCSは実際、中国国民党軍の戦力と軍事手段をもって中国軍に直接対処するというマッカーサーの提案に賛同してはいたが、それには状況がさらに悪化した場合にのみ、という但し書きが付いていた。幸い一月半ばには、リッジウェイの働きにより起死回生を果たした第八軍は限られた範囲での反攻に転じ、JCSとトルーマンは現状において韓国は持ちこたえられると確信した。これによりマッカーサーの軍事判断が間違っていたことが証明され、またその前に、彼の軍が被った敗北も相まって、それまでマッカーサーの上官たちの目を眩ましていた仁川作戦の成功によるマッカーサーの威光は消え去った。[6]

リッジウェイが奇跡的に第八軍を回生させたことは、戦いの形勢を一変させ、さらにはこれが、アメリカ軍の反攻の契機となった。これらはすべてリッジウェイの手柄であり、マッカーサーが貢献するところは何もなかった。リッジウェイは一月末から一連の局地的な攻撃を始めたが、それらは具体的な目標地点の攻略ではなく、中国共産党軍に耐久不能なほどの被害を与えることを意図していた。アメリカ軍（ある程度の連合軍の助けもあったが）と韓国軍は、最初に慎重に偵察を行い、その後相手の攻撃に耐えるかもしくは自陣を退き、その後で反攻に出るという戦術を取り、とにかく絶えず中国軍に多くの損害を与えることを目的とした。三月には「無尽蔵な」はずの中国共産党軍が第八軍の進撃を止められないまでになった。三月一五日、リッジウェイはソウルを奪還、その掌握を確実なものとし、続いて三八度線まで押し進んだ。そこでマッカーサーは、この三八度線にまたがる戦術的な制高地点を確保すること、しかし、それを公式には発表しない、とする認可をリッジウェイに与えた。マッカーサーとリッジウェイの関係における唯一のしこりは、マッカーサーが、リッジウェイが指揮を執った攻撃の命令は自分が下したと主張したことだった。そのような命令がマッカーサーから下されたことはなかった。[7]

マッカーサー解任への秒読みは二月に始まった。軍人が、国務省からの認可なしに政治的な事柄を論じてはならない、というトルーマンの禁止令にも拘わらず、マッカーサーは二月と三月に公式声明を発表する。そのなかで、三八度線上での膠着状態に甘んじるという選択を激しく非難し、さらに、自軍に科せられた制限が中国共産党軍に「保護区」を許す原因となっている、と責めていた。三月二〇日、マッカーサーはJCSによって、トルーマンが政治的、軍事的な和解に向けて働きかけを始めようとしていることを知らされ、事件はクライマックスを迎えた。三月二四日、マッカーサーは上官に直接逆らったこれまでの自分の事例の範疇をはるかに超えた内容の公式声明を出した。そのなかでマッカーサーは、中国共産党は空軍力、海軍力を維持し、また、第一級の火力を持った地上戦力を備えるのに必要な産業資金を欠いている、と嘲った。また、中国の指導者たちに、公式に朝鮮半島での敗北をはっきりと認め、自分に和解を嘆願してくるよう呼び掛けた。彼はこの公式声明を通して、明らかにトルーマンの外交を妨害しようとしていた。そしてより広義の目的としては、もし必要とあらば自分の軍歴を犠牲にしてでもアメリカの外交方針を転換させ、アメリカ政府に蔣介石を支援し、ヨーロッパではなくアジアを優先させることを強制させようと図っていた。

トルーマンは後日、自分はこの公式声明が発表された日にマッカーサーの罷免を決意したと述べ、罷免がその日に行われなかったのはその後、罷免する機会を選んでいただけであるとしている。しかし、驚くべきことに、彼がそのマッカーサーの声明発表の直後にマッカーサーに送ったメッセージは、先に出された、〔公務に就く人間が国務省の認可を取らずに〕外交政策に関する公的なコメントを出すことについての命令をマッカーサーに「思い出させる」という手ぬるいものだった。そこにはトルーマンの、本人が認める以上の迷いが見て取れる。しかし、ほとんど間をおかずに起きた、マッカーサーのふてぶてしい不服従を示す第二の事件が罷免を正当化するもう一つの理由になったようである。下院少数党〔この時の少数党は共和党だった〕の院内総務であったジョセフ・マーティンは三月八日、マッカーサーに手紙を書いた。マーティンはその手紙に、アメリカは戦略的に、ヨーロッパよりもアジアを優先させるべきであると提案する、二月に行われた自身のスピーチの原稿を同封した。マーティンはさらに、アメリカが蔣介石と正式な同盟を結び、中国国民党が中国本土を奪還するのを支援すべきであると提唱していた。

四月五日、マーティンはマッカーサーから来た返事を公表し、下院の議場でその内容を読み上げた。マッカーサーは手紙のなかで、これらの自分の見解を政府には伝えていると述べており、それは事実と一致するが、マーティンに、自分の見解を公表しないでおいて欲しいとは頼んでいなかった。このなかでマッカーサーはなおも、現在の重要な地域は、ヨーロッパではなくアジアであるという持論を繰り返し、自分は、与えられた攻撃には最大限の反撃で報いるというこの国の歴史的な方針を提唱しているだけであると述べていた。だからこそ、自分はその伝統に従い、中国国民党が中国本土を攻撃することを支持するのだ、と続ける。さらに、これはマッカーサーの語録のなかでももっとも有名なものになるが、マッカーサーは、朝鮮半島での衝突を終わらせるのは外交的な決定ではなく、軍事的な決定であり、「勝利に取って代わるものはない」と断言していた。

アチソンはマッカーサーの罷免を支持するが、賢明にもトルーマンには、JCSの同意が得られてから罷免するよう助言した。JCSはその判断に三日近くを費やした。というのも、マッカーサーがJCSの、その時点ではっきりと特定できる命令に背いたということに関して、本部内で合意に至らなかったからである。JCSにとって、マッカーサーが政府の方針に明確に異議を唱えていることには疑いはなかったが、はっきりとした命令違反の証拠としては、一九五〇年一二月にトルーマンの出した通達に関するものしか見つけられなかった。

四月九日、JCSと他の大統領上級顧問は、全員一致でマッカーサーの解任に同意したが、席上、トルーマン自身は、自分は三月二四日の時点で罷免することを心に決めていた、と明らかにした。マッカーサーの後任にはリッジウェイが決まった。トルーマンは当時極東にいた陸軍長官のフランク・ペイスに四月一二日の正午、東京にいるマッカーサーに自ら出向いて解任命令を届けることを指示した。しかし、実際は計画通りにはいかなかった。トルーマンはシカゴ・トリビューンがそのニュースを記事にしようとしていることを知り、急遽、マッカーサー解任の報は午前一時にホワイトハウスで開かれた記者会見で発表されたからである。マッカーサーは自分が罷免されたことを公共のラジオ放送で知った。彼は回想録で「どんな雑用係の少年も、清掃作業員も、どんな使用人も、このような人並みの配慮に欠けた冷淡なやり方で解雇されることはない」と述べている。確かにこの状況はトルーマンの面目を施すものではなかった。その一方でマッカーサーは、解任と日本からの出立に伴う凡々とした用件を落ち着き払った威厳と貴族的な優雅さを持ってこなした。[8]

朝鮮半島の重要性を正しく見極めるには、その後何十年という歳月と新たな証拠、そして新しい視点が必要だった。朝鮮戦争での敗北はマッカーサーの軍歴に不名誉な終わりをもたらした。だが、彼が中国軍の突然の参入についてのすべての責任を負うのは公平ではない。ワシントンも明らかに重大な責任を共有していたにも拘わらず、都合よくマッカーサーに主な責任を押し付けてしまった。一〇月末以降、ワシントンもマッカーサーも、中国軍が北朝鮮に侵入して来ていることは分かっていた。一一月初旬までに、JCSは大勢の中国軍がいることを危惧するようになっていたが、マッカーサーに守勢に回るよう命令することはなかった。この時もマッカーサーは、アジアにおける共産主義を昂然と撃退するという、自身が思い描く未来とは相容れない諜報情報を信じなかったが、このような諜報情報を信じなかったのは、これが最後だった。一一月、中国軍が本格的な攻撃を始めた当時、大部分の国連軍は攻撃されやすい状況に置かれていたが、そのことにマッカーサーが多大な責任を負うとする直接の根拠は、このようにマッカーサーが諜報情報を無視したことにある。第一海兵師団の指揮官が自軍を見事に統率した結果が示すように、注意深い戦術と固い決意でもって中国軍に壊滅的な打撃を与えることは可能だった。中国軍の介入によってもたらされた危機に、この時マッカーサーがどのように対処したかは、彼の指揮経験のなかでも一九四二年のパプア戦に次ぐ最悪の例に数えられる。[9]

朝鮮戦争はマッカーサーの評判を落とした以上に、より大きな影響力を後世に及ぼした。中国軍の介入を契機に、冷戦期の軍事費は果てしなく膨らんでいき、それは長期的にはソヴィエトの凋落を招いた。短期的には、中国軍が国連軍を三八度線まで押し戻したことにより、中国が強国としての地位を再び手にすることを可能にした。しかし、同時に中国は、その代償として台湾の領有権を主張する好機を失い、さらに、戦場に自軍の兵の何万という屍を晒し、アメリカは決して毛沢東が嘲ったような「張子の虎」ではないという手痛い教訓を学んだ。そのうえ毛沢東は、中国国内で二〇〇万の民を投獄し、そのうちの七〇万を処刑したという、「反動分子」を制圧すると称した怒濤のような恐怖政治を正当化するため、この戦争を容赦なく利用した。そうやって強大になった自分の権力を使い、大躍進政策やプロレタリア文化大革命という途方もない惨状に中国を相次いで追いやっていった。このように、スターリンや毛沢東が招いた結果に比べれば、マッカーサーの朝鮮戦争での失敗は影が薄くなるということに、今となっては気付かざるを得ない。最後に、マッカーサーの一九五〇年七月から九月までの統率力は、あからさまな侵略行為によって大韓民国を掌握しようとした試みを頓挫させた。これは多分、冷戦における非常な重要な事件だと言えるだろう。それ以来、一九七五年四月の北ベトナムの攻勢を除き、共産国は、第三次世界大戦を誘引するようなあからさまな行動を二度と試みなかった。その後に続いた出来事に掻き消され何年もまったく顧みられていなかったが、朝鮮戦争におけるマッカーサーの仁川作戦の後のあたりまでの作戦は、彼の軍歴のなかでもっとも重要なものの一つにあたるだろう。

*

マッカーサーの解任は大いに物議を醸した。当初の世論はマッカーサーに同情的だった。とあるギャラップ世論調査では、マッカーサーを支持する人は六六パーセント、それに比べ、不支持の人は二五パーセントだった。日本と韓国の国会では、マッカーサーを讃える決議を採択した。昭和天皇は別れの挨拶にマッカーサーのもとを訪れた。公職に就いていない外国人を天皇が訪問するのは初めてのことだった。四月一九日、マッカーサーはアメリカ議会の上・下両院合同会議において離任演説を行った。三七分にわたる演説のなかで、彼の深みのある、力強く、よく通る声はテレビやラジオを通して聞き入る何百万という聴衆を魅了した。彼の話には理論的な欠陥があるということや、彼のメッセージの持つ危険性に気付いていた人々でさえ惹きつけられた。自分はかけがえのない信条のために軍歴を犠牲にしたのだと主張し、聴衆を大きな感情の渦に巻き込んだ。彼の話の主旨は依然として変わっていなかった。太平洋地域をヨーロッパより優先させる、それが無理ならせめて同等とすべきである、自分の戦略的選択は勝利であり、トルーマンのそれは弱腰の妥協案であるという誤った解釈、そして中国本土での地上戦に突入する可能性を慎重に否定しつつも、中国に対して何らかの行動が必要だと主張する、などがその趣旨だった。その後、彼が軍役に就いた五二年前に流行った軍歌の歌詞だったとする次の文で締め括った。「老兵は死なず、ただ消え去るのみである」[10]。

上院の公聴会がこれに続いた。この三日間の間、存在感においては、マッカーサーは素晴らしかった。特に秀逸だったのは、共産国による陰謀はモスクワのみによって単独で画策されているわけではない、ソヴィエト連邦と中国はそれぞれに自国の利益を追求しているのだ、と指摘したことだった。議場では無益でとりとめのない質問が繰り返され、やがて大衆は興味を失った。しかし、それよりも重要なことは、この公聴会において政府陣営の証人たちがマッカーサーの主張の信用性を失わせたことだった。さらに、ＪＣＳの証人たちは、マッカーサーの行った封鎖や爆撃、そして中国国民党を使ってどのように勝利を得るかという計画が、いかに破綻したものだったかを証明した。コリンズだけはマッカーサーの公然たる命令違反（アメリカ軍部隊を鴨緑江まで向かわせたことに関して）を解任の理由と認めたようだが、他の者たちはマッカーサーが政府の政策に真っ向から反対したのが解任の理由だと見ていた。

その後、マッカーサーはひたすらトルーマン政権の足を引っ張ろうとした。そして朝鮮戦争を終わらせるために中国に対してもっと厳しい対処をするようにと、次期大統領のアイゼンハワーに強く勧めた。トルーマンが再選を諦め、その後アイゼンハワーが戦争の拡大をほのめかすなどの警告を含めた政治工作を行うことで朝鮮戦争を終わらせた時、その両方の画策は実現し、マッカーサーの汚名をいくらかはすすぐことになった。一九五二年、マッカーサーはレミントン・ランド社（一九五六年からはスペリー・ランド社）の会長〔スペリー・ランド社となってからは社長〕となった。彼は引き続き、自らの鋭い知性を働かせ、巨大電子機器企業の運営に積極的に参加した。

彼の公人としての生活が終わりを迎える頃に起こった、二つの興味深いエピソードがある。一九六一年、時の大統領ジョン・F・ケネディがマッカーサーを訪ねた。それは、ピッグス湾事件の後で動揺していたケネディの形式的な訪問に終わるはずだった。マッカーサーは若い大統領に非常に強い印象を与えたらしく、ケネディは彼にもう一度会うためにマッカーサーをホワイトハウスに招いた。マッカーサーは、合衆国はアジアでの戦争を避けなければならない、そしてケネディは国内の問題にもっと時間を割いた方が賢明であると強調した。もう一つは、一九六二年、マッカーサーが、ウェスト・ポイントが授与する最高の賞であるシルヴェイナス・セイヤー賞を受賞したことだ。彼の受賞スピーチはヴィクトリア朝風の、いかにもマッカーサーらしいもので、彼の同輩には信じがたいほど感動的だったが、彼に批判的な人々にとっては耐えがたいほど陳腐なものだった。

彼は一九六四年四月五日に亡くなった。そしてヴァージニア州ノーフォークのマッカーサー記念館に埋葬された。埋葬されたのは四月一一日――それはトルーマンに罷免されたあの日からちょうどきっかり一三年目にあたる日だった。死の前に、彼は自らの死の三か月前に出版されることとなった回想記を書いたが、その決断は賢明ではなかった。回想記は彼の名声を高めるよりも、損なう役割を果たした。世界中の大勢の人々から愛された妻のジーンは二〇〇〇年一月に一〇一歳でこの世を去った。

第15章　総　括

　ここまで、マッカーサーの人生の主要な出来事を、その短所を控えめに申告することも、功績を見過ごすこともせずに、なるだけ公平に列記してきた。しかし、その人生から応用可能な洞察を引き出すことは骨の折れる作業である。伝記作家のD・クレイトン・ジェイムズは、マッカーサーの人生について非常に興味を引く事柄を発見している。そのなかの一つは、一八〇人ものマッカーサーを知る人々へのインタビューの結果、マッカーサーに対する意見は人によって多くの相違が見られるが、だいたいにおいて次の三つの点で一致することである。第一には、マッカーサーは彼らが会ったなかでももっとも複雑な人間だということ、第二に、おそらくこの第一の点がその理由だろうが、公《おおやけ》の彼のイメージと「本当のマッカーサー」は違うということである。第三の点は当然の結果ではあろうが、マッカーサーと接する時間が長ければ長いほど、彼を好ましく思う度合いが増している。[1]

　フランクリン・ローズヴェルトも同様だが、ダグラス・マッカーサーもその時代最高の俳優の一人になれたであろう才能の持ち主だった。アイゼンハワーが気付いたように、マッカーサーは常に目に見えない観客が目の前にいるかのように振る舞った。彼のまるでカメレオンのような「演じ分ける」才能は、自分自身のイメージや自分が伝えたいメッセージを自由自在に変え、目の前の観客の数の大小に拘わらず、彼らを好きなように操ることを可能にした。おそらく、彼の真の気質を的確に把握していた数少ない人間は、彼の両親、特に彼の母親と、そして二番目の妻のジーンだっただろう。彼らが自分たちの知るマッカーサーについて語ることがなかった以上、伝記作家ができる最善のことは、潔く「本当のマッカーサー」を描写することはできない、と認めることではないだろうか。

マッカーサーの真の内面を明らかにする情報が手に入らないとすれば、必然的に私たちには、見つけられることを体系的に分析していくしか取る道はない。手始めに彼の基本的な特徴から挙げていくなら、まず挙げられるのは、その類稀な知性だろう。それは、彼の前に立ちはだかる課題や難題を分析する強力な武器となった。束縛がなければ、彼はもっともありふれた些細な事項から、その全体像を損なうことなく問題を掬い出し、それを特定し査定することができた。彼の知的傾向には彼が生涯なくすことのなかった広範囲に及ぶ好奇心が含まれており、彼を軍務とはかけ離れた分野についての研究に駆り立てたが、よく知られるように、特筆すべき例外は芸術と文学の分野だった。このように蓄えられた豊かな知識は、彼がより複雑で非軍事的な任務に従事する機会において非常に役立った。彼の知性はその自負心を増大させるのに大きな役割を果たしたが、同時にそれは、大きな難問にうまく対処するには不可欠な必要条件でもあった。彼の豊かな才能は弁舌の巧みさにも及んだが、彼の公式の場での発言は現代の基準から見ると陳腐でヴィクトリア朝風の特徴が強過ぎ、時代遅れに感じられる。彼の人生のすべてにわたってでないとしても、その人生の大部分にわたって、彼はこの地球上で一番有能な人間は自分であると、そして、現職についているどんな人間よりも自分の方がうまくできない仕事はないと信じており、とりわけそう思っていたらしい職業が大統領職だった。

彼の活発な知力は、些細ではない問題も生じさせた。リーダーとして人の上に立つ人間が、彼の軍人としての人生から得られる教訓の一つは、職業上必要なすべての専門的な基本知識の習得が伴わなければ、卓越した才気だけでは十分ではないということである。マッカーサーは大隊、連隊規模の軍務以上のものを教える術科学校には行かなかった。現代風の言い方をすれば、高度な兵法について、独自に本を読み、「ホームスクール」〔学校に行かず家庭で教育を修得すること〕で学習したようなものであった。これが軍隊には絶対的に必須である分野において多大な損失を彼にもたらした。それが兵站の分野だった。このことが最初に明らかになったのは、レインボー師団の参謀だった彼が、補給担当（陸軍用語ではG－4と呼ばれた）の専門の将校を部署内に配属しなかった時だった。最初のフィリピン作戦での戦略的な指示においても、兵站こそが彼が犯した取り返しのつかない間違いだったことは教訓的である。彼に批判的な人々はこの彼の犯した間違いをはっきりと指摘したが、自我の極めて大きなマッカーサーはそれを認めようとはしなかった。その後マッカーサーは、フィリピンでの敗北に学び、ただでさえ不足していた兵站上の補給を見事に補う術を習得したが、それを率直に認めることはなかった。そのため、この彼の最高司令官としてのもっとも偉大な功績に対し、根本的な誤審が下されることになった。しかし、彼の戦略家、もしくは戦術家としての正当な評価がどのようなものであろうとも、――また、異なった審判を下す人もいるが――彼は軍事史において兵站分野での巧者の一人として尊敬を集めている。

第二の彼の際立った生来の特徴としては、その非常に恵まれた体質を挙げるべきだろう。皮肉交じりだろうが、彼が自分にないものとして嘆いていた唯一の能力は第一級の運動能力だった。しかし、彼は実際に、肉体的にも精神的にも、歴史の中央舞台にいた自分と同年代の人間の誰よりも、はるかに長く若々しさを保ち続けることのできた類稀な遺伝的体質に生まれついていた。彼自身もその天からの贈り物である若々しさを適切な食生活、控えめな飲酒、規則正しい睡眠によって維持し続けた。驚くのは、彼の活力を支えたその他の主要な生活習慣がいかに簡単なものだったかということだ。彼は思索する時や来客と話す時に自分のオフィスを歩き回り、そこをトレーニングルームに変えた。彼は平均して一日におよそ六キロから九キロメートルは歩いたという。彼は司令官専用機のなかでも通路を行ったり来たりしていたため、韓国への便のパイロットが、マッカーサーは韓国までのすべての行程を歩いたんだ、と冗談を言ったことがあった。この知力と若々しさという組み合わせが、マーシャルやアイゼンハワーのような男たちに、マッカーサーは第二次世界大戦に従軍するために軍務に復帰すべきだ、と確信させたのだった。

＊

次にマッカーサーの基本的な信条について述べよう。彼の両親が最初に彼に教え込んだのは、次のことだった。アメリカの未来はヨーロッパではなく、アジアにあるということである。中西部出身で、都会から遠く離れた西部の、埃にまみれたような辺境の駐屯地に送られていたアーサー・マッカーサーがなぜ極東にこれほど固執していたのかは今となっては知る由もないが、彼はこの考えを息子のダグラスに植え付けた。そしてダグラスは極東での軍務中に、彼の軍歴の頂点ともいえる二つの最高位に到達するのである。軍隊内での彼の同輩とアメリカ政界内の彼の上に立つ人々は、事実上その全員がヨーロッパ中心主義者だった。そのためマッカーサーは彼の全経歴を通し、自国の戦略的な優先国がヨーロッパだったことに対して基本的に反主流論者のスタンスを取り続けた。マッカーサーのもともとの性格を別にして、このような大きな機構のなかで世間一般の通念に対抗し、それを抑えるような反対意見を保ち続けるのは並大抵のことではない。

二一世紀の基準からすると、マッカーサーが取った異人種間の関係におけるスタンスはなおも制限されているように見える。しかし、彼が生きた時代の基準からすれば、彼の考え方は極めて進歩的だった。彼は基本的に、非白人系人種に、彼らが平等を実現することを阻むような先天的な知的、倫理的な欠点はないと信じていた。一九三〇年のマニラでの感動的なスピーチでは、異人種間の寛容と均衡の重要性を訴えた。彼はフィリピン、日本、韓国の指導者たちを明らかに知的、倫理的に同等な人間として扱った。さらに、フィリピンでも日本でも、現地の人々の視点から問題を見ただけでなく、彼らの強力な擁護者としてアメリカの役人たちと渡り合った。フィリピンでは、「正しい」種類のフィリピン人が勝つためにはアメリカ兵の生命を危機に晒すことも厭わないほどに現地のエリート層と自分を同一視していた。マッカーサーの人生における皮肉の一つは、自分の政敵からはどうしようもないほど旧弊な人間だと非難されていたことである。彼を非難した人々は、マッカーサーの唱える、アメリカは極東を最優先地域にすべきであるとした要求は、ヨーロッパ至上主義そして白人至上主義の上に築かれた当時のコンセンサス全体を根底から覆すものだという事実を完全に見過ごしていた。

ヴィクトリア朝後期の人間としての生来の感覚で、マッカーサーは二〇世紀の幕開けとともに通念となった総力戦という概念にいささか反対する姿勢を取っていた。彼はバターンでの籠城戦を長らえるためにフィリピンの民間人の生存に必要な食料を冷酷にも奪い取って彼らを危険に追い込むことを拒んだ。彼はまた、一九四五年九月の降伏文書調印式で日本の代表が屈辱を味わうことも回避した。おそらく、マッカーサーの戦争に対する姿勢をもっとも露わにしているエピソードは、空軍力にまつわるものだろう。戦術的な航空戦力について熱心に学び、作戦に取り入れるようになったマッカーサーだったが、彼は無制限の航空爆撃には反対で、特に、都市への空爆をひどく嫌った。彼は一九四一年一二月、マニラが日本軍の空爆に晒されることを恐れ、それを回避するためにマニラが無防備都市であることを宣言した。そして一九四五年、自軍の兵士たちがマニラの守備にあたる日本兵を掃討するという困難な任務に直面した時、彼らに航空戦力の使用を禁じた。陸軍航空軍の将校たちがなぜ太平洋域のB－29の爆撃集団がニミッツとマッカーサーのどちらの指揮下にも入らないようにしたかという理由はいくつかあるが、その理由の少なくとも一つは、マッカーサーが一九四五年三月に始まった日本の都市への焼夷弾による爆撃を絶対に認可しないだろうと分かっていたからである。またマッカーサーは、朝鮮戦争において、当初、都市の破壊を意図とした空軍の計画を拒絶していた。

だがマッカーサーは、いくつかの決定的な瞬間で自らの戦争手段の制限を破っている。一九四五年六月、マッカーサーは本土決戦で徹底抗戦を続けることが予想された日本の守備隊に対して有毒ガスを使用することを検討した。また、山下将軍と本間将軍に対する不当な死刑判決への関与は彼の信条に甚だしく反している。最後に、朝鮮戦争においては、中国の介入を契機として、マッカーサーはそれまで自分が拒絶していた都市部への大々的な航空爆撃の計画を認可した。

マッカーサーの讃美者たちが下した彼の評価のなかでもっとも見当違いなものは、彼を革新者として誉めそやしているものである。マッカーサーが明らかに変革を促す推進力として働いたと正当に評価されてしかるべきエピソードは二つあり、一つは、アメリカ陸軍における教育内容の変革と、もう一つは、日本の憲法のなかの有名な平和条項の制定に彼が果たした役割である。彼がウェスト・ポイントの校長として行った改革と、参謀総長として実施した陸軍の学校制度の改革は、先見的なもので、生徒が学ぶ知識の幅をさらに広げることや、民間の教育機関との交流を通じ、陸軍の教育機関をより活性化させること、士官候補生や兵士が、彼らが守るべき民間の社会と交わりながら、一方で、独立した専門的な思考を学ぶことができることを目標としていた。彼は因習的な意見に逆らってこのような計画を推奨し、そのために士官学校の校長としての任期を全うせずにその職を去った。

さらにマッカーサーは、公式には日本の指導層からの提案であると主張しているが、実は自ら日本国憲法のなかの戦争を放棄するという、驚くべき条項を起草している。そしてそれは未だ達成できない一つの理想として今日まで残っている。日本国内でも、その条項が果たして自衛のための戦力さえも禁じているのかという議論は続いている。

しかし、その二つのエピソードは軍司令官としての、また、行政の長としてのマッカーサーの行動における、より奥深く、また、顕著なパターンの前には随分と霞んでしまう。そのパターンとは適応性である。第一次世界大戦中のコート・ド・シャティヨンで、軍内での自分の将来が危機に晒された時、彼は部下の一人の提案した戦闘計画を採用し、それを自分のものにした。マッカーサーのフィリピンの防衛計画はもともとレナード・ウッドによる計画で、彼はそれを借用した。第二次世界大戦中、マッカーサーは航空戦と水陸両用戦の極意をジョージ・ケニーやダニエル・バーベイのような主だった部下を師として学び取った。彼はまた、ウィリアム・F・ハルゼーが手本を見せてくれた「蛙跳び」戦略を随分後になって取り入れた。彼が指揮した戦闘のなかでも、もっとも傑出した戦いであったのはホーランジアの戦いだが、実はその着想は彼のものではなく、彼の部下によるものだった。日本占領において彼がとった非常に優れた政策の青写真はワシントンの政府が起草したものだった。この彼の特徴には非常に興味をそそられる。というのは、知的能力に大いに恵まれた人間は、その能力を他人のアイデアを冷静に査定するよりも、それをこき下ろすために使うのが常だからである。さらに、他人のアイデアを忌憚なく取り入れることは自己に対する絶大な自信と寛容な精神がなければできないことで、自分が土壇場に立たされている場合、それはなおさら難しいことである。

彼の統率力の本質として、その大胆さがよく挙げられるが、その大胆さをもう少し特定する必要がある。ニューギニア作戦の後半において、またレイテ島、特に仁川で、マッカーサーが大胆であったことに議論の余地はない。マッカーサーの現役時代にアメリカ軍の上級幹部に登りつめた人間のなかで、パットン、ハルゼー、そしてニミッツのみがホーランジアとレイテの作戦に踏み切っただろう。仁川作戦を試みようとする者は一人もいなかったに違いない（より浅い「回り込み」を行おうとする人間は数人いたかもしれず、戦略的にはほぼ同じ結果を見たかもしれないが、その場合は、おそらくもっと多くの死傷者が出たはずである）。後年の一九九一年のクウェートでの作戦と二〇〇三年のバグダッドへの素早い侵攻はマッカーサーが見せた大胆不敵さに匹敵する好例である。

だが、マッカーサーが最高司令官として真の大胆さを示したのは、一八か月ものフィリピンとパプアでの手痛い経験を経てからのちのことだった。実際、パプアでの作戦は彼の司令官としての統率能力を示す例としては最低で、失敗の事例集が作れるほどだった。マッカーサーがやっと大胆さを見せるようになったのは、自軍が作戦運用に慣れ、暗号解読者たちが敵軍の配置を彼に知らせ、彼が敵の司令部の情報を窺い知ることができるようになった後のことだった。仁川作戦の後、彼の大胆さは無謀と言える域にまで急激に傾いていく。そこに登場したのがリッジウェイと海兵隊の指揮官たちで、彼らは中国の介入が、必ずしも国連軍の進軍の停止、深刻な形勢の逆転と三八度線以南への撤退へと繋がるわけではないと証明してみせた。

南西太平洋方面軍（SWPA）や連合国軍最高司令官総司令部（SCAP）のような巨大な組織を、統制するだけではなく、上から支配するというマッカーサーの能力は様々な功罪を生んだ。マッカーサーは、自分が部下に求める第一の資質を忠誠心だとして、それを繰り返し褒め称えた。一九四一年から朝鮮戦争半ばにして罷免の憂き目を見るまでの一〇年ほどの間に、常に自分の取り巻きの参謀たちで脇を固めていたが、彼らに共通する唯一の特性がマッカーサーに対する忠誠だった。自分に対する忠誠にもっとも重きをおくことは、その下で行われた官僚制において、マッカーサーへの絶対的かつ個人的な献身とマッカーサーの理想像を実現しようとする熱意を併せ持った少数の人間たちを通してすべてが吸い上げられるかたちで統制されることを確実にし、結果的にマッカーサーが、その機構を完全に支配することを可能にした。この利点の代償は、情報と意見が深刻なまでに狭窄されることだった。

自分の指揮下の誰かをやる気にさせる手段として、彼が好んで使ったのは、部下のお互いへの対抗心を煽り、互いに競争させる方法だった。もっとも顕著な例として、クルーガーとアイケルバーガーを競わせたことや、その後日本では、ホイットニーとその他のSCAPのスタッフを競わせたことなどが挙げられる。しかし、軍の指導者について人々が持つ通常の固定概念とは裏腹に、マッカーサー自身は、必要な場合はそうすることもあったとしても、部下を直接叱責することは非常に少なかった。むしろマッカーサーが意識的に使ったのは、彼らに対する称賛であり、時にはおべっかさえも使った。それらの効果は絶大だった。

また、マッカーサーにとってスタイルと象徴性は、統率力を行使するための道具だった。彼は巨大な官僚組織に独自の刻印を刻むため、それらを有効的に使った。ベラクルスに始まり、その後それらを使う能力を開花させた第一次世界大戦中、マッカーサーは崇高なる貴族的な戦士としてのイメージを体現するのに自分の服装を使った。きちんと折り目がつけられ、ピカピカ光るボタンの目立つ軍服、そして閲兵式に対する彼の本能的な拒絶は偏見の無さと大胆不敵さを示していた。現在に至るまで、陸軍の軍服はパーシングやパットンではなく、マッカーサーにより確立された前例に拠っている。彼の本能的な直感は、詰まるところ、服装においては余計なものがない方がいい、という洞察に彼を導いた。第二次世界大戦以前のマッカーサーの私服を見てみると、それらはまったく隙のない洒落たもので、さらに彼は、全生涯を通じてあらゆる種類の賞や勲章などを見苦しいほどの貪欲さで獲得しようとする人間でもあった。しかし、第二次世界大戦中に、帽子、サングラス、パイプ、そして最小限の記章以外の装飾のないシンプルなカーキ色の開襟シャツという装いが、けばけばしい軍服よりも、多大な力を体現していることに気付いた。

おそらく、彼のスタイルと象徴性の使い方が一番雄弁だったのは、日本においてだろう。日本の降伏文書調印式においてマッカーサーは、権力と支配を、そして全兵卒を参加させることに象徴された、民主主義を人々に印象付けた。さらには、日本軍の捕虜になり解放された人々の出席が象徴した、控えめだが紛れのないメッセージ、自分の行った簡潔かつ強力なスピーチにおいて述べた高い理想など、これらすべてを人々に印象付けることに成功した。同時に彼は、敵であった日本の屈辱感を完全に回避するという離れ業をもやってのけた。これに続いたのが、ある程度は計算され、また、ある程度は予期せず偶然に撮影された昭和天皇との写真だった。もう一つの例は、マッカーサーが毎日、護衛なしに東京の自分のオフィスと住居の間を車で往復することだった。それまで政治家の暗殺が広範囲に行われていた歴史を持つ国でこのような行動を取ることは、彼の日本国民に対する信頼を表していた。

マッカーサーの持つ、役割を演じ分けるという才能は、時によりがらりと変化するリーダーシップのかたちのなかにも表れている。第一次世界大戦中、自身が自ら最前線に立つというリーダーシップにより、彼はさながらアメリカ外征軍のダルタニアン〔アレクサンドル・デュマによる冒険小説『三銃士』の主人公〕だと称賛された。第二次世界大戦中、彼は初めのうちはその直接指揮を執るスタイルを放棄していたが、それが「ダッグアウト・ダグ」という中傷を受ける原因となった。オーストラリアの歴史家、ギャビン・ロングも述べているように、「人々がこのような中傷を思い付くような状態を予め忌避するのが優れた将軍の務めである」。マッカーサーはそのような中傷に根拠がある状態を回避するという、その重大な任務を果たしていなかった。一九四四年初頭に始まり、マッカーサーは前線に自ら姿を現すというスタイルに戻るが、その度合いは他のどんなアメリカ軍の戦域司令官にも類を見なかった。

しかし、打って変わって日本では、城の奥に君臨する徳川将軍のようなポーズを取り、昭和天皇が全国を巡行し人気を博すのに座を譲った。彼は一九四一年から一九四二年にかけての悲惨な一時期を除き、自分の統制力を浸透させるためにそれぞれ最適のやり方を選択している。これはなぜ一つの定型的なリーダーシップを取るやり方がうまくいかないかを説明する好例である。[2]

＊

マッカーサーから我々が学ぶことのできる教訓以外に、彼の人生は一般的な文民の政治組織と軍隊間の関係についての膨大な量の学術論文が書けるほどの題材を含んでいる。特に、いかに上に立つ文民側が、並外れた才能には恵まれているが強情な部下を甘受すべきでないかを物語っている。マッカーサーが彼の上に立つ文民の組織と様々な問題について衝突をしたことに本質的に悪意はなかった。ただ自分の見解を述べるだけなら命令の不履行にあたらず、軍の士官が政府の方針とは異なる助言を行うことが罰せられる風潮を作り出すことは重大な間違いである。しかし、朝鮮戦争においてマッカーサーがトルーマンと対立した一件は、単に率直に個人的な意見を交換した、というわけではなかった。マッカーサーの罷免は適切な処置であった。なぜならマッカーサーははっきりと、そして公《おおやけ》に国の政策に同調しなかったからである。

朝鮮半島でのマッカーサーの行いは、非常に長く続いていた軌道の頂点であり、突然変異的な逸脱ではない。マッカーサーの、軍隊や文民組織の上からの命令に従う態度に大きな変化が見られたのは、一九三〇年代後半のことだった。第二次世界大戦勃発後の数か月の間に、ローズヴェルト大統領とスティムソン陸軍長官、そしてマーシャル参謀総長はマッカーサーから常軌を逸した数々のメッセージを受け取っていたが、それらを大目に見た。それらは特に、海軍についての偏執的な雑言や、国の戦略に根本から反対する内容を含んでいた。スティムソンだけが、その危険性に気付き、マッカーサーの態度が許容できる範囲に立ち戻るよう彼に命令服従を強いる直接行動に出た。アメリカの首脳部が第二次世界大戦においてマッカーサーの行動を規制しなかったことは、明らかに、のちの教訓となった。

事態が新たな山場を迎えたのは、マッカーサーがトルーマン大統領の二度にわたる帰国の「要請」を断るというふてぶてしさを見せた時だった。トルーマンはマッカーサーが他のアメリカ軍の司令官たちとともにアメリカ国民の感謝と大歓呼で迎えられるよう帰国を促したのだが、マッカーサーに拒否された。トルーマンが、さらにそれを強制するには至らなかったため、その一件以降、マッカーサーはトルーマンを侮るようになる。それ以来、トルーマン政権は占領全般に関する専門家による指導要領を提供はしたが、当時アメリカ上層部の大部分はヨーロッパ中心主義的な見解を持っていたため、日本にいるマッカーサーに自由裁量を許す隙を生み、マッカーサーはたちまちそれを最大限に利用し始める。それは非常に危険な状況だった。というのは、マッカーサーはワシントンの中核内に「事情通」の友人がいるわけでもなく、トルーマンとの意思の疎通を確立するための中継の人間も持たなかったからである。ここでの教訓は、トルーマンはこのような重責を任されている人物との間に、より個人的な関係を築くために手段を講じるべきだったということである。トルーマンの名誉のために言っておくが、確かに彼は遅ればせながらもこの状況を改善すべく、二つの処置を講じた。まず、朝鮮戦争勃発後、彼はエドウィン・ロウ少将を東京に派遣し、マッカーサーとの個人的な連絡手段を確立しようとした。もしトルーマンが仮に二年前に同じことをしていたら一九五一年に起きた対立は免れていたかもしれない。次にトルーマンは、一九五〇年八月、マッカーサーが出した、中国国民党政府に対するアメリカの外交政策についての声明を公式に撤回するよう、初めてマッカーサーに強制した。しかし、この行為は一九四二年のスティムソンの行為と同じように、時機を逸したためと、彼がマッカーサーに命令服従を強制したのは、この一度きりだったことから、事態の改善には至らなかった。

*

マッカーサーが文民の権力機関に服従しない、人並外れて尊大な自我の持ち主だったということを考えれば、朝鮮戦争後、どの時代区分を見ても、彼に重要な指揮権を委ねるという選択は愚かなものだっただろう。しかし、彼の鋭い分析力は、彼自身の自己利益が、その判断を鈍らせてしまう場合を除いて、尊敬に値し、また、型通りの考えに囚われなかった。なんといっても、彼と同時代の西側の軍人のほとんど全員とは意見を異にし、彼だけが一九四一年のドイツの侵攻にソヴィエト連邦が持ちこたえることを予言し、一九五一年には毛沢東がスターリンの操り人形に過ぎないという世間一般の通念に異議を唱えたのだ。

もしも、マッカーサーがどのように昨今の出来事を査定するかを、手に入る情報をもとに推量してみるとすれば、マッカーサーはまず、彼が生きていた頃のアメリカのもっとも基本的な政策であった問題から始めるよう要求するだろう。彼と彼の父親がアジア第一主義という思想において先駆者であり、彼らが正しかったことが、その後の歴史により証明された、というマッカーサーの主張に反論できる者はほとんどいないと思われる。経済と人口の観点から見ると、アメリカのもっとも輝かしい未来への水平線は、ヨーロッパではなくアジアにあると言える。彼は公式には、アメリカとヨーロッパは文化的伝統を共有しているという美辞麗句を並べるなど、ヨーロッパ人には寛容であるだろうが、非公式には、ヨーロッパはアメリカの政策を形作ることにも導くことにも大きな役割を持つべきではない、と断固として勧告し続けるだろう。彼は国連の有用性についても、それが二義的、三義的な役割で、なおかつアメリカの国益と一致するか、それを増幅させる働きがある場合を除き、やはり高い評価をしないはずである。マッカーサーは、国連が一九五〇年に中国からの直接攻撃に対し適切に対処できなかったのは恐ろしい失敗だと見ていた。それにより彼の国連に対する不信感はなおさら拍車がかけられたに違いない。

マッカーサーは、平和的で民主主義的な経済大国に生まれ変わった日本の出現について、持ち前の傲慢さで自分の正当な手柄を主張するばかりでなく、誰かがその基本計画はアメリカ政府によって提供されていたと指摘しようものなら、それを不敬罪の一種か何かのように扱うだろう。彼の見解を推測してみるにあたってもっとも推測が難しいものは、日本の憲法のなかの「平和条項」に関するものである。存命中、マッカーサーの意見は、条項は文字通り自衛のための武力さえ放棄すると解釈される、とする極端に理想主義的なものから、まず占領を終わらせるためにある程度の再軍備を許容するという考え、そしてアメリカ軍が朝鮮半島に送られた後は、日本は防衛のために再軍備すべきであるという考えへと変わっていった。彼のその後の意見は、おそらく幾度かの変化をめぐったに違いない。冷戦時代には日本がある程度の軍備を持つことを間違っているとは思わなかっただろうが、冷戦が終わってからは、日本に第九条の純粋な解釈に立ち返ることを再検討する好機だと提案したかもしれない。

彼は、北朝鮮が核兵器を配備しようとしていること〔上記を含め以下北朝鮮についての言及は、原書の執筆時の情勢を指す〕、これに加えて弾道ミサイルのプログラムも開発し、結果、地域全体の安定を揺るがし、テロリストへの武器売却の可能性も憂慮されていることをこれ見よがしに述べ、この現在の危機的状況は、一九五一年に危機に瀕していた問題を正確に判断していたのは、トルーマンではなく自分であったことを証明している、と高らかに宣言するに違いない。朝鮮半島において、勝利よりも膠着状態を受け入れるという選択は、一九五〇年の韓国への侵攻がアメリカ本土へもたらすであろう危険よりも、さらに重大な危険を後の世代に残したに過ぎない。しかし、彼は何らかの戦争行為がない限り、現在の北朝鮮への軍事行動は優先されるべきだとは勧めないだろう。彼の分析はおそらく、まず強調されるべき問題は、アジア諸国、特に中国、日本、インドなどの継続的な成長を危うくする、その他のもっと差し迫った脅威であるとするだろう。

マッカーサーの残した功績の中核を成すが、彼がまったく語ろうとしなかった部分がある。それはフィリピンについてだった。一九四五年に日本に向けてフィリピンを去った後、彼は何十年も続いた家族ぐるみの、非常に親密で個人的な繋がりを断ち切った。フィリピンに戻ったのは一九四六年、独立記念式典に出席するための訪問と、昔を懐かしんだ一九六一年の再訪問の二度だけだった。その後、彼が公式にフィリピンについて言及することはほとんどなかった。この件についての彼の態度は、まるで成功して大舞台で演じることが常となった偉大な俳優が昔の無名時代の芝居小屋での日々を語らないようなものだった。

マッカーサーの日本、朝鮮半島そしてフィリピン以外の事項についての見解は複雑で、また、一定していなかった。彼が一九六一年、ケネディ大統領へ与えた東南アジアの問題よりも、国内問題に専念するように、という忠告は、彼がおそらく、一九八三年に海兵隊をベイルートに送ることにも、兵隊や空軍をソマリア、ルワンダ、ボスニア、コソボ、ダルフールに送ることにも反対することを強く予想させる。アメリカが志願制の軍隊組織となったことはマッカーサーにとって非常に興味深い問題だったろう。彼についての記録に照らしてみると、彼はきっと、平時には志願制でいいが、戦時にはそれではいけない、と断言するのではないかと思われる。その理由は、勝利を確実にするために大々的な規模の兵力を収集する必要があるからというだけではなく、また、それは主な理由でもない。彼は陸軍の教育制度の改革において、軍事の専門職としての陸軍と民間の社会との近しい関係を保つという点に重きをおいたが、この点が一番の理由であると予想される。民間の社会との関係は、志願兵よりも徴兵で構成された軍との方がうまくいくと思われるからである。無論これは、「私のする通りではなく、私の言う通りにしなさい」といった類の助言ではある。

彼は先進技術の熱心な支持者になり、それを駆使できない指導者をすぐに窘《たしな》めていただろう。だが、同時に技術の変革は根本的な戦争の原則を変えるわけではないと強調していただろう。ロバート・N・マクナマラとドナルド・ラムズフェルドを等しく軽蔑していたのではないだろうか。

中東と対テロ戦争についてのマッカーサーの見解を、彼の経歴と信条という複雑な鋳型から取り出そうとするのは至難の業である。晩年、彼はアメリカの古典的な、ジャクソン〔第七代アメリカ合衆国大統領アンドリュー・ジャクソン〕主義的意見を持っていた。それは、戦争は極めて重要な利害問題が係争されている状態を除き、回避されるべきであるが、もし戦争を始めるに足りる理由があるなら長期的かつ決定的な目標を達成するために大々的な軍事力を投入する以外に取るべき政策はないという意見だった。一九九〇年以前なら、マッカーサーは自分がアメリカの利益に直接関わると判断した地域周辺以外にアメリカ軍を派遣するのには反対していただろう。この地域には中東も含まれたに違いない。だがマッカーサーは、一九九〇年のサダム・フセインのクウェート侵攻と、一九五〇年の朝鮮半島の状況に共通点を見たはずである。冷戦の終結後に明らかな武力侵略行為が許される前例を作ることの危険性を指摘しつつも、それに留まらず、石油がアジアの経済発展に対して持つ戦略的な重要性を大いに強調することも忘れないだろう。マッカーサーは、サダム・フセインを権力の座から降ろすことなく、クウェートの解放だけで戦争を終わらせようという提案には烈火のごとく怒ったに違いない。彼はフセインを見逃すことは将来のもっと大きな問題へ繫がる禍根となる、また、それは朝鮮戦争とのもっとも説得力のある類似になるという警告をすると予想される。

二〇〇一年九月一一日のアメリカ合衆国への直接攻撃は、それがアジアの経済繁栄にとって死活問題である石油の補給に対し常に継続的な脅威となることもあり、間違いなくマッカーサーに報復措置を提唱させただろう。彼は、アフガニスタンのタリバン政権がアルカイダを匿うことは容認できない、タリバンを殲滅するために軍事行動に出ることを支持する、と表明しただろう。だがマッカーサーはまた、こうも聞くかもしれない。「なぜアフガニスタンで止めるんだ?」と。彼はイラク、シリア、イランに対する措置も包括的な戦略の一環として主張しただろう。そして次にはどんな政治指導者も考え付かないほど大々的な軍事動員を主張して声を上げるだろう。彼は二〇〇三年のバグダッドへの侵攻で見られた大胆さと技術の目覚ましさには称賛を寄せるだろうが、アメリカ軍の規模が十分ではないということには批判的だろう。だが、その理由は一部の人間が想像するようなものではないと予想される。勝利を収めた後には、アメリカの指導者がイラク国民に対して穏やかで高潔な態度で臨むよう勧めるだろう。しかし、彼自身がもし指揮を執っていたなら、自分の本来の功績以上の評価を恥ずかしげもなく要求するに違いない。

アフガニスタンのタリバン政権が崩壊し、サダム・フセインが失脚した後の展望についてのマッカーサーの意見は、ほとんどのアメリカ人の予想を裏切るだろう。また、日本占領の時のように、戦後の権力の不在をアメリカによる統治により補塡することをマッカーサーが提唱するだろうと想定する歴史家の予想も裏切られるだろう。これらの予想に反して、マッカーサーの真の、そして彼が繰り返し述べた占領に対する考えは、どんな占領も占領者と被占領者の両方の歴史の暗部になるというものだった。彼は、数年ではなく数か月の間にアフガニスタン、そしてイラク文民政府による統治に移行することを推奨するだろう。控えめで目立たない指導的、補助的な役割を担うアメリカの派遣団を除き、すべてのアメリカ軍の戦闘部隊は撤退するべきだと勧めるだろう。しかし、このイラクに対する全体的な計画には一つの例外が含まれる。それはサダム・フセインを失脚させたアメリカ軍が直ちにシリア国境に再結集し、さらに、次のダマスカスでの対立に備えることである。マッカーサーは、サダム政権の崩壊という大事件のすぐ後に続く軍事行動による脅威が、それ以上の軍事手段なしにシリアとイランの両国の政権の交代を促すと期待しただろう。ただ両国の政権がなおも挑戦的な態度を続ける場合には、戦争を続ける覚悟だっただろう。二〇〇一年以降にとられたアメリカ合衆国の戦略に対してマッカーサーが抱くもっとも根本的な意見の違いは、これまでのアメリカの中東での成果ではなく、それ以上大規模な介入に臨もうとしない姿勢だっただろう。

＊

オーストラリア軍の司令官だったトーマス・ブレーミーは、次のように簡潔に、そして見事にマッカーサーの本質を言い当てている。「彼について述べられている最高の評価も最低の評価も、そのどちらもが真実である」[3]。マッカーサーの功罪が永遠に議論の的となる宿命にあるのは、無理もない話である。それは複雑過ぎて、一つの完全な答えを導き出すことができないからだ。彼の優れた美点も功績も真実であり、惨憺たる欠点や失敗もまたしかりである。そのすべての手柄も責任もマッカーサーに帰するが、彼の上に立った文民、軍人もマッカーサーを監督しなかったことにかなりの責任を負う。結果として彼のパフォーマンスのバランスシートは大いにプラスに傾いている。彼が、その経歴において成し遂げた三つの偉業は、二〇世紀の他のどのアメリカ史上の人物よりも、リーダーシップについて学ぶことのできる事例を提供している。唯一の例外は、フランクリン・ローズヴェルトだろう。マッカーサーの美徳についての、または、彼がどれだけ美徳を欠いた人間かという議論は続くだろうが、果たして彼がこれからも世代を超えて人々を魅了し続けるかどうかという議論にはすでに決着がついている。

あとがき——マッカーサーの遺産と戦後日本

ブライアン・ウォルシュ

ダグラス・マッカーサーが厚木飛行場に降り立ち、日本の人々の前にドラマティックに姿を現したあの日から、七八年の歳月が流れた。愛機のバターン号が着陸してそのドアが開かれると、彼は自信に満ちた様子で日本の大衆のイメージのなかにその一歩を印した。近代日本史においてマッカーサーほど大きな足跡を残した外国人はいない。この点において、唯一彼に匹敵するのは、マシュー・ペリー提督ぐらいだろう。しかし、両者の違いは、ペリーはその後に起こる一連の出来事のきっかけを作ったことで日本史に影響を及ぼしたのに対し、マッカーサーの行動は日本のその後の進路に直接影響を与え、また、それを決定したことだ。

確かに、マッカーサーは南西太平洋方面連合軍総司令官として、第二次世界大戦の連合国の勝利に大いに貢献したが、その貢献は太平洋艦隊司令長官であったチェスター・ニミッツ元帥の果たしたものより大きかったとは言えない。実際、ニミッツは自軍を上回る（ミッドウェー戦）、あるいは同等（ガダルカナル戦）の戦力を持つ敵軍を相手に勝利を収めた唯一のアメリカ軍の戦域司令官であり、その貢献は、おそらくマッカーサーをしのいでいるだろう。

しかし、マッカーサーはその後、日本占領における連合国軍最高司令官、そして朝鮮戦争開戦時においてのアメリカ軍及び国連軍の司令官という二つの地位に就いた。その在位期間中にマッカーサーは戦後の安全保障の環境を形成し、それは今日《こんにち》の安全保障の環境にも、ある程度の関連性を持っている。しかし、なんといっても、現代日本人の記憶のなかに聳えるマッカーサーの重要性の大部分の発端は日本占領に遡る。

その現代日本人の記憶は、二つの要因により歪められている。一つは、マッカーサーが自ら執拗に行った自己宣伝による産物であり、もう一つは、現状に不満を持つ日本の国家主義者による空想である。マッカーサー自身による自らの功績の解釈は、彼の主な部下の幾人かに拠る後々の記述によっても一層強調されている。その解釈とは、マッカーサーは武器を持たずに日本に足を踏み入れ、彼の個性という抗いがたい魅力により、ほとんど独力で日本という国を封建的な軍事主義国からアメリカ式のリベラルな民主主義国に変えてしまった、というものだ。一方の怒りに燃えた日本の国家主義者による解釈はといえば、マッカーサーはアメリカ支配の推進力に他ならない、というものだった。マッカーサーは日本国民を洗脳する中心的な役割を果たし、彼らに自国の過去の美徳を忘れさせ、精神的に空虚な物質主義で唆《そそのか》し、アメリカ帝国主義に媚びる状態に貶めた、というのである。

現実は、双方の言い分ほどドラマティックではなかったし、マッカーサーの役割も両者が主張するほど、中心的ではなかった。戦後日本に起こったもっとも根本的な変化の多くは長期的な歴史の潮流の結果であり、マッカーサーやアメリカの影響がなくとも何らかのかたちで起こっていたはずである。占領によりもたらされた変化の大部分はワシントンより命令されたもので、どのアメリカ軍将校によっても実施されていただろう。だが一方で、マッカーサーは他のどんなアメリカ軍の司令官もやり得ない方法で、日本占領に紛れもない自らの特色を残し、それはその後の日本史の展開に深甚な影響を及ぼした。

そのなかで最初の、そしてもっとも重要なものは、占領初期の食糧危機に対してマッカーサーが取った対処である。マッカーサーがこの危機をうまく乗り切ることができた背景には、二つの要素があった。第一に当時、アメリカ軍の高官のなかで日本に対する悪感情がまったくないことでは、マッカーサーは珍しい存在だったということだ。日本の国民の窮状を伝える報告を受けて、ウィリアム・ハルゼーやジョセフ・スティルウェルがマッカーサーほど迅速な行動に出たとは思われない。

第二の要素はマッカーサーの、上からの命令に服従しない自己中心的な性格である。連合国軍最高司令官の任命にあたり、マッカーサーの代替候補としてもっとも真剣に検討されていたのがニミッツだったが、マッカーサーと同じように彼も日本に対する反感はまったく持っていなかった。特に挙げれば、日本降伏の際、ニミッツは「アメリカ海軍の軍人に日本の民族や個人に対する侮辱的な呼び名〔戦争中に日本兵、日本人を意味する語として使われていた蔑称などを指す〕の使用を禁じる」ことを通達する命令を太平洋艦隊に出し、配下の士官たちに、それぞれの指揮下のすべての部下も同じように、「高い規範に則った行動」を取るよう要請することを命じた。

この命令への服従が完全に守られたことはなかったかもしれないが、ニミッツもマッカーサーも、敗れた敵に向けた憎悪に満ちた、もしくはそのような憎悪を象徴するような行為を認めなかった。

一方のマッカーサーは、そんな行動を取ることに対し何の躊躇もない人間だった。

え上がらせる」ような、マッカーサーが取った芝居がかった手段に訴えたとはとうてい考えにくい。*1
最初の拒絶に遭った後、果たしてニミッツが、ある歴史家の言葉を借りれば「彼らを心の底から震
敏速さで事の解決にあたったに違いない。しかし、食糧危機の解決の要請に対しワシントンからの
ッツが食糧危機に対処する立場にあったなら、彼はおそらく、マッカーサーが見せたと同じような
他のどんなアメリカ軍の高官もこのような寛大さを示すことはなかった。ということは、もしニミ

マッカーサーの極めて自己中心的な見方のなかでは、自らの重要課題はいつどんな時も、アメリカが施行する他のどんな占領プランよりも優先されるべきものであり、もっと俯瞰的で世界的な状況(たとえば、ワシントンも指摘しているように、当時、連合国側の国々を含め、食糧不足は世界各地で深刻な問題となっており、危機に直面していたのは日本だけではなかった)から見た、より大きな配慮も、彼の課題の達成を妨げることを許されるべきではなかった。この危機においては、マッカーサーの尊大さが日本にとって非常に有利に働いた。実行力のあるリーダーではあるが、同時にチーム・プレイヤーでもあったニミッツがマッカーサーと同じように日本にとって有益な存在となり得たかどうかは分からない(もっと一般的な状況においては、ニミッツの采配の方が世界全体にとってはよほど有益だったかもしれないが)。

この危機におけるマッカーサーの行動は無数の、おそらくは、何百万にも上る人々の命を救うのに貢献しただけでなく、相対的な物質的安定の基礎を提供し、それに感謝する日本の国中の人々の多大なる好感を勝ち取ったことで、その後に起こったすべての改革を可能にした。昭和二二年七月

五日、日本の衆議院は浅沼稲次郎以下一三名の議員から提出された「食糧放出に関し連合国軍最高司令官に対する感謝決議案」を全会一致で可決している。

マッカーサーの戦後日本の発展における第二の大きな貢献は、皇室を存続させ、昭和天皇を戦犯容疑の調査対象から外したことである。アメリカ政府内の影響力のある人々のなかにも、皇室を存続させることを勧め、また、日本国民の目に占領改革が正当化されたものと映るよう、天皇を利用することを奨励した者がいたことは事実である。しかし、大勢のアメリカ政府当局者は、天皇が裁かれることや、少なくとも戦犯の対象として厳正な調査が行われることを望んでいた。アメリカの同盟国の多くもこの方針を支持していた。さらに、世論調査にも、相当な数のアメリカ国民が天皇の裁判だけでなく、死刑をも支持していることが現れていた。

マッカーサーは、自らの専断でこの議論を本質的に終わらせた。天皇の戦争責任についての調査を命じられると、マッカーサーはただそれに従わなかったのである。命令に従う代わりに、もうすでに調査を終えたという虚偽の報告を行い、高らかに天皇の無関与を承認し、もしこの件をこれ以上追及した場合にはどういうことが起こるか、危険な結果をほのめかしてさえ見せた。

どんなに日本に対して、または昭和天皇に対して個人的に好感を持っていたとしても、他のいかなる上級司令官が、ここまでとんでもない命令違反を行うことは想像しがたい。この件に関しては、マッカーサー以外のほとんどすべてのアメリカ軍人は、命令に従って天皇に関する調査を行い、発見したことを報告し、自分の上に立つ文民の人々の判断に任せていただろう。その結果として、おそらく、記録のなかからそれぞれの主張を裏付けるに足る事項を見つけた人々は、天皇を支持する側と糾弾する側に分かれ、議論が延々と続けられたに違いない。まさに今日《こんにち》も続いているように。

食糧危機に対処するためにマッカーサーが取った行動は、他の司令官には、おそらく欠けていただろう迅速さと行動力において群を抜いていた。さらに、天皇の戦争責任についての問題の対処にあたって取った行動は、その結果に対し決定的影響を与えたもので、また、それは他のどんな司令官も取らなかった行動だろう。確かに、このマッカーサーが取った行動が短期的に安定をもたらしたことに疑いの余地はないが、昭和天皇を、その名の下に行われた戦争におけるどんな責任からも免れさせるという決定はその後の日本の国内政治に長く後を引く影響を残し、より重要なことには、現在に到るまでアジア諸国との関係に影を落としている。

マッカーサーの影響が決定的であった第三の主要な分野は、女性の権利について、つまり、女性の完全な法的平等の確立だった。マッカーサーの副官であったコートニー・ホイットニー少将（一九四五年当時は准将）は、日本に向かう途上、専用機バターン号の通路を行ったり来たりしながら日本到着後に自分が実行する大規模な改革のすべてを、思い付く端から挙げていくマッカーサーの様子を写実的に描いているが、実はホイットニーがこのドラマティックなシーンで述べているほとんどすべての改革はマッカーサーがワシントンから命令されていた内容に他ならない。しかし、ここでの唯一の例外が「婦人参政権」だった。これはマッカーサーに下された命令には含まれておらず、マッカーサー自身がまったく自発的に加えたものである。

アメリカや日本のリベラル派からの圧力と同時に日本の婦人団体からの圧力が、このむしろ重要な項目がアメリカの最初の改革計画に含まれていなかった状態を修正するに至った可能性はある。しかしながら、そうなるという確実性はまったくなかった。日本の保守派、また、進歩的な男性の一部でさえ婦人参政権には激しく反対しており、マッカーサーの介入がなかったとすれば、ワシントンの改革派は、おそらく日本自らが、その時期が来たら措置を講じるのに任せるという決断を下した可能性が高い。

一方のニミッツは、性別役割については非常に伝統主義的な考えを持っていた。彼は米国海軍の女性緊急志願部隊（WAVES）が真珠湾の彼の司令部で勤務するのを阻んだほどなのである。彼が婦人参政権を実現しようとしたとは考えにくい。おそらくニミッツは、マッカーサーのように憲法において、婦人の完全な法的平等を保障するところまでは絶対にしようとしなかっただろう。

マッカーサーは、一九四五年一〇月に日本政府に要求した五大改革のリストの最初に婦人参政権を掲げた。この問題に寄せるマッカーサーの熱意がこのように相当なものだったおかげで、その後七六年間の間に日本で行われた女性の地位に関するすべての社会の変容の法的基盤は実質上一九四七年に制定されたのである。実際、マッカーサーの行動ゆえに、日本女性は一九四七年の時点ですでに、マッカーサーの母国の女性が現在享受するよりも、はるかに大きな憲法上の保障を享受していたことになる。

最後に、憲法そのものと、特にその特徴ともいうべき戦争放棄の条項が挙げられる。マッカーサーが、自らが指揮するGHQのなかの民政局に憲法の原案を作成するよう命令し、それを日本政府に日本側による原案として採用するように迫ったことは、ワシントンが想定した行動範囲を大幅に超えていた。さらに、それにより、マッカーサーは決定的そしてなかば永久的に（少なくとも原案が書かれた時点においては）、戦後日本の国家としての基本的性質を、また、日本国民としてのアイデンティティーの大部分を形付けたのである。日本国憲法はマッカーサーの政治的演出技法の真骨頂であり、彼の遺産のなかのもっとも継続的な部分だ。これによって、マッカーサーは日本の軍事力を完全に排除するという当時の極東におけるアメリカの主要戦略目標（もっともそれはまもなく劇的に変化することになるが）を日本の基本憲章の機構に組み込んだ。それと同時に、戦前の日本きっての国際派であった幣原喜重郎を九条の発案者に仕立てることにより、敗戦国となった日本に戦後の新しいアイデンティティーを与え、かつ過去との継続性を維持させたのである。

マッカーサーが新たに想定した戦後日本とは、戦争と敗北という厳しい試練から立ち上がり、国民の苦しみ、悲しみから学び賢明になった国だった。軍国主義に支配され、その有害なイデオロギーがもたらした廃墟のなかを生きた経験があるからこそ、日本人は戦争の虚栄と困却を、他の国々が知らないかたちで知っているのだ。だが日本は、人間の愚かさに絶望するよりも、戦前や戦中の強大国間の権力闘争に見られるゼロサム理論をきっぱりと否定した、平和と国際協力の新しい精神を世界に示すために、その経験を生かそうと決意したのである。そうすれば、敗戦により世界の最下層へ零落したその国を再建するだけでなく、時代遅れな、軍事力による安全保障への信仰に執着するすべての国を飛び越えて、国際社会の立派な一員として復権を果たすことができる。このような一つの大胆な行動が、日本を人類の道徳的な先駆けとしての栄光の座に就かせるのだ。

この考えは陶酔的で、幅広く、また、深く、人々に訴える力があった。そして同時に、驚くほど持続性を持つことが後に証明された――だからこそ、七八年ののちも「平和を愛する国家」、「平和国家日本」という、マッカーサーによって創成されたヴィジョンが、日本のナショナル・アイデンティティーの礎石として今も残り、もっとも熱心に改憲を支持する人々でさえ、不承不承ながらでもこの理想論に最低限のリップサービスをしなければならない羽目になっている。確かに、マッカーサーがこの考えを確立させることに成功した結果、大抵の国家安全保障に関する議論は、その方針をめぐり、まるで訴訟代理人と訴訟当事者が、「日本が何をすべきか」ということよりも、「日本がどうあるべきか」ということを議論しながら争うような様相になってしまう。

この傾向は、緊張はあったが、今振り返ってみれば比較的安定していた冷戦時代には、日本に大きな問題を生じさせなかった。しかしながら現在は、強国としてますますその主張を強める中国と、核兵器を保有し、かつ国状の不安定な北朝鮮を近隣環境に持つことから、日本にとって、アイデンティティーについてよりも、具体的な政策についての議論を行う方が、より有益であることは明らかである。

このような脅威を述べるにあたり、ここでまた、マッカーサーと彼の遺産について考えないわけにはいかない。朝鮮戦争時、国連軍の最高司令官として、マッカーサーは極東の戦略環境の形成に大きな役割を果たした。マッカーサーの判断の大部分が正しかったことが証明されたと結論付けてしまう人もいるだろう。そして、マッカーサーの支持者は間違いなくそのような主張に飛び付くだろう。もしもトルーマンが、一九五一年に配下の現地指揮官〔すなわちマッカーサー〕をあっさりとクビにして朝鮮半島の膠着状態に甘んじる代わりに、その司令官の進言を聞き入れていたなら、現在日本を取り巻く安全保障の環境はまったく違うものになっていた可能性はないだろうか。朝鮮半島は民主主義体制の下に統一され、敗退した中国はそれに懲りてもっと早い歴史的段階で急進主義路線を変更するか、もしくは台湾と併合され、民主主義を奉じる中華民国となっていたことさえあり得ただろうか。

このような推論には興味を掻き立てられるが、これはそもそも、トルーマンとアメリカ政府がマッカーサーと対立した事態を招いた現実的な戦略上の懸念を完全に無視している。つまりこの推論は、蔣介石と中華民国軍に支援されたアメリカ軍の断固とした攻勢により中国が降伏するか崩壊することを前提としている。また、おそらく核攻撃さえも含めての、中国の港や都市に対するアメリカ軍の攻撃がソ連の参戦やヨーロッパでの紛争への拡大を誘発しないという前提も必要である。同様に、中国とソ連が、アメリカが日本各地の基地からの攻撃を続けることを許し、さらに、両国が日本への直接的な敵対行為に出ることはないとも仮定しなければならない。これらすべてが確証的ではなく、その一部は断固として起こりえなかったはずだ。結局トルーマンは、マッカーサーを罷免し、朝鮮戦争は朝鮮半島の外に拡大することはなく、日本が戦いに直接巻き込まれることはなかった。

そうは言っても、一九五〇年の夏と秋のマッカーサーの国連軍の最高司令官としての実績を見てみると、アメリカが共産国の攻撃に対し迅速で効果的に対処する意思があり、また実際に、そう対処できていたことが分かる。だが、マッカーサー自身の手腕が、そのような結果に不可欠であったかどうかは不明である。仁川作戦は確かに世界をあっと言わせたが、それに続くマッカーサーの傲慢さとその傲慢さが招いたその後の戦局の破滅的展開は人々の熱狂を一気に冷ました。（しかし、ワシントンが中国側の意図を読み間違えた責任をマッカーサー一人に負わせるという欺瞞をどれだけうまくやりおおせたか、それが実はどれだけ不当なことだったかということも理解されるべきである。）

マッカーサーの罷免直前とその後に見られたマシュー・リッジウェイの働きが、より慎重で堅実な戦術が共産軍を押し戻し、アメリカ軍の意思を明確にするのに十分であったことをはっきりと証明している。たとえそれがマッカーサーの指揮下であろうが他の司令官の指揮下であろうが、日本の安全保障にとっては、その意思表示そのものが重要なのであって、その意思表示は冷戦全体を通し、日本やその他世界のあらゆる国々に対しての直接の攻撃を防止するのに役立った。

要約すれば、戦後の極東の安全保障環境に対するマッカーサーの影響は甚大だったが、彼の個人としての特徴とはほとんど関係のないものだった。長い目で見れば、おそらく、他のどのアメリカ軍の司令官も実質的に同じ結果をもたらしただろう。マッカーサーがここで個人的に寄与した一つの貢献は反面教師的なものだった。マッカーサーが命令に服従せず、その結果トルーマンに解任されたことは、日本の国民に文民統制の意味を示す教訓となる実例となったからである。

転じて日本国内に目を向けると、マッカーサーの遺産は、はるかに重要な重みを持っている。食料支援や昭和天皇の擁護、皇室の存続、女性の政治的平等の確立、そして武力を放棄した日本国憲法は、どれもマッカーサーの行動が直接の原因となっており、おそらくは、彼独自の発案である。それら一連の出来事は他のアメリカ軍の高官によっては起こりえなかっただろう。そしてそれは、憲法の九条に関してはもっとも真実である。この九条の存在により、マッカーサーは戦後の日本の国と国家の礎を築き、さらに今日《こんにち》まで重大な影響力を残している。自身が日本に残した遺産のなかで、老兵は――死して永い時が経過しているが――いまだ消え去る兆候は見られない。

註

＊1 「彼らを心の底から〜」の引用、本書、二一二頁。

5, Folder 17 'Personal for Ridgway,' MacArthur Memorial Archive. これらの手紙に留意を促してくれたジェイムズ・ザベルに感謝する。

7 James, vol. 3, 571-7.

8 James, vol. 3, 602, 604（「勝利に取って代わる〜」の引用を含む）; Perret, *Old Soldiers Never Die,* 564-7.／ペレット、前掲書、1093-1099頁。

9 ジョージ・M・エルシーはその感興をそそられる回想録のなかで自分がどのようにウェーク島での会談の議事録の「漏洩」に寄与したかを綴っている。それはニューヨークタイムズ紙が、マッカーサーが中国の介入について、また、戦争の終結時期について、どんなに間違った予測をしていたかを浮き彫りにする目的で記事にしたものだった。この議事録でマッカーサーが責任の一端を担っていたことを証明しようとするのは公平だとしても、これを持って主な責任をマッカーサーだけに押し付けるのは、不公平である。*An Unplanned Life* (Columbia: University of Missouri Press, 2005), 198-208.

10 James, vol. 3, 603-4, 608.

◎第15章

1 James, vol. 3, 366.

2 Gavin Long, *MacArthur as Military Commander* (Princeton: D.Van Nostrand Company, Inc. 1969), 82.

3 以下の頁で引用されている。David Horner, *Blamey: The Commander-in-Chief* (Sydney: Allen & Unwin, 1998), 570. ホーナーはまったく同じことがブレーミーにも言えるという所見を述べている！

7　仁川作戦以前の1950年夏のアメリカ軍の苦闘の様子はRoy E. Appleman, *South to the Naktong, North to the Yalu* (Washington, D.C.: Office of the Chief of Military History, 1966) を参照。また、Millett manuscriptも非常に参考になる。

8　James, vol. 3, 450-464.

9　James, vol. 3, 433-482（「我々は考え付く限りの～」と「仁川作戦は、勝算が五〇〇〇分の一の～」の両方の引用を含む）. この箇所はジェイムズの真骨頂である。Clay Blair, *The Forgotten War: America in Korea, 1950-53* (New York: Times Books, 1987), 223-37 には仁川作戦の代案についての考察がある。

10　Millett manuscript; James, vol. 3, 483-517（「三八度線を越えて～」の引用を含む）. 巷に流布しているウェーク島での会談の描写には大幅な歪曲が見られる。例としてはMerle Miller 作の*Plain Speaking*（1973年のベストセラー）、Samuel Gallu の戯曲、*Give'em Hell Harry!*（1975年）、そしてアメリカABC放送の「歴史ドラマ」、"Collision Course: Truman vs. MacArthur"（1976年）がある。

◎第14章

1　Chen Jian, *China's Road to the Korean War: The Making of the Sino-American Confrontation* (New York: Columbia University Press, 1994), ix to xii, 175-77.（以下、Chen, *China's Road to the Korean War* と略す）

2　Edward J. Drea, 'Military Intelligence and MacArthur,' in William M. Leary, *MacArthur and the American Century: A Reader* (Lincoln: University of Nebraska Press, 2001), 199-201（以下、Drea, 'Military Intelligence and MacArthur' と略す）; Chen, *China's Road to the Korean War*; 111-13, 288n.

3　D. Clayton James, *The Years of MacArthur, vol. 3, Triumph & Disaster 1945-1964* (Boston: Houghton Mifflin Company, 1985) 536-38,（以下、James, vol.3 と略す）; "Analysis of MacArthur Issues." 次の数頁についてはWilliam W. Stueck, *The Korean War: An International History* (Princeton: Princeton University Press, 1997); Roy E. Appleman, *South to the Naktong, North to the Yalu* (Washington, D.C.:Office of the Chief of Military History, 1966); James W. Schnable, *U.S. Army in the Korean War: Policy and Decision, The First Year* (Office of the Chief of Military History, 1972) も参考にさせてもらった。

4　James, vol. 3, 538-40, 546.

5　James, vol. 3, 542-50.

6　リッジウェイの極めて興味深いメッセージは 'Eyes Only,' Ridgway to Collins（日付はないが、1950年12月26日あたりと思われる）; Letters（二通）Ridgway to MacArthur, 6 January 1951; Letter MacArthur to Ridgway, 7 January 1951などである。また、もう一つ興味を引くのは、Ridgway Message to General Doyle Hickey, 18 January 1951のなかで、リッジウェイが、友軍が釜山から退却する際にソヴィエトが原子爆弾を使用するのではないかという懸念を表していることである。Papers of Maj. Gen. Courtney Whitney, Record Group 16, Box

13 Takemae, *Inside GHQ*, 483.

14 Takemae, *Inside GHQ*, 468-76; John W. Dower, *Embracing Defeat: Japan in the Wake of World War II* (New York: W.W. Norton & Company, 1999), 547-48.（以下、Dower, *Embracing Defeat* と略す）／ダワー、前掲書・下、401-403頁。

15 Takemae, *Inside GHQ*, 487-90.

16 Takemae, *Inside GHQ*, 116.

17 Takemae, *Inside GHQ*, 426-35; Dower, *Embracing Defeat*, 559-60.／ダワー、前掲書・下、420-422頁。

18 James, vol. 3, 287-95.

19 Takemae, *Inside GHQ*, 235; James, vol. 3, 323-25.

20 Michael Schaller, *Douglas MacArthur: The Far Eastern General* (Oxford University Press, 1989), 252-3.／シャラー、前掲書、377頁。

◎第13章

1 1945年8月から1950年6月までの重要な時期を含む朝鮮戦争の全体的な背景を知るため参照した資料は以下を含む。William W. Stueck, *The Korean War: An International History* (Princeton: Princeton University Press, 1997); Chen Jian, *China's Road to the Korean War: The Making of the Sino-American Confrontation* (New York: Columbia University Press, 1994)（以下、Chen, *China's Road to the Korean War* と略す）; Allan R. Millett, *The War for Korea, 1945-1950, A House Burning* (Lawrence: University Press of Kansas, 2005)（以下、Millett, *The War for Korea* と略す）. 戦争期間中の資料については上記のものに加え、アラン・ミレット博士に大いに助けてもらった。彼が執筆した朝鮮戦争についての叢書のなかで、寛大にも、第二巻のソウルの解放から中国の介入までを綴った章の草稿の写しを提供していただいた（以下、Millett manuscript と略す）。他の資料としては、特に、Office of the Secretary of Defense, "Analysis of MacArthur Issues, 1951," Marshall, Secretary of Defense Collection, Marshall Papers, Box 195, Folder A/22, George C. Marshall Library, Lexington, VAがある。（以下、"Analysis of MacArthur Issues" と略す）

2 D. Clayton James, *The Years of MacArthur, vol. 3, Triumph & Disaster 1945-1964* (Boston: Houghton Mifflin Company, 1985) 399-403, 412.（以下、James, vol.3 と略す）

3 James, vol. 3, 411-12, 414-18; Chen, *China's Road to the Korean War*, Chapters 1 to 4; Edward Drea, "Military Intelligence and MacArthur," in William M. Leary, *MacArthur and the American Century: A Reader* (Lincoln: University of Nebraska Press, 2001), 198-99.（以下、Drea, "Military Intelligence and MacArthur" と略す）

4 James, vol. 3, 420-21, 425, 431.

5 James, vol. 3, 425-33. James W. Schnable, *U.S. Army in the Korean War: Policy and Decision, The First Year* (Office of the Chief of Military History, 1972) も参照のこと。

6 James, vol. 3, 436-38.

45-55頁。

42 James, vol. 3, 11-15; Takemae, *Inside GHQ,* 104-5.

43 James, vol. 3, 17-21; Takemae, *Inside GHQ,* 61-64.

44 Takemae, *Inside GHQ;* 73; James, vol. 3, 275.

45 Dower, *Embracing Defeat,* 292-97.／ダワー、前掲書・下、26-35頁。James, vol. 3, 320-23; Takemae, *Inside GHQ,* 235-36. 天皇の通訳が会談の後に書き留めた記録があるが、それがおそらく、もっとも信頼のおける記述であろう。そこには天皇が戦争の責任は自分にあると認めたような箇所は見られない。また、ダワーはその写真がマッカーサーと天皇は協力関係にあるというメッセージにもなったという、もっともな指摘をしている。

46 James, vol. 3, 114-16; Takemae, *Inside GHQ,* 236-40.

47 James, vol. 3, 117.

48 James, vol. 3, 119-39; Takemae, *Inside GHQ,* 270-92. 連合国軍最高司令官総司令部の民政局に所属したチャールズ・ケーディスは才気煥発な弁護士で「筋金入りのニュー・ディーラー」であった。彼はマッカーサーが日本国憲法を変えるために介入する権限を持っているという見解を述べている。しかし、竹前が指摘するように、マッカーサーは反対に、介入しないようにという命令を受けていた。もし彼が権限を持っていると考えたとしても、この場合、まずワシントンに打診するべきであった。

49 James, vol. 3, 143-46.

◎第12章

1 Eiji Takemae, *Inside GHQ: The Allied Occupation of Japan and Its Legacy* (New York: Continuum, 2002), 307-8.（以下、Takemae, *Inside GHQ* と略す）

2 D. Clayton James, *The Years of MacArthur, vol. 3, Triumph & Disaster 1945-1964* (Boston: Houghton Mifflin Company, 1985) 183-91（以下、James, vol.3 と略す）; Takemae, *Inside GHQ,* 339-46.

3 James, vol. 3, 174-183.

4 Takemae, *Inside GHQ,* 334-39; James, vol. 3, 165-74.

5 Takemae, *Inside GHQ,* 348-71; James, vol. 3, 295-300.

6 James, vol. 3, 193-217.

7 James, vol. 3, 221-29.

8 James, vol. 3, 232-35.

9 Takemae, *Inside GHQ,* 457, 473.

10 James, vol. 3, 229-31, 233, 238-40, 458-59; Takemae, *Inside GHQ,* 469.

11 James, vol. 3, 330-32; Takemae, *Inside GHQ,* 469（「占領期の日本人への影響力は〜」の引用を含む）, 485. ジェイムズに拠れば、1950年1億8400万ドル、1951年5億9200万ドル、1952年8億2400万ドル、1953年8億600万ドルである。

12 James, vol. 3, 477-78.

25 Fuchs, "Feeding the Japanese," 32.

26 Aldous, "A Dearth of Animal Protein" 240-1.

27 Fuchs, "Feeding the Japanese," 33.

28 Aldous, "A Dearth of Animal Protein" 240, 242.

29 Fuchs, "Feeding the Japanese," 29.

30 Fuchs, "Feeding the Japanese," 29-30.

31 Fuchs, "Feeding the Japanese," 30-31; Dower, *Embracing Defeat*, 262-4. ／ダワー、前掲書・上、353-357頁。

32 Frank, *Downfall*, 351.

33 General Headquarters, Supreme Commander for the Allied Powers, Economic and Scientific Section; Price Control and Rationing Section, Food Situation During the First Year of Occupation, 20 and Table 4, Record Group 31, Papers of E. G. Skoglund, MacArthur Memorial and Archive（以下、Food Situation During the First Year of Occupation と略す）; General Headquarters, Supreme Commander for the Allied Powers, Economic and Scientific Section, Natural Resources Section, Public Health and Welfare Section; Food Situation During the Second Year of Occupation, Table 1: Monthly Population of Japan Proper with Natural Increase and Migration Changes Each Month Since 1 October 1945.

34 Fuchs, "Feeding the Japanese," 33.

35 Takemae, *Inside GHQ*, 425.

36 James, vol. 3, 156.

37 Robert P. Newman, *Truman and the Hiroshima Cult,* (East Lansing: Michigan State University Press, 1995), 134-39; Takemae, *Inside GHQ*, 243-54; James, vol. 3, 93-105. ソ連側が戦犯の被告として選ぶ対象となったのは、約50万人の日本兵であり、また、対象となった上級将校は主に、満州にいた関東軍の上級将校だけであった。このことからも、彼らの戦犯裁判の記録が尋常でないことが分かる。裁判の数と死刑判決の数の比率の異常さは指摘するまでもない。

38 Takemae, *Inside GHQ*, 222, 256-60（1946年1月25日付の返答の引用を含む）; James, vol. 3, 105.

39 SRH-090, 16-19, Record Group 457, National Archives and Records Administration; Edward J. Drea, *MacArthur's Ultra: Codebreaking and the War Against Japan, 1942-45* (Lawrence: University Press of Kansas, 1992), 225. ULTRA は極秘事項だったため、ドレアも述べているように、降伏への過程における天皇の役割を証明する日本帝国海軍の情報を、天皇の在位の決定に結び付けることは長年推論の域を出なかった。しかし、1945年9月のヒロヒトとの会談におけるマッカーサーの発言を見ると、天皇が降伏に至る過程で果たした真の役割について確証があるように見受けられる。それが ULTRA によって傍受解読された情報からもたらされたものだということは十分考えられる。

40 James, vol. 3, 77-78, 87-91.

41 Takemae, *Inside GHQ*, 110-13; Dower, *Embracing Defeat*, 51-58.／ダワー、前掲書・上、

える日常の裏側で～」の引用）（以下、Perret, *Old Soldiers Never Die* と略す）／ペレット、前掲書、941-942頁。James, vol. 3, 61-62.

3 James, vol. 3, 36, 43-44, 50-55, 60-67; Takemae, *Inside GHQ*, 65-67, 96-99, 174-75.

4 Takemae, *Inside GHQ*, 409; James, vol. 3, 276.

5 James, vol. 3, 276, 360; Takemae, *Inside GHQ*, 190-92.

6 Takemae, *Inside GHQ*, 411.

7 James, vol. 3, 276; Takemae, *Inside GHQ*, 410-11.

8 James, vol. 3, 277; Takemae, *Inside GHQ*, 412.

9 James, vol. 3, 277.

10 Takemae, *Inside GHQ*, 415-6; James, vol. 3, 276-9.

11 Takemae, *Inside GHQ*, 410.

12 James, vol. 3, 279.

13 Takemae, *Inside GHQ*, 425.

14 Richard B. Frank, *Downfall: The End of the Imperial Japanese Empire* (New York: Random House, Inc., 1999) 353-4.（以下、Frank, *Downfall* と略す）

15 Steven J. Fuchs, "Feeding the Japanese: Food Policy, Land Reform and Japan's Economic Recovery," 26-7, Mark E. Caprio and Yoneyuki Sugita, *Democracy in Occupied Japan: The U.S. Occupation and Japanese Politics and Society* (London and New York: Routledge, 2007). ここではＪＣＳ1380/15が引用されている。（以下、Fuchs, "Feeding the Japanese" と略す）

16 Takemae, *Inside GHQ*, 406. ここではＪＣＳ-1534, 25 October 1945が引用されている。

17 Fuchs, "Feeding the Japanese," 26-7; Aaron William Moore, "An Insatiable Parasite: Eating and Drinking in WWII Armies in the Asia-Pacific Theatre (1937-1945)," 109-130, Toby Lincoln, "From Riots to Relief: Rice, Local Government and Charities in Occupied Central China," 11-28; Kyoung-Hee Park, "Food Rationing and the Black Market in Wartime Korea," 29-52, Moore, Lincoln and Park in Katarzyna J. Cwiertka, *Food and War in Mid-Twentieth-Century East Asia* (Burlington, VT: Ashgate Publishing Company, 2013).

18 Takemae, *Inside GHQ*, 406.

19 Takemae, *Inside GHQ*, 76, 406.

20 Takemae, *Inside GHQ*, 72.

21 James, vol. 3, 156; Arthur Herman, *Douglas MacArthur American Warrior* (New York: Random House, Inc., 2016), 662-4.

22 Fuchs, "Feeding the Japanese," 28; Christopher Aldous, "A Dearth of Animal Protein: Reforming Nutrition in Occupied Japan (1945-1952)," Katarzyna J. Cwiertka, *Food and War in Mid-Twentieth-Century East Asia* (Farnham U.K.: Ashgate Publishing Limited, 2013), 59.（以下、Aldous, "A Dearth of Animal Protein" と略す）; Dower, *Embracing Defeat,* 93.／ダワー、前掲書・上、104-105頁。

23 Fuchs, "Feeding the Japanese," 28-9.

24 Fuchs, "Feeding the Japanese," 31.

Nonbattle Deaths in World War II, Final Report, 7 December 1946, 92-93.（以下、*Battle Casualties and Nonbattle Deaths in World War II* と略す）

32 *The Statistics of Disease and Injury*, 84.

33 合衆国陸軍のパプア戦での死傷者は、戦闘での死者343名を含む合計947名だった。そのうち、地上軍の戦闘での死者は239名、死傷者の合計は817名だった。航空隊においては、130名という戦闘での死傷者のうち死者は104名だった。オーストラリア軍は同作戦において5698名の死傷者を出し、そのうち死者及び行方不明者は合わせて2165名だった。Samuel Milner, *U.S. Army in World War II, The War in the Pacific: Victory in Papua* (Washington: Officer of the Chief of Military History, 1957), 370. ココダ〜ブナ〜ゴナでの作戦は6645人の死傷者を出し、そのうち死者は2508人だった。ガダルカナル島での陸軍の死傷者は死者712人を含む1434人だった。航空隊の損失は166人の死傷者で、死者はそのうち150人だった。*Army Battle Casualties and Nonbattle Deaths in World War II*, 94. ガダルカナルでの海兵隊の死傷者は988人の死者を含む3868人に上った。*The Statistics of Disease and Injury*, 171. 結果、ガダルカナルでの海戦以外の戦闘での死傷者の合計は死者1700名を含む5292名となる。（筆者の調査したところでは、地上での陸軍と海兵隊関係者の損失は1769名に上ると見られる。Frank, *Guadalcanal*, 614. だとすれば、ガダルカナルの損失と比べると、パプアでの作戦では、死傷者の数は約1353名、死者の数は少なくとも808名も多いことになる。パプアでのオーストラリア軍の損失とガダルカナルでの海兵隊の損失の数は他の資料においていささか異なっているが、パプアの戦線において、より多くの死傷者、特に死者があった点は、はっきりしている。

34 John W. Dower, *War Without Mercy: Race and Power in the Pacific War* (New York: Pantheon, 1986), 297.／ジョン・W. ダワー『容赦なき戦争——太平洋戦争における人種差別』猿谷要監修、斎藤元一訳、平凡社、2001年、490頁。

◎第11章

1 占領に関する出版物は多々あるが、総合的に評価して、以下の著作がもっとも包括的で妥当なものと思われる。

D. Clayton James, *The Years of MacArthur, vol. 3, Triumph & Disaster 1945-1964* (Boston: Houghton Mifflin Company, 1985).（以下、James, vol. 3 と略す）, Eiji Takemae, *Inside GHQ: The Allied Occupation of Japan and Its Legacy* (New York: Continuum, 2002).（以下、Takemae, *Inside GHQ* と略す）〔「*Inside GHQ*」はその裏表紙にも書かれているように、竹前栄治の『GHQ』（岩波書店、1983年）に大幅な改訂を加え、翻訳されたもので、対訳書とはなっていない。〕John W. Dower, *Embracing Defeat: Japan in the Wake of World War II* (New York: W.W. Norton & Company, 1999).（以下、Dower, *Embracing Defeat* と略す）／ジョン・ダワー『敗北を抱きしめて——第二次大戦後の日本人』上・下、三浦陽一、高杉忠明訳、岩波書店、2001年。冒頭の絨毯のエピソードはJames, vol. 3, 59-60を参照。

2 Geoffrey Perret, *Old Soldiers Never Die* (New York: Random House, 1996), 488.（「整然と見

Intelligence Committee, Japanese Reaction to an Assault on the Sendai Plain, J.I.C. 218/10, August 10, 1945 (final revision August 20, 1945). Geographic File 1942-45, CCS 381 Honshu (7-19-44) Section 4, Record Group 218, National Archives and Records Administration, Washington, D.C.（以下、NARA と略す）

15 "Magic" Far East Summaries, July 19, 1945, August 9, 1945.

16 SRMD-008, p. 266, July 16, 1945, 297, August 13, 1945, RG 457, NARA.

17 United States Strategic Bombing Survey, Report No. 62, Military Analysis Division, *Japanese Air Power* (Washington, D.C.: U.S. Government, 1946), 24-25, 70. 日本本土における日本軍の航空戦力について出された様々な推定についての論考は Frank, *Downfall*, 182-83 と脚註を参照のこと。

18 General Headquarters, United States Army Forces Pacific, Military Intelligence Section, General Staff, "Amendment No.1 to G-2 Estimate of the Enemy Situation with Respect to Kyushu," July 29, 1945, 1, Gen. John J. Tolson Papers, United States Army Military History Institute, Carlisle, Pennsylvania.（複製が Record Group 4, Box 22, MacArthur Memorial Archive にも存在する。）

19 Frank, *Downfall*, 273-77.

20 Frank, *Downfall*, 322-24, 357-60.

21 James, vol. 2, 763-67.

22 James, vol. 2, 728-30.

23 James, vol. 2, 776-85; Frank, *Downfall*, 296-99, 308-12, 315-22, 326-30.

24 James, vol. 2, 790.

25 James, vol. 2, 786-92.

26 代表的なものが、ある伝記作家の、ブナ戦以降のマッカーサー指揮下の被害は、バルジの戦いでの被害よりも小さいとする主張である。William Manchester, *American Caesar: Douglas MacArthur, 1880-1964* (Boston: Little, Brown and Company, 1978), 4.／マンチェスター、前掲書、12頁。

27 *The History of the Medical Department of the United States Navy in World War II: The Statistics of Disease and Injury*, NAV med P-1318, Vol. 3, United States Navy, Government Printing Office, 1950, 171-74（以下、*The Statistics of Disease and Injury* と略す）; 84頁には同じ文書内で5万4863人の死傷者と2万9263人の死者というこれよりやや低い数を挙げている。この違いは、低い方の数が、ある太平洋地域の一部の場所を含んでいないことから生じており、特定の戦いや作戦の死傷者や死者の数が含まれていないわけではない。

28 Richard B. Frank, "Pacific Battle Casualties and the MacArthur Myth" *Armchair General Magazine*, June/July 2006, 93. 念のため記しておくが、ガダルカナル以降のソロモンとビスマルク諸島におけるマッカーサー指揮下の作戦で生じた陸軍と海兵隊の死傷者数は3355人の死者を含む1万1891人である。

29 同書。

30 同書、94頁。

31 Statistical and Accounting Branch, Office of the Adjutant General, *Army Battle Casualties and*

19 Smith, *Triumph in the Philippines*, 237-307; Richard Cannaughton, John Pimlott, Duncan Anderson, *The Battle for Manila* (Novato, CA: Presidio, 1995), 172-76, 195-96.

20 Carol Petillo, *Douglas MacArthur: The Philippine Years* (Bloomington: Indiana University Press, 1981), 227-30; James, vol. 2, 691-700.

21 James, vol. 2, 670-81; Smith, *Triumph in the Philippines*, 167-210.

22 Smith, *Triumph in the Philippines*, 335-50; Drea, *MacArthur's Ultra*, 199.

◎第10章

1 Robert Ross Smith, *The United States Army in World War II, The War in the Pacific, Triumph in the Philippines* (Washington, D.C.: Office of the Chief of Military History, 1978 reprint), 449-579（以下、Smith, *Triumph in the Philippines* と略す）; D. Clayton James, *The Years of MacArthur, vol. 2, 1941-1945* (Boston: Houghton Mifflin Company, 1975), 686-88（以下、James, vol. 2と略す）

2 James, vol. 2, 737-38. ジェフリー・ペレットはローズヴェルト大統領が1941年12月の時点でフィリピン全域を解放することを心に決めていたと論じているが、ローズヴェルトの語法は、彼が戦争終結前に解放すると約束しているかどうかについては曖昧さを残している。*Old Soldiers Never Die* (New York: Random House, 1996), 463. ／ペレット、前掲書、897-898頁。

3 James, vol. 2, 642-43, 697, 738-39.

4 Smith, *Triumph in the Philippines*, 583-648; Samuel Eliot Morison, *History of United States Naval Operations in World War II, vol. XIII, Liberation of the Philippines* (Boston: Little Brown and Company, 1965), 213-51; Edward J. Drea, *MacArthur's Ultra: Codebreaking and the War Against Japan, 1942-45* (Lawrence: University Press of Kansas, 1992), 200-01（以下、Drea, *MacArthur's Ultra* と略す）; James, vol. 2, 740.

5 Smith, *Triumph in the Philippines*, 651-58; James, vol. 2, 690.

6 James, vol. 2, 702-05; David Horner, *Blamey: The Commander-in-Chief* (Sydney: Allen & Unwin, 1998), 510-29.（以下、Horner, *Blamey* と略す）

7 James, vol. 2, 713-15（「私がこの計画を企画する目的は～」の引用を含む）, 751-57; Horner, *Blamey*, 529-42.

8 James, vol. 2, 710-17; Horner, *Blamey*, 517-18.

9 Richard B. Frank, *Downfall: The End of the Imperial Japanese Empire* (New York, Random House, 1999) 33-34（以下、Frank, *Downfall* と略す）; James, vol. 2, 763-67.

10 Frank, *Downfall*, 34-37.

11 Sixth Army Field Order No. 74, July 28, 1945, Center for Military History, Washington, D.C.

12 Frank, *Downfall*, 117-18, 140-41.

13 Frank, *Downfall*, 81-86.

14 "Magic" Far East Summary, April 1 to August 15, 1945, Entry 9001, RG 457, NARA; Joint

◎第９章

1 Samuel Eliot Morison, *History of United States Naval Operations in World War II, vol. XII, Leyte: June 1944-January 1945* (Boston: Little Brown and Company, 1963), 9-10.（以下、Morison, *Leyte* と略す）

2 Grace Person Hayes, *The History of the Joint Chiefs of Staff in World War II: The War Against Japan*, (Annapolis: Naval Institute Press, 1982) 543-68, 603-24（以下、Hayes, *History of the Joint Chiefs of Staff* と略す）; M. Hamlin Cannon, *The United States Army in World War II, The War in the Pacific, Leyte: The Return to the Philippines*, Washington, D.C.: Office of the Chief of Military History, 1954), 1-9（以下、Cannon, *Leyte* と略す）; Edward J. Drea, *MacArthur's Ultra: Codebreaking and the War Against Japan, 1942-45* (Lawrence: University Press of Kansas, 1992), 153（以下、Drea, *MacArthur's Ultra* と略す）; Morison, *Leyte*, 19-25.

3 Morison, *Leyte*, 65-73.

4 Drea, *MacArthur's Ultra,* 152-59.

5 Cannon, *Leyte*, 60-84; D. Clayton James, *The Years of MacArthur, vol. 2, 1941-1945* (Boston: Houghton Mifflin Company, 1975), 552-58.（以下、James, vol. 2 と略す）

6 Cannon, *Leyte*, 35-36, 45-53, 85-102, 185-88, 306-8.

7 Drea, *MacArthur's Ultra*, 163-69, 178; Morison, *Leyte*, 159-338.

8 Morison, *Leyte*, 339-360.

9 Drea, *MacArthur's Ultra*, 168-73.

10 James, vol. 2, 585-56.

11 Cannon, *Leyte*, 367-70; Drea, *MacArthur's Ultra*, 178.

12 Hayes, *History of the Joint Chiefs of Staff*, 620-624; Robert Ross Smith, *The United States Army in World War II, The War in the Pacific, Triumph in the Philippines* (Washington, D.C.: Office of the Chief of Military History, 1978 reprint), 43-53.（以下、Smith, *Triumph in the Philippines* と略す）

13 Drea, *MacArthur's Ultra*, 186-87.

14 Smith, *Triumph in the Philippines*, 22-25; Gerald E. Wheeler, *Kinkaid of the Seventh Fleet: A Biography of Admiral Thomas C. Kinkaid* (Washington: Naval Historical Center, 1995), 409-13.

15 James, vol. 2, 589-91.

16 Drea, *MacArthur's Ultra*, 189-91; Smith, *Triumph in the Philippines*, 73-84.

17 Drea, *MacArthur's Ultra*, 192-96; Smith, *Triumph in the Philippines*, 85-87, 139-43; James, vol. 2, 623-31.

18 Drea, *MacArthur's Ultra*, 193-95; Smith, *Triumph in the Philippines*, 217, 222-24; Roger Olaf Egeberg, M.D., *The General: MacArthur and the Man He Called "Doc"* (New York: Hippocrene Books 1983), 115-16, 122-23, 135-36; James, vol. 2, 639-40; Douglas MacArthur, *Reminiscences* (New York: McGraw-Hill Book Company, 1964), 247-48.／ダグラス・マッカーサー『マッカーサー回想記』下、津島一夫訳、朝日新聞社、1964年、70-72頁。

◎第８章

1　Edward J. Drea, *MacArthur's Ultra: Codebreaking and the War Against Japan, 1942-45* (Lawrence: University Press of Kansas, 1992), 62, 92-93.（以下、Drea, *MacArthur's Ultra* と略す）

2　D. Clayton James, *The Years of MacArthur, vol. 2, 1941-1945* (Boston: Houghton Mifflin Company, 1975) 443-45（「日本人どもが〜」の引用を含む）.（以下、James, vol. 2 と略す）; Drea, *MacArthur's Ultra*, 96-98.

3　Roger Olaf Egeberg, M.D., *The General: MacArthur and the Man He Called "Doc"* (New York: Hippocrene Books, 1983), 28-33, 154-57.

4　John Miller, Jr., *The United States Army in World War II, The War in the Pacific, Cartwheel: The Reduction of Rabaul* (Washington: Officer of the Chief of Military History, 1959), 316-50（以下、Miller, *Cartwheel: The Reduction of Rabaul* と略す）; Drea, *MacArthur's Ultra*, 98-104.

5　Drea, *MacArthur's Ultra*, 104-06; Robert Ross Smith, *The United States Army in World War II, The War in the Pacific, The Approach to the Philippines* (Washington, D.C.: Office of the Chief of Military History, 1953), 9-12.（以下、Smith, *The Approach to the Philippines* と略す）

6　Smith, *The Approach to the Philippines*, 29-32.

7　Drea, *MacArthur's Ultra*, 106.

8　Smith, *The Approach to the Philippines*, 208-212; James, vol. 2, 455.

9　Drea, *MacArthur's Ultra*, 135-37.

10　Smith, *The Approach to the Philippines*, 212-279; Drea, *MacArthur's Ultra*, 133-34.

11　James, vol. 2, 458-61; Drea, *MacArthur's Ultra*, 135-37; Smith, *The Approach to the Philippines*, 280-396. エドワード・ドレア氏には彼の近刊予定〔本書執筆当時〕の記事で、ビアク島の日本軍の防衛計画の実際の展開を明らかにした "Biak: A Tale of Two Commanders" を読ませていただいたことを感謝する。

12　James, vol. 2, 461-63; Drea, *MacArthur's Ultra*, 139-41.

13　Drea, *MacArthur's Ultra*, 134, 141-42; James, vol. 2, 463-64; Smith, *The Approach to the Philippines*, 397-424.

14　Drea, *MacArthur's Ultra*, 142-43; James, vol. 2, 464-65; Smith, *The Approach to the Philippines*, 425-49.

15　James, vol. 2, 464; Drea, *MacArthur's Ultra*, 143; Edward J. Drea, *In Service of the Emperor: Essays on the Imperial Japanese Army* (Lincoln: University of Nebraska Press, 1998), 91-109.

16　Drea, *MacArthur's Ultra*, 147-51; Smith, *The Approach to the Philippines*, 103-205.

17　James, vol. 2, 408.

18　James, vol. 2, 403-40; Geoffrey Perret, *Old Soldiers Never Die* (New York: Random House, 1996), 383-89.／ペレット、前掲書、741-753頁。

Two Years (Washington: Office of the Chief of Military History, 1962), 364-411（以下、Morton, *Strategy and Command: The First Two Years* と略す）; Edward J. Drea, *MacArthur's Ultra: Codebreaking and the War Against Japan*, 1942-45 (Lawrence: University Press of Kansas, 1992), 63, 67-72.（以下、Drea, *MacArthur's Ultra* と略す）

2 William F. Halsey and Joseph Bryan III, *Admiral Halsey's Story* (New York: Whittlesey House, McGraw-Hill, 1947), 154-55.

3 John Miller, Jr., *The United States Army in World War II, The War in the Pacific, Cartwheel: The Reduction of Rabaul* (Washington: Officer of the Chief of Military History, 1959), 15, 26, 45-47.（以下、Miller, *Cartwheel: The Reduction of Rabaul* と略す）

4 Miller, *Cartwheel: The Reduction of Rabaul*, 67-188; Samuel Eliot Morison, *History of United States Naval Operations in World War II, vol. VI, Breaking the Bismarcks Barrier* (Boston: Little, Brown & Company, 1964), 138-224.（以下、Morison, *Breaking the Bismarcks Barrier* と略す）

5 Morison, *Breaking the Bismarcks Barrier*, 225-27.

6 Morison, *Breaking the Bismarcks Barrie*r, 225-39; Miller, *Cartwheel: The Reduction of Rabaul*, 172-84.

7 Miller, *Cartwheel: The Reduction of Rabaul*, 189-96; David Horner, *Blamey: The Commander-in-Chief* (Sydney: Allen & Unwin, 1998), 408.（以下、Horner, *Blamey* と略す）; Drea, *MacArthur's Ultra*, 79-84.

8 Miller, *Cartwheel: The Reduction of Rabaul*, 198-99; Drea, *MacArthur's Ultra*, 84-85.

9 Morison, *Breaking the Bismarcks Barrier*, 259-60; Miller, *Cartwheel: The Reduction of Rabaul*, 200.

10 David Dexter, *Australia in the War of 1939-1945, Series One, Army, vol. VI, The New Guinea Offensives* (Canberra: Australian War Memorial, 1961), 328-29, 332, 365（以下、Dexter, *The New Guinea Offensives* と略す）; Morison, *Breaking the Bismarcks Barrier*, 262, 265-66.

11 Dexter, *The New Guinea Offensives*, 338-40; Miller, *Cartwheel: The Reduction of Rabaul*, 207-11.

12 Dexter, *The New Guinea Offensives*, 339.

13 John R. Galvin, *Air Assault: The Development of Airmobile Warfare* (New York: Hawthorne Books, Inc., 1969), 109-18.

14 Dexter, *The New Guinea Offensives*, 351-57.

15 Dexter, *The New Guinea Offensives*, 363-65, 370-71, 377, 385-86, 386-89.

16 Dexter, *The New Guinea Offensives*, 391-92; Drea, *MacArthur's Ultra*, 85.

17 Miller, *Cartwheel: The Reduction of Rabaul*, 212-16; Drea, *MacArthur's Ultra*, 86-87.

18 Miller, *Cartwheel: The Reduction of Rabaul*, 217-21.

19 Morison, *Breaking the Bismarcks Barrier*, 279-349, 392-409; Miller, *Cartwheel: The Reduction of Rabaul*, 222-71, 351-78.

20 Morison, *Breaking the Bismarcks Barrier*, 389-91; Miller, *Cartwheel: The Reduction of Rabaul*, 272-305; Drea, *MacArthur's Ultra*, 91-92.

と略す); Paolo E. Coletta, "Daniel E. Barbey: Amphibious Warfare Expert," William Leary, ed., *We Shall Return! MacArthur's Commanders and the Defeat of Japan 1942-45* (Lexington: University of Kentucky, 1988), 208-243（以下、Leary, *We Shall Return!* と略す); Thomas Buell, *Master of Sea Power: A Biography of Fleet Admiral Ernest J. King* (Boston: Little, Brown and Company, 1980), 197, 219, 320. キンケイドは1942年10月の南太平洋海戦では敗軍の将であった。ハルゼーは1942年11月のガダルカナルの海戦においてキンケイドが指揮を誤ったと判断し、事実上、キンケイドを解任した。キンケイドの才能よりも、彼がちょうど登用され得る状況にあったことが、その後のアリューシャン列島での任務に彼を就かせ、マッカーサーの下で働く契機となった。キンケイドはレイテ湾で日本軍を迎え撃つにあたって適切な手段を取らず、護衛空母の船隊を不注意に敵の目に晒し、また、生存者を極めてひどい状態に置いた。多くの人命を奪った遅きに失した救助活動を手配したのは、キンケイド本人ではなく彼の部下たちだった。

16 Herman C. Wolk, "George C. Kenney, MacArthur's Premier Airman," Leary, *We Shall Return!*, 88-117; Donald Goldstein," Ennis C. Whitehead, Aerial Tactician," Leary, *We Shall Return!*, 178-207; James, vol. 2, 197-201; Geoffrey Perret, *Old Soldiers Never Die* (New York: Random House, 1996), 302-4.（以下、Perret, *Old Soldiers Never Die* と略す）／ペレット、前掲書、584-588頁。

17 Horner, *Blamey;* 296, 305（カーティンの引用), 526（ランキンの引用); David Horner, "Blamey and MacArthur, The Problem of Coalition Warfare," Leary, *We Shall Return!*, 23-59; James, vol. 2, 265-66. ブレーミー（とマッカーサー）に対して繰り返し与えられる侮蔑の類の例で、より最近のもの〔原書の執筆当時〕は Jack Galloway, *The Odd Couple: Blamey and MacArthur At War* (Queensland: University of Queensland Press, 2000) を参照。

18 Perret, *Old Soldiers Never Die* , 335-37.／ペレット、前掲書、647-652頁。William M. Leary, "Walter Krueger, MacArthur's Fighting Gereral," Leary, *We Shall Return!*, 60-87.

19 Jay Luvaas and John F. Shortal, "Robert L. Eichelberger, MacArthur's Fireman," Leary, *We Shall Return!*, 155-77.

20 Mark A. Stoler, *Allies and Adversaries: The Joint Chiefs of Staff, the Grand Alliance, and U.S. Strategy in World War II* (Chappell Hill: University of North Carolina Press, 2000), 84-102.

◎第７章

* この戦いにおける一つの異例の掘り出し物は、救命ボートから得た、1942年10月の時点の、五十音順に並べられた日本陸軍のすべての将校の氏名と、それぞれの任務が記載されたリストだった。直ちに翻訳され、このリストはリスト上の名前と、暗号読解により明らかになった軍種ごとの任務、部隊や階級とを照らし合わせることができ、その残りの戦争期間中、極めて貴重な諜報情報となった。たとえば1945年には、ある一人の将校の名前が、九州の、ある日本軍の武装部隊を突き止めるのに役立った。

1 Louis Morton, *U.S. Army in World War II, The Pacific War, Strategy and Command: The First*

月）であった。1945年になると、1月にアメリカル師団〔大戦後解散し、1954年に第二三歩兵師団として再結成される〕、7月に第七七と第九八歩兵師団が加わった。

7 Geoffrey Perret, *There's a War to Be Won* (New York: Random House, 1991), 447-455; Robert R. Palmer, Bell I. Wiley, and William R. Keast, *The United States Army in World War II, The Procurement and Training of Ground Combat Troops* (Washington, D.C.: Office of the Chief of Military History, 1948), 489-93; Shelby L. Stanton, *Order of Battle: U.S. Army, World War II* (Novato, CA: Presidio, 1985).

8 David Horner, "The ANZAC Contribution," *The Pacific War Companion: From Pearl Harbor to Hiroshima* (Oxford: Osprey Publishing, 2005), 143-57.

9 Samuel Eliot Morison, *History of United States Naval Operations in World War II, vol. VIII, New Guinea and the Marianas, March 1944 to August 1944* (Boston: Little, Brown, and Company, 1964), 47-48.

** マッカーサーの第五空軍隷下の部隊は第八、第三五、第四九、第五八、第三四八、第四七五戦闘機航空群、第三、第三八、第三一二、第三四五、第四一七の中型または軽爆撃機航空群、そして第二二、第四三、第九〇、第三八〇重爆撃機航空群だった。（これらに加えて、大打撃を受けたフィリピンの第一九爆撃機航空群は1942年末の撤退までマッカーサーの麾下に留まった。）第五空軍はそれに二つの偵察航空群（第六と第七一）、五つの輸送航空群（第二、第三一四、第三七四、第三七五、第四三三）と三つの夜間戦闘機飛行隊が加わって完成する。第一三空軍の方は、二つの戦闘機航空群（第一八と第三四七）、一つの中型爆撃機航空群（第四二）と二つの重爆撃機航空群（第五と第三〇七）、そして二つの夜間戦闘航空群、独立した一つの重爆撃機航空群、二つの偵察航空群と一つの輸送航空群（第四〇三）で構成されていた。

10 Steve Birdsall, *The Flying Buccaneers: The Illustrated Story of Kenny's Fifth Air Force* (Garden City: Doubleday & Company, Inc., 1977) 184. 極東空軍は1944年6月15日より暫定的に活動していた。

11 Kenn C. Rust, *The Fifth Air Force Story in World War II* (Temple City, CA: Historical Aviation Album Publication, 1973), 6; Kenn, C. Rust and Dana Bell, *The Thirteenth Air Force Story in World War II* (Temple City (CA) : Historical Aviation Album Publication, 1981), 4. 第二二爆撃隊の作戦機はB-24重爆撃機に変更される前は、当初B-26中型爆撃機だった。

12 Coakley and Leighton, *Global Logistics and Strategy, 1940-43*, 496-503; James, vol. 2, 174.

13 James, vol. 2, 469-70.

14 D. Clayton James, *The Years of MacArthur, vol. 3, Triumph & Disaster 1945-1964* (Boston: Houghton Mifflin Company, 1985), 657.

15 Forrest C. Pogue, *George C. Marshall: Organizer of Victory 1943-45* (New York: The Viking Press, 1973), 168, n626（マーシャルの引用）; Samuel Eliot Morison, *History of United States Naval Operations in World War II. Vol. VI, Breaking the Bismarcks Barrier* (Boston: Little, Brown, and Company, 1964), 32; Gerald E. Wheeler, *Kinkaid of the Seventh Fleet: A Biography of Admiral Thomas C. Kinkaid* (Washington: Naval Historical Center, 1995), 343-49（以下、Wheeler, *Kinkaid*

Army, Vol. V, Southwest Pacific Area, First Year: Kokoda to Wau (Canberra: Australian War Memorial, 1959), 108-11.
16 Milner, *Victory in Papua*, 204; James, vol. 2, 265; Horner, *Blamey*, 339-84.
17 Milner, *Victory in Papua*, 205-364.
18 Perret, *Old Soldiers Never Die*, 325.／ペレット、前掲書、626-628頁。Milner, *Victory in Papua*, 369-72; James, vol. 2, 267-71; Frank, *Guadalcanal*, 613.

◎第6章

1 William Manchester, *American Caesar: Douglas MacArthur 1880–1964* (Boston: Little, Brown and Company, 1978) 279.／ウィリアム・マンチェスター『ダグラス・マッカーサー』上、鈴木主税、高山圭訳、河出書房新社、1985年、323-324頁。
2 Robert W. Coakley and Richard M. Leighton, *The U.S. Army in World War II, The War Department, Global Logistics and Strategy 1943-45* (Washington, D.C.: Center of Military History, 1986), 494-99.（以下、Coakley and Leighton, *Global Logistics and Strategy* 1943-45 と略す）
3 Col. John Lada, Editor in Chief, *Medical Department, Department of the Army, Medical Statistics for World War II* (Washington, D.C.: U.S. Government Printing Office, 1975), 27, 71.（以下、Lada, *Medical Statistics for World War II* と略す）1942年から1945年までのマッカーサーの指揮下で、疾病のため入院した兵の数は、1年間、1000人につき、平均807人であった。ヨーロッパ戦線では464人、アメリカ本土では598人、太平洋戦域では523人だった。中東とアフリカは一番多く、917人となっている。また、南西太平洋戦域の年間の戦病死者の数はヨーロッパ戦線の年間0.551人に比べ、1.035人と高い。
4 Mary Ellen Condon-Rall and Albert E. Cowdrey, *The United States Army in World War II, The Medical Department: Medical Service in the War Against Japan* (Washington, D.C.: Center of Military History, United States Army, 1998), 253-54, 256-58.（以下、Condon-Rall and Cowdrey, *Medical Service in the War Against Japan* と略す）
5 D. Clayton James, *The Years of MacArthur, vol. 2, 1941-1945* (Boston: Houghton Mifflin Company, 1975), 354-56.（以下、James, vol. 2 と略す）
6 Condon-Rall and Cowdrey, *Medical Service in the War Against Japan*, 264.
* 念のため述べると、1942年にマッカーサーの指揮下に加わったのは、第三二と第四一歩兵師団であった。1943年には第一騎兵師団、第二四歩兵師団、そして（一時的に）第一海兵師団の三つの師団、それに加えて一個師団以上に相当する三つの別個の連隊（第一五八歩兵連隊、第一一二騎兵連隊、第五〇三パラシュート歩兵連隊）が南西太平洋地域に送られた。1944年にマッカーサーの指揮下に加わったのは、第六歩兵師団（1月）、第三一歩兵師団（3月）、第四〇歩兵師団（4月）、第三三歩兵師団（5月）、第一一空挺師団（5月から6月）、第三八歩兵師団（7月）、第四三歩兵師団（8月）、第九六歩兵師団（9月）、第三七歩兵師団（11月）、第九三歩兵師団（11月）、第二五歩兵師団（12

◎第５章

1 D. Clayton James, *The Years of MacArthur, vol. 2, 1941-1945* (Boston: Houghton Mifflin Company, 1975), 129-32.（以下、James, vol. 2 と略す）

2 Clark Lee and Richard Henschell, *Douglas MacArthur* (New York: Henry Holt and Company, 1952) 160. James, vol. 2, 136.

3 James, vol. 2, 133-40.

4 Barrett Tillman and Henry Sakaida, "Silver Star Airplane Ride," *Naval History*, April 2001, 25; Borch, Frederic L., III and William R. Westlake, *The Silver Star: A History of American's Third Highest Award for Combat Valor* (Tempe, AZ: Borch and Westlake Publishing, 2001), 1-3, 7-8, 10, 67, 240. 多くの著名な歴史家が、今も存命の数名の人々による、ジョンソンの搭乗機が攻撃された、という証言を受け入れている。著者の知っている一流の航空史家でこの件に精通し実際に記録を調べた人々は、これは非常に信じがたいと口を揃える。遠い昔の記憶を辿る時にありがちなことだが、これはおそらく、まったく関係のない複数の出来事を混同したという類の話であろう。

5 Louis Morton, *U.S. Army in World War II, The Pacific War, Strategy and Command: The First Two Years* (Washington: Office of the Chief of Military History, 1962) 240-56（以下、Morton, *Strategy and Command: The First Two Years* と略す）; James. Vol. 2, 116-23.

6 Samuel Milner, *U.S. Army in World War II, The War in the Pacific: Victory in Papua* (Washington: Officer of the Chief of Military History, 1957), 21-23（以下、Milner, *Victory in Papua* と略す）; James, vol. 2, 86-87.

7 Edward J. Drea, *MacArthur's Ultra: Codebreaking and the War Against Japan, 1942–45* (Lawrence: University Press of Kansas, 1992), 20-26, 62.（以下、Drea, *MacArthur's Ultra* と略す）これは第二次世界大戦においてマッカーサーの指揮した軍事作戦を理解するのに欠かせない資料である。

8 Morton, *The Fall of the Philippines*, 405-67, 471-97, 520-84.

9 John Lundstrom, *Black Shoe Carrier Admiral* (Annapolis: Naval Institute Press, 2006), 154-217.

10 Richard B. Frank, *Guadalcanal* (New York: Random House, 1990), 32-35.（以下、Frank, *Guadalcanal* と略す）

11 Frank, *Guadalcanal*, 33-34.

12 W. David Lewis, *Eddie Rickenbacker: An American Hero in the Twentieth Century* (Baltimore: The Johns Hopkins University Press, 2005), 414-15, 443-44.

13 Frank, *Guadalcanal*, 21-25, 43-44, 598-99.

14 SWPA MIS Daily Intelligence Summaries, July to October 1942, Folders 1-3, Box 26, RG 3, MacArthur Memorial Archive; Milner, *Victory in Papua*, 56-91; Drea, *MacArthur's Ultra*, 40-42; David Horner, *Blamey: The Commander-in-Chief* (Sydney: Allen & Unwin, 1998), 320.（以下、Horner, *Blamey* と略す）

15 Horner, *Blamey*; 320-38, Dudley McCarthy, *Australia in the War of 1939-1945, Series One,*

3　Morton, *The Fall of the Philippines*, 89; H. P. Willmott, *Empires in Balance* (Annapolis: Naval Institute Press, 1982) 186.（以下、Willmott, *Empires in Balance* と略す）

4　Morton, *The Fall of the Philippines*, 21-30, 47, 49.

5　Morton, *The Fall of the Philippines*, 125-26.

6　James, vol. 2, 16-22.

7　James, vol. 2, 23-26, 831; D. Clayton James, Oral History Collection, Col. Joseph L. Chabot, Cox 1, RG 49, MMA.

8　Willmott, *Empires in Balance*, 208-10.

9　James, vol. 2, 28-37.

10　Morton, *The Fall of the Philippines*, 265-346; James, vol. 2, 46-49, 55-60.

11　Willmott, *Empires in Balance*, 369, 383-84.

12　James, vol. 2, 71-76.

13　Louis Morton, *U.S. Army in World War II, The Pacific War, Strategy and Command: The First Two Years* (Washington: Office of the Chief of Military History, 1962) 158-64（以下、Morton, *Strategy and Command: The First Two Years* と略す）; President Franklin D. Roosevelt, Proclamation, December 28, 1941, Box 2, Folder 1, RG 2, MMA.

14　Stephen Ambrose, *Eisenhower: Soldier, General of the Army, President Elect, 1890-1952* (New York: Simon and Schuster, 1983), 133-34（以下、Ambrose, *Eisenhower* と略す）; Diary of Henry R. Stimson, February 2, 1942, Yale University Library.

15　Morton, *Strategy and Command: the First Two Years*, 190-91; James vol. 2, 91-97.

16　James, vol. 2, 98-100.

17　James, vol. 2, 100-6; 141-43.

18　James, vol. 2, 101-9.

19　Willmott, *Empires in Balance*, 395.

20　Willmott, *Empires in Balance*, 233-34; Morton, *The Fall of the Philippines*, 57.

21　James, vol. 2, 89-90.

22　Carol Petillo, *Douglas MacArthur: The Philippine Years* (Bloomington: Indiana University Press, 1981), 204-11, 230; Geoffrey Perret, *Old Soldiers Never Die* (New York: Random House, 1996), 271-73.／ペレット、前掲書、521-526頁。マッカーサー以外にこれに関与した将校とそれぞれが受け取った金額はサザーランド（7万5000ドル）、リチャード・J・マーシャル（4万5000ドル）、シドニー・I・ハフ（2万ドル）である。この衝撃的な発見をしたのはペティロだったが、ペレットはマッカーサーの弁護となる事柄を述べている。また、ローズヴェルトとスティムソンがこの金額を一種の内密の退職金と見ていたというのは、おそらく議論の余地がある。筆者は支払いを認可した日付から見て、マッカーサーが簡単に諦めないだろうと彼らが信じる十分な理由があったと信じる。

18 William C. Bartsch, *December 8, 1941: MacArthur's Pearl Harbor* (College Station: Texas A&M University, 2003) Appendix C（以下、Bartsch, *December 8, 1941* と略す）; Morton, *The Fall of the Philippines*, 42; James, vol. 1, 611-12. おそらく、この時フィリピンに送られて捕らわれの身となる運命を免れたのは、第四一歩兵師団である。彼らは、のちにオーストラリアでマッカーサーに合流した最初の二個師団のうちの一つであった。1941年12月の時点でのフィリピン内の戦力としての航空機の厳密な数は、依然として論争の的である。B-17とP-40Eの数はバーチの述べる数に従った。

19 Henry L. Stimson and McGeorge Bundy, *On Active Service in Peace and War* (New York: Harper & Brothers, 1948), 387-89.／ヘンリー・L・スティムソン、マックジョージ・バンディ『ヘンリー・スティムソン回顧録』下、中沢志保、藤田怜史訳、国書刊行会、2017年、88-89頁。

20 James, vol. 1, 527-29, 614-15.

21 Willmott, *Empires in Balance*, 126; James, vol. 1, 546.

22 James, vol. 1, 597-600.

23 "Philippine Department, Plan Orange, 1940 Revision," Record Group 15, Box 49, Folder 4, MacArthur Memorial Archive; Morton, *The Fall of the Philippines*, 26-27; James, vol. 1, 600-601.

24 Morton, *The Fall of the Philippines*, 28-30.

25 Richard B. Meixsel, "Major General George Grunert, WPO-3, and the Philippine Army, 1940-41," *Journal of Military History* (April 1995), 303-24.

26 Morton, *The Fall of the Philippines*, 64-75; James, vol. 1, 595-96, 603-4, 607.

27 Austin Hoyt, Public Broadcasting System, *The American Experience: MacArthur* (Boston: WBGH Educational Foundation, 1999).

◎第４章

1 Louis Morton, *The United States Army in World War II, The Fall of the Philippines* (Washington, D.C.: Office of the Chief of Military History, 1953), 90（以下、Morton, *The Fall of the Philippines* と略す）; D. Clayton James, *The Years of MacArthur, vol. 2, 1941-1945* (Boston: Houghton Mifflin Company, 1975), 2, 7-15（以下、James, vol. 2 と略す）; 合衆国の被害はおよそ87名の死者と148名の負傷者であり、真珠湾での2400名以上の死者とは比較にならない。

2 William C. Bartsch, *December 8, 1941: MacArthur's Pearl Harbor* (College Station: Texas A&M University, 2003)（以下、*Bartsch, December 8, 1941* と略す）はこれらの出来事についての間違いなくもっとも秀でた研究である。しかし、筆者は、もしもマッカーサー指揮下のB-17が空爆を免れていた場合、それがその後の戦局にどう影響したかについては謹んでバーチと見解を異にする。また、空母に搭載された戦闘機のみがルソン島中央部までの護衛を可能にするというマッカーサーの考えはマッカーサーがマーシャルに宛てた以下の手紙を参照。Letter, MacArthur to Marshall, 1 December 1941, Box 2, Folder 1, RG 2, MacArthur Memorial Archive.（以下、MMA と略す）

27 Forrest C. Pogue, *George C. Marshall: Education of a General, 1880-1938* (New York, Viking Press 1963) 264-66.

◎第３章

1 Louis Morton, *The United States Army in World War II, The Fall of the Philippines* (Washington, D.C.: Office of the Chief of Military History, 1953), 4-5.（以下、Morton, *The Fall of the Philippines* と略す）

2 D. Clayton James, *The Years of MacArthur, vol. 1, 1880-1941* (Boston: Houghton Mifflin Company, 1970), 470-1; Morton, *The Fall of the Philippines*, 4.

3 James, vol. 1, 470-6; Richardo Trota Jose, *The Philippine Army 1935-1942* (Manila: Ateneo do Manila University Press, 1992), 216.（以下、Jose, *The Philippine Army* と略す）

4 Richard B. Meixsel, "Manuel L. Quezon, Douglas MacArthur, and the Significance of the Military Mission to the Philippine Commonwealth," *Pacific Historical Review*, vol. 70, No. 2, 255-292. マイクセルの論文は他の研究にも依拠しており、記録に欠落する箇所があることを考慮に入れても、ケソンとマッカーサーがフィリピンの軍備化と軍事顧問の役割について密かな計画を共有していたということを十分に論証している。標準的な見解については James, vol. 1, 480-81, 493-94 を参照。

5 James, vol. 1, 484; Richard Meixsel, "A Uniform Story," *The Journal of Military History* 69 (July 2005), 791-800. マイクセルの優れた論文は噂される「陸軍大元帥」の軍服の神話がどのように起こり、広まったかを説明している。マッカーサーの先任者も後継者も、参謀総長として、もう一人、特権を享受したパーシング将軍と同じようにそれぞれ独自の制服のアイテムを考案している。

6 Morton, *The Fall of the Philippines*, 9-11; James, vol. 1, 485, 503-4.

7 Jose, *The Philippine Army*, 217-19; Morton, *The Fall of the Philippines*, 6, 10.

8 Jose, *The Philippine Army*, 218; Stephen Ambrose, *Eisenhower: Soldier, General of the Army, President Elect, 1890-1952* (New York: Simon and Schuster, 1983), 105（以下、Ambrose, *Eisenhower* と略す）; James, vol. 1, 503, 514, 524, 527-29, 533-35, 543-45, 581, 608-9.

9 James, vol. 1, 531-34.

10 James, vol. 1, 535-39.

11 James, vol. 1, 494-5, 512-3, 555-6.

12 James, vol. 1, 571.

13 Ambrose, *Eisenhower*, 109-11; James, vol. 1, 504.

14 James, vol. 1, 561.

15 James, vol. 1, 565-69.（「お高くとまった連中ばかりの～」の引用を含む）

16 James, vol. 1, 521-26.

17 H. P. Willmott, *Empires in Balance* (Annapolis: Naval Institute Press, 1982) 124; James, vol. 1, 550-1.

92-143; Ronald Spencer, "The Military Effectiveness of the US Armed Forces, 1919-1939," Allan Millet and Williamson Murray, eds., *Military Effectiveness, Volume II: The Interwar Period* (Boston: Unwin Hyman, 1988) 82-3, 87, 90.

6 James, vol. 1, 376-78.

7 James, vol. 1, 352-53.

8 Stephen Ambrose, *Eisenhower: Soldier, General of the Army, President Elect, 1890-1952* (New York: Simon and Schuster, 1983), 92-93.（以後、Ambrose, *Eisenhower* と略す）

9 Carlo D'Este, *Eisenhower, A Soldier's Life* (New York: Henry Holt and Company, 2002), 226-28.（以後、D'Este, *Eisenhower* と略す）

10 Ambrose, *Eisenhower*, 93-95.

11 James, vol. 1, 382-84.

12 James, vol. 1, 384-7, 407.

13 James, vol. 1, 388-9.

14 James, vol. 1, 392-3.

15 James, vol. 1, 396-7.

16 James, vol. 1, 398-9.

17 James, vol. 1, 400-2; Paul Dickson and Thomas B. Allen, *The Bonus Army: An American Epic* (New York: Walker & Company, 2004) 179-80; Geoffrey Perret, *Old Soldiers Never Die* (New York: Random House, 1996) 159-60.（以後、Perret, *Old Soldiers Never Die* と略す）／ペレット、前掲書、305-308頁。D'Este, *Eisenhower*, 221-3. これらの資料にはマッカーサーがフーヴァーの最初の命令を受け取ったかどうかについては相違があるが、少なくともマッカーサーがフーヴァーの意図を知っていたかそれに明白に気付いてはいたが、無視したことは明らかなようである。

18 James, vol. 1, 408-11.

19 Rexford G. Tugwell, *The Democratic Roosevelt: A Biography of Franklin D. Roosevelt* (Garden City: Doubleday and Company, 1957) 348-51.

20 James, vol. 1, 416-23（「大統領職に必要な重要な適性は〜」、「我々の間にどのような意見の相違が〜」の引用を含む）; Perret, *Old Soldiers Never Die*, 164-5.／ペレット、前掲書、317-320頁。

21 MacArthur, *Reminiscences*, 101.／マッカーサー、前掲書、162頁。

22 James, vol. 1, 431-35.

23 Michael Schaller, *Douglas MacArthur: The Far Eastern General* (New York Oxford University Press, 1989) 13-14, 18-20／マイケル・シャラー『マッカーサーの時代』豊島哲訳、恒文社、1996年、30-31頁、37-40頁。Perret, *Old Soldiers Never Die* 147-9, 167-70.／ペレット、前掲書、285-290頁、322-328頁。

24 James, vol. 1, 440-44.

25 James, vol. 1, 445-46.

26 James, vol. 1, 449-53.

11 James, vol. 1, 158-9; MacArthur, *Reminiscences*, 55-56. ／マッカーサー、前掲書、93-96頁。
12 James, vol. 1, 165.
13 James, vol. 1, 156, 168-72, 239.
14 MacArthur, *Reminiscences*, 58.／マッカーサー、前掲書、99-100頁。James, vol. 1, 174-81.
15 James, vol. 1, 183-95.
16 James, vol. 1, 198-201.
17 James, vol. 1, 201-10.
18 James, vol. 1, 211-12, 221-22; Alan Axelrod, *Patton* (New York: Palgrave Macmillan, 2006) 55.
19 James, vol. 1, 214-217, 223.
20 James, vol. 1, 218-222, 224.
21 James, vol. 1, 224-37, 239-41.
22 James, vol. 1, 238.
23 James, vol. 1, 254-55.
24 James, vol. 1, 256; MacArthur, *Reminiscences*, 72.／マッカーサー、前掲書、122頁。
25 Coffman, *The Regulars*, 226-27; James, vol. I, 259-63.
26 James, vol. 1, 263-94.
27 Geoffrey Perret, *Old Soldiers Never Die* (New York: Random House, 1996) 124-27（以後、Perret, *Old Soldiers Never Die* と略す）／ジェフリー・ペレット『老兵は死なず――ダグラス・マッカーサーの生涯。』林義勝、寺澤由紀子、金澤宏明、武井望、藤田怜史訳、鳥影社、2016年、236-242頁。James, vol. 1, 295-97, 320.
28 James, vol. 1, 300, 302-03.
29 James, vol. 1, 305-11.
30 James, vol. 1, 319-24; Perret, *Old Soldiers Never Die*, 168-69.
31 James, vol. 1, 325-31.

◎第２章

1 D. Clayton James, *The Years of MacArthur, vol. 1, 1880-1941* (Boston: Houghton Mifflin Company, 1970) 340-45.（以下、James, vol. 1 と略す）
2 James, vol. 1, 351-52, 354-55, 359-61.（「訓練された将校は～」という引用を含む）エドワード・ドレア氏の、マッカーサーが士官の教育に非常に重要な役割を果たしたという指摘には大いに負うところがあった。
3 James, vol. 1, 366-68.
4 James, vol. 1, 370-71.
5 Timothy K. Nenninger, "Organization Milestones in the Development of American Armor, 1920-40," and George F. Hoffman, "Army Doctrine and the Christie Tank: Failing to Exploit the Operational Level of War," in George F. Hoffman and Donn A. Starry, eds., *Camp Colt to Desert Storm: The History of U.S. Armored Forces* (Lexington: University Press of Kentucky, 1999) 43-46,

註

◎第1章

1 Clark Lee and Richard Henschel, *Douglas MacArthur* (New York: Henry Holt and Company, 1952), 9.

2 D. Clayton James, *The Years of MacArthur, vol. 1, 1880-1941*(Boston: Houghton Mifflin Company, 1970) 7-66, 94.（以下、James, vol. 1 と略す）

3 James, vol. 1, 58-61, 67-84. ローズヴェルトの母親の支配的なことはよく知られていた。アドレー・スティーヴンソンの母親の独裁振りの詳細は以下を参照。Porter McKeever, *Adlai Stevenson: His Life and Legacy* (New York: William Morrow and Company, Inc., 1989) 24-8, 30-2, 41.

4 Douglas MacArthur, *Reminiscences* (New York: McGraw-Hill Book Company, 1964) 19.（以下、MacArthur, *Reminiscences* と略す）／ダグラス・マッカーサー『マッカーサー回想記』上、津島一夫訳、朝日新聞社、1964年、40-41頁。〔この『マッカーサー回想記』の「訳者あとがき」に拠れば、この『マッカーサー回想記』の原文はマッカーサーが書き下ろしたものだが、翻訳の一部が朝日新聞に連載された後、修正が加えられたものが、『マッカーサー回想記』として日本で出版された。その原文に修正を加えたものの世界版権をアメリカのタイム社が買取り、大幅に編集し直し出版したものが、『*Reminiscences*』であるという。よって、英語版では日本版に記載されている詳細が省かれていたり、記載順序が変わっている箇所が多々見られる。〕James, vol. 1, 30-43.

5 MacArthur, *Reminiscences*, 30-32.／マッカーサー、前掲書、61-65頁。James, vol. 1, 85-109.

6 James, vol. 1, 110-115, 130-31.

7 James, vol. 1, 115-127.

8 Edward M. Coffman, *The Regulars: The American Army, 1898-1941* (Cambridge: The Belknap Press of Harvard University, 2004) 193（以下、Coffman, *The Regulars* と略す）; James, vol. 1, 130-5.

9 Timothy K. Nenninger, "American Military Effectiveness in the First World War," Allan R. Millett and Williamson Murray, eds., *American Military Effectiveness. Volume I: The First World War* (Boston: Unwin Hyman, 1988) 137-43; James, vol. 1, 148-50. 利用しやすく簡潔にまとめられたアメリカ外征軍にまつわる事実の概要は John F. Votaw, *Battle Orders No. 6: The American Expeditionary Forces in World War I* (Oxford: Osprey Publishing, 2005) を参照のこと。

10 James, vol. 1, 155-9; Borch, Frederic L., III and William R. Westlake, *The Silver Star: A History of America's Third Highest Award for Combat Valor* (Tempe, AZ: Borch and Westlake Publishing, 2001) 1-3, 7-8, 10, 67, 240. 銀星章についての問題点を明らかにするについてはジョン・ルンドストローム氏に助けていただいた。

【わ行】

【や行】

【ら行】

【ま行】

【な行】

【は行】

【た行】

【さ行】

【か行】

索　引

【あ行】

著　者
リチャード・B・フランク（Richard B. Frank）

ミズーリ大学（1969年）、ジョージタウン大学ローセンター（1976年）卒業。第101空挺師団のライフル小隊隊長としてベトナム戦争に従軍した。アジア太平洋戦争を専門とする軍事史家。1990年、第1作である*Guadalcanal*（『ガダルカナル』、ランダムハウス社）発表。同作は1991年、前後3年間の間に出版されたアメリカ海兵隊に関する歴史書のなかで最も優れた作品に与えられるウォレス・M・グリーン・ジュニア大将（元海兵隊総司令官）賞を受賞した。2作目の*Downfall: The End of the Imperial Japanese Empire*（『ダウンフォール作戦――大日本帝国の終焉』、ランダムハウス社）は1999年に出版され、ハリー・S・トルーマン賞を受賞。本書『マッカーサー』は2007年にアメリカで出版された。テレビやラジオへの数多くの出演の他、HBOのテレビドラマ・シリーズの戦争大作「ザ・パシフィック」（2010年）の製作アドバイザーを務める。現在、1937年から1945年までのアジア太平洋戦争全期を網羅しW・W・ノートン&カンパニー社から出版される歴史三部作を執筆中である。1937年7月から1942年5月までの推移を描いた最初の巻、*Tower of Skulls*（『髑髏の塔』）は2020年3月3日に出版され、好評を博している。

監　訳
ブライアン・ウォルシュ（Brian Walsh）

コーネル大学、ワシントン大学大学院卒業。プリンストン大学大学院で博士号（歴史学）を取得。フルブライト・ヘイズ奨学金を得て神戸大学で学ぶ。第二次世界大戦、占領期の日本について研究。英日、日英翻訳。直近では2023年、*Journal of American-East Asian Relations* に発表の、東郷和彦氏による論文「ポツダム宣言受諾と外相東郷茂徳の苦悶」の英訳を担当。関西学院大学、公立大学大阪などで教鞭を執る。

訳　者
ウォルシュあゆみ

神戸女学院大学英文学科卒業。2002年～2005年、2008年～2017年アメリカ在住。訳書に『格差の自動化』（V・ユーバンクス、人文書院、2021年）がある。出版・映像・産業翻訳業。

地図作成　平野敏樹

マッカーサー
——20世紀《せいき》アメリカ最高《さいこう》の軍司令官《ぐんしれいかん》なのか

〈中公選書 144〉

著　者　リチャード・B・フランク
監　訳　ブライアン・ウォルシュ
訳　者　ウォルシュあゆみ

2024年1月10日　初版発行

発行者　安部順一

発行所　中央公論新社
〒100-8152　東京都千代田区大手町1-7-1
電話　03-5299-1730（販売）
03-5299-1740（編集）
URL　https://www.chuko.co.jp/

DTP　今井明子

印刷・製本　大日本印刷

Published by CHUOKORON-SHINSHA, INC.
Printed in Japan　ISBN978-4-12-110145-7 C1322
定価はカバーに表示してあります。

中公選書　好評既刊

127
聯合艦隊　「海軍の象徴」の実像
木村　聡著

日清戦争時の臨時組織に過ぎなかった聯合艦隊は日露戦争の栄光を引っ提げ、常置されるものとなったが――。これまで海軍史の一部分でしかなかった聯合艦隊を中心に据えた初の通史。

128
分断の克服　1989-1990
統一をめぐる西ドイツ外交の挑戦
板橋拓己著

「ベルリンの壁」は崩れた。だがソ連は統一に反対、英仏が大国ドイツ復活を警戒する中、新生ドイツと新しい国際秩序はいかに創られたか。最新史料を駆使し描く。大佛次郎論壇賞受賞作。

141
ケネディという名の神話
――なぜ私たちを魅了し続けるのか
松岡　完著

衝撃的な暗殺から六〇年。良きにつけ悪しきにつけ、ケネディの遺産は今なお生き続けている。ケネディの魅力の源泉は何か。なぜ神話化が可能だったのか。生前・死後を包括的に検証する。